2024年第4辑（总第51辑）

主办 / 最高人民检察院法律政策研究室
中国检察出版社

主编 / 高景峰

中国检察出版社

图书在版编目（CIP）数据

检察调研与指导. 2024年. 第4辑：总第51辑 / 高景峰主编. -- 北京：中国检察出版社, 2025. -- ISBN 978-7-5102-3150-6

Ⅰ. D926.304-53

中国国家版本馆CIP数据核字第2025QG3047号

**检察调研与指导（2024年第4辑）**

高景峰　主编

**责任编辑**：吕亚萍
**技术编辑**：王英英
**美术编辑**：徐嘉武

**出版发行**：中国检察出版社
**社　　址**：北京市石景山区香山南路109号（100144）
**网　　址**：中国检察出版社（www.zgjccbs.com）
**编辑电话**：（010）86423783
**发行电话**：（010）86423726　86423727　86423728
（010）86423730　86423732
**经　　销**：新华书店
**印　　刷**：河北宝昌佳彩印刷有限公司
**开　　本**：787 mm×1092 mm　16开
**印　　张**：16
**字　　数**：255千字
**版　　次**：2025年3月第一版　2025年3月第一次印刷
**书　　号**：ISBN 978-7-5102-3150-6
**定　　价**：60.00元

# 《检察调研与指导》
# 编委会

# 目 录
# CONTENTS

## ·专题研讨·



## ·调研聚焦·

## ·实务研究·

# 涉外刑事案件证据收集与审查问题研究

桑 涛 王泽斌[*]

## 一、证明证据来源：涉外刑事案件的证据特点

《最高人民法院关于适用〈中华人民共和国刑事诉讼法〉的解释》规定了涉外刑事案件的四类情形，均涉及部分案件事实的证据需要外国协助取证的情况，而协助取证行为在依据上的分离、对象的涉外、内容的间接等特点与涉外刑事案件证据收集与审查上的障碍直接相关。

### （一）证据收集与审查依据分离

境外证据的收集程序和实体审查的依据不同。刑事诉讼法第 77 条规定了“能够证明案件事实”和“符合刑事诉讼法规定的”的证据审查依据，境外证据的收集程序没有直接的依据，但从国际刑事司法协助法的规定看，司法协助所需仅仅是案件内容、执行期限、基本信息等，[①] 对于证据收集的程序要求在所不问，而且显然以我国复杂的取证程序来要求外国司法机关遵守并不现实。证据收集和审查依据的分离带来了一些问题，如对于不符合取证技术程序获得的证据能否采用；依据的分离也会导致取证内容可能偏离；获取证据可能并不适用等问题。

### （二）证据客观性证明存在偏向

对于人民检察院移送的证据，《最高人民法院关于适用〈中华人民共

---

* 桑涛，浙江省杭州市拱墅区人民检察院党组书记、检察长；王泽斌，浙江省杭州市拱墅区人民检察院第七检察部四级检察官助理。

① 参见国际刑事司法协助法第 13 条、第 21 条、第 28 条、第 32 条等。

和国刑事诉讼法〉的解释》规定了“随案移送有关材料来源、提供人、提取人、提取时间等情况的说明”，其目的在于对证据客观真实性的认定。而对于当事人及其辩护人、诉讼代理人提供的境外证据材料，其要求更为严格，需要所在国公证机关证据和中华人民共和国驻该国使领馆认证，这导致了在实践中“控方证据认定比例远大于辩方证据”。[①] 这种偏向具有内在合理性，相较私主体而言，公权力机关通过委托调查、联合调查、直接调查等方式获得的证据本身有国家刑事司法协助机制做背书，也需满足一定的程序要求，但这种偏向也容易导致证据渠道的单一从而不利于平等对抗的诉讼制度要求。

### （三）语言因素对证据影响较大

涉外刑事案件中最为普遍的就是语言文字问题，虽然刑事诉讼法规定了“控辩双方提供的证据材料涉及外国语言、文字的，应附中文译本”，以及庭审中应为外籍当事人提供翻译等要求，但实践中这一规定实施较为困难。被告人尤其是毒品犯罪类案件的被告人自我保护意识较强，会拒绝签署所有文件，对于侦查或者审查起诉阶段的笔录全盘否认的情况也时有发生，若这些笔录中存在缺少相应的英文译本或者其认识的语言书写的翻译版本，则这些笔录是无法采信的。此外，在被告人使用的是小语种语言的情况下，一些证据材料和法律文件的翻译难以找到对应的翻译人员，法律术语的翻译也有专业壁垒无法满足实际需求。

## 二、规范私人取证：涉外刑事案件的证据收集

尽管有国家力量支持，公权力主体对于涉外刑事案件的证据收集仍然存在合法性证明的负担，也有司法协助请求的负担，而私主体取证虽然自身动力较强，但取证来源不多、规范性较弱、公证认证门槛也较高。取证格局不合理既导致了证据不能全面反映案件事实，也会带来控辩双方不平等的对抗问题，有待进一步规范和保障私人取证。

---

① 参见沈亚岚：《刑事诉讼境外证据司法审查的异化、纠偏与规则完善——基于76个案件83份证据的实证分析》，全国法院第30届学术讨论会获奖论文。

### （一）涉外刑事案件的取证负担

国际司法协助涉及多个国家和法律体系的协调与合作，也包括证据收集、证人出庭、文书认证等多个环节，因而具有许多困难，首先，尽管法律明文规定了国家刑事司法协助程序，并列举了7项在请求书中应明确表述的内容，但由于各国法律体系的差异，即使在法律翻译完美表达情况下，被请求方的理解也可能不同。其次，我国就国家刑事司法协助制定了《中华人民共和国国际刑事司法协助法》，但有些国家尤其是发展中国家并没有专门的法律来规定处理方式。此外，还有如数字取证方面各国参与程度不一、基于隐私权范围不同有些证据可能不愿协助、国家间冲突影响司法协助意愿等问题。

在涉外刑事案件中，证据合法性问题向来是争议重点，即使是公权力主体收集的证据也多受到辩护人异议，如提出取证程序不合法、被调取主体错误、调取内容不符合司法协助范围等。证据标准差异也导致了证据实效性不高，如不同国家对于电子证据收集、保存和使用的标准存在差异，不同国家对于直接证据和间接证据认可程度不同，尽管被请求方仅仅负责证据收集工作，但基于司法主权其可能并不愿意提供其不认可的证据内容。

有些证据内容由于各国法律体系不同而难以获取，如对于证人证言的获取，不同国家的法律对作证资格、作证人员的权利义务、知情人的豁免承诺、保护措施等规定不同。再如对于涉及个人隐私的证据，英国隐私保护主要体现在《数据保护法》和欧盟的《通用数据保护条例》，其监听证据的收集和使用需要符合《2000年调查权力规管法令》（RIPA）[①] 的规定，并且可能需要获得法院的授权，此类证据获得难度显然较大。

### （二）私主体取证难题障碍

一是私主体取证来源不多。刑事诉讼法规定了辩护律师的取证权，经过同意可向有关单位和个人收集材料，也可申请公权力机关收集、调取证据。但这一请求过程相对复杂，对于较小的案件，办案单位因此耗费的成

---

① 参见 https：//www. wilmerhale. com/insights/blogs/wilmerhale-w-i-r-e-uk/wiretaps-the-forbidden-fruit。

本、产出和办案效果并不适配，且律师申请取证有“与本案有关”的限制，或可能与公权力机关已调取证据重复。此外，我国涉外律师还有其他私人的调查渠道，如和境外的律师事务所、调查员、公证人合作委托国外的专业私人调查机构进行调查，利用国内外律师协会的资源和网络来获取境外证据，或者加入国际律师组织获取更多资源和支持。但总的来说，能够依靠私人渠道获得足够证据的涉外律师仍是少数的。

二是私主体取证规范性弱。私主体取证固然能更易发现关键证据，但其在证据搜集上的程序规范性不强。如证人自境外寄回证据材料，但无对应邮戳，影响了证据效力，当事人提供的证据没有办理公证认证手续等问题。实践中公权力证据与私主体证据认定比例相差较大，差别就在于取证的规范性上。对于电子证据或者远程取证等证据，其规范性要求较高，需要确保其真实性和完整性，这就需要专门的技术支持，私主体可能并不具备。此外，涉外案件中较为特殊的是对外国法的举证，私主体主要从境外网站上直接下载，文本真实性、是否有效等缺乏有效说明。

三是公证、认证门槛较高。《最高人民法院关于适用〈中华人民共和国刑事诉讼法〉的解释》确立的私主体证据需要所在国公证机关证据和中华人民共和国驻该国使领馆认证，这种一刀切的模式并不合理，比如对于双方质证认可的证据，因公证和认证程序而失去证据资格显然不合理，再如对于一些众所皆知的事实，如从专利局的专利信息库、公共图书馆、互联网等能直接获得的文献和出版物可免除公证认证证明手续。除了在范围上的门槛外，公证认证程序本身也较为复杂，由于境外公证并不用于境外，被请求国不享有相应的公共利益，因此审查较为形式，仅仅审查出具的资质和过程，甚至有的公证直接表明不对文书内容负责，有的公证则大开绿灯，较少对内容作出负面评价。2023 年《取消外国公文书认证要求的公约》在中国生效实施，该公约的实施降低了公证认证的时间和成本，今后刑诉法解释应当有所回应。

### （三）建立取证的保障机制

第一，拓展取证来源。私主体的取证来源可从以下方式拓展：一是拓展法定渠道，如民事诉讼法规定“经双方当事人同意，通过即时通讯工具取证”，在刑事诉讼中也可规定通过即时通讯工具联系到域外人员，当庭进行取证工作的方式，但需要在不违反外国法的前提下，并遵守相关司法协助程序。[①] 二是拓展协助渠道，如通过修订现有条约的方式，扩大条约中规定的刑事司法协助的范围和内容；建立国际性信息共享平台，促进证据快速交换。三是拓展律师协助，建立国际性律师组织合作备忘录，律协推动境内外律所之间的取证合作，制定律师国际取证指引。

第二，规范取证程序。对于私主体取证程序问题，应加强境内外协作，如咨询当地的法律专家以确保程序的合法性，或者委托当地的律师进行证据收集工作，此外要严格注意保护当事人隐私和合法权益，不能违反非法证据排除规则。对于技术要求较高的证据，可进一步放宽私主体申请技术支持的要求，或提供第三方取证名单供私主体合作。

第三，合理设置门槛。一是对部分证据进行豁免，强化质证效果，如对于双方质证认可的证据、一些众所皆知的事实，公民间的故意伤害等案件，被害人若在国内提起刑事自诉，关于加害事实的书证，可免于履行公证、认证手续。二是进行补充公证认证，一些确需公证认证而没有公证认证的，可通过补正或作出合理解释，使其违法性消除的。

## 三、强化实质认定：涉外刑事案件的证据审查

当前涉外刑事案件证据审查偏重形式审查的倾向已有改善，涉外案件中的涉外因素带来的司法协助困境使得司法机关更关注程序正义，但随着国家司法协助信任度的提升，实体正义的强调也逐渐被提上日程，这突出体现在“宽松”采纳原则、对证据的精准审查上。

### （一）“宽松”采纳及例外

《最高人民法院关于适用〈中华人民共和国刑事诉讼法〉的解释》第77条第1款规定，“经人民法院审查，相关证据材料能够证明案件事实且符合刑事诉讼法规定的，可以作为证据使用”，但目前实践中依据司法解释多采取较为宽松的采纳标准，如2021年“两高一部”《关于办理电信网络诈骗等刑事案件适用法律若干问题的意见（二）》对境外证据鉴真作了

① 参见 https：//www. chinacourt. org/article/detail/2024/11/id/8198903. shtml（域外远程庭审的实践与规则）；https：//www. chinacourt. org/article/detail/2025/02/id/8691499. shtml（国际民商事案件线上域外直接取证制度考察）。

“宽松”规定，即“确因客观条件限制，境外警方未提供相关证据的发现、收集、保管、移交情况等材料的”，公安机关对证据来源作出书面说明，侦查人员签名，加盖公安机关印章即可。

虽然采取了“宽松”的采纳标准，更符合境外证据的实际情况，但也容易存在一些问题。其一，确实存在技术性的程序问题的证据，即使能够作为证据使用，其证明力也会得到削弱，即使公安机关出具了书面说明进行补强，也会受到辩方的异议，需要通过其他证据进行印证。其二，有些证据在取证地的法院就存在证明力限制，在我国司法程序中不能一概而论，一般应从合法性、真实性、关联性考量，在尊重司法主权的基础上，依据中国相关法律规定予以取舍。

### （二）区别证据种类的审查

目前涉外案件的证据审查和学术界研究多拘泥于以取证主体的差异区别适用不同的证据标准，而忽略了在境外证据背景下，其证据种类也会影响相应的证据审查过程。第一，对于实物证据的审查，如对于公文书证，我国通过的《取消外国公文书认证要求的公约》就明确降低相应的程序要求，对于一些关键实物证据，由于其需要经过多次转交以及长时间保存，故对合法性的要求更高，如在汤某故意杀人案件中，辩方认为，“公安部赴斐济警务工作人员将杀人刀具委托某渔业公司用货船海运回国，并直接送交给公安办案单位的程序违法，因为该境外证据的保管和移交主体系私人主体”就具有严重的合法性问题。[①] 第二，对于言词证据的审查，更强调被追诉人的质证权，庭审中会配有专门的法律翻译人员，尽管如此庭审时也会出现无法完整呈现被告人陈述的翻译效果，为此对于关键内容向法庭申请为被告人提供部分陈述的翻译，并由专业翻译人员现场予以核实翻译内容的准确性。第三，对于电子证据的审查，电子证据因其可修改性、系统依赖性、存储环境影响等，对于真实性要求更高，各地法院有不同的做法。对于网站、社交媒体信息之类的，有的法院接受在线展示的方式；对于较为复杂的电子证据，则强调全过程的审查，即从证据的形成、收

---

① 参见吴国章：《刑事境外证据“绝对本国法”审查规则的反思与重塑》，载《法学》2023 年第 10 期。

集、保管、移送、出示等全过程的角度来审查证据。[①]

### （三）对取证方式包容审查

境外证据获取的途径和方式多种多样，有委托取证、直接取证以及联合取证等多种形式，对其合法性审查也应根据特殊性与现实性进行考虑。其一，一些地方建立的代为取证模式具有合理性。《国际刑事司法协助法》没有对代为调查取证作出具体规定，而是对于司法协助程序做出了统一的程序规定，而实践中我国与俄罗斯，已建立起较高程度的地方警务合作，如 M 市公安局先后与原俄罗斯赤塔州内务局、原阿金斯克布里亚特自治区内务局（现两地合并后更名为俄后贝加尔边疆区）建立了警务合作，M 市人民法院所审理的涉外刑事案件中，有关境外证据均是 M 市公安局根据中俄警察机关建立的警务合作机制所取得及友好往来关系，[②] 此类情况下固然存在合法性风险，但就其协助方式而言也无损司法主权和权利实行。其二，直接取证程序有待进一步规范，即在征得证据所在国同意的情况下，由案件办理国派遣本国调查人员到证据所在国直接收集证据材料，直接取证的方式固然能够实现现场取证，最大限度保证证据的真实性，但是由于成本较高在国家刑事司法协助中较少使用，在实践中存在取得证据后，证据的邮寄过程中经过多次转接，其中部分转接单位和个人属于私主体而导致证据丧失了资格，为此有必要进一步规范境外直接取证的程序。其三，联合取证模式的外交属性更强，即通过接受国的司法警察机关的配合，请求国直接派员进入接受国进行调查的一种手段。联合调查的优势在于被请求方参与联合调查行动中，可默认其赋权证据的使用，从而减少了公证程序的要求，但事实上这种调查模式由于具有较强的国家合作属性，其对于证据的审查要求反而不如其他调查措施严格，更强调各国之间对于事实和证据的统一认定。

---

① 参见冯俊伟：《境外电子数据的取得与运用——基于第 67 号检察指导性案例的展开》，载《国家检察官学院学报》2021 年第 4 期。

② 参见张瑞峰：《涉外刑事诉讼中境外证据的审查认证问题研究》，载内蒙古自治区高级人民法院官网 2017 年 1 月 3 日，http：//gy. nmgfy. gov. cn/article/detail/2018/03/id/3223678. shtml。

# 侦查监督与协作配合视角下刑事指控体系构建探析

王爱华　李　炜　殷　婷*

2023 年 8 月，最高人民检察院印发《2023—2027 年检察改革工作规划》，其中“充分发挥检察机关审前把关、过滤作用，健全以证据为核心的刑事指控体系”被列为“协同推进以审判为中心的刑事诉讼制度改革”的首要一条；2024 年 1 月的全国检察长会议，应勇检察长又将“以证据为中心的刑事指控体系”作为刑事检察着力构建的“三大体系”之首，可见推动刑事检察进一步创新发展，必须牢牢抓住“构建以证据为中心的刑事指控体系”这一关键，且新形势下检察机关对犯罪指控和证明的主导责任不再仅局限于审查逮捕和审查起诉阶段，而是要在刑事诉讼全流程对证据进行全链条审查运用。本文以侦查监督与协作配合机制为视角，通过梳理证据收集、审查、判断、运用过程中检警双方存在的问题，剖析问题产生的原因，从实践角度提出完善以证据为中心的侦查监督与协作配合机制新路径。

## 一、以证据为中心的刑事指控体系的具体内容

### （一）基本内涵

刑事指控是检察机关以追究犯罪嫌疑人、被告人刑事责任为目的的刑事追诉活动，包含检察机关围绕对被告人定罪量刑及财物追缴所进行的证

* 王爱华，湖北省武汉市汉阳区人民检察院党组书记、检察长；李炜，湖北省武汉市汉阳区人民检察院第六检察部主任；殷婷，湖北省武汉市汉阳区人民检察院第一检察部副主任。

据收集审查及证明等一系列诉讼活动。[①] 刑事指控体系的实体范畴包括定罪指控、量刑建议与财物追缴三个方面，而程序范畴则是指检察机关需要确保涉案证据均通过符合刑事诉讼法规定的取证方式获取，并对具有证据能力的证据运用综合论证、最佳解释推理等方式进行证据分析，以证明犯罪构成要件事实、量刑事实和涉案财物处理的事实等。因此，证据是刑事指控的支撑，以证据为中心的刑事指控体系，有以下几点特征：

1. 法定性

《人民检察院刑事诉讼规则》第 61 条第 2 款规定："人民检察院在提起公诉指控犯罪事实时，应当提出确实、充分的证据，并运用证据加以证明。"我国法律对以证据为中心的刑事指控体系中证据的要求和检察机关的职责作出了明确规定，即检察机关具备必须依据确实、充分的证据进行法定指控的责任，这一体系具有法定性。

2. 贯穿性

以证据为中心的刑事指控体系，对于证据的标准已经大大提高，代表着刑事指控不再是逮捕、起诉环节检察机关对证据的审查运用，而是贯穿于刑事诉讼全过程。既向前延伸，对侦查机关收集证据进行引导，将证据要求由审判向侦查前端传导；又向后延伸，在庭审中当庭进行指控，保证审查起诉的案件事实证据经得起审判的检验。

3. 协作性

刑事指控体系以检察机关为主导，但并非仅为检察机关的责任，侦查工作的成果是指控犯罪的基本。最高人民检察院、公安部发布《关于健全完善侦查监督与协作配合机制的意见》中要求："进一步健全完善监督制约与协作配合机制，推动提升公安执法和检察监督规范化水平""协同构建以证据为核心的刑事指控体系"，说明了以证据为中心的刑事指控体系是由公安机关和检察机关协同完成指控犯罪任务。

### （二）基本要求

1. 贯彻证据裁判原则

以证据为中心，就是要求检察机关在进行刑事指控时贯彻证据裁判原

---

① 闵春雷、王从光：《以事实为面向：中国刑事指控体系建构的新思路》，载《吉林大学社会科学学报》2022 年第 3 期。

则。证据裁判原则，要求案件事实的认定必须依据证据，裁判必须依据具有证据能力和证明力的证据作出，证据必须在中立的法庭上经过合法的质证程序查证属实，才可作为裁判的依据。[①] 对检察机关而言，则是完善证据的审查机制，建立书面审查和调查复核相结合的亲历性办案模式，确保证据体系的完整性，提高指控犯罪的精准性。

2. 把握刑事证明标准

刑事证明标准，是刑事诉讼中检察机关和当事人运用证据证明案件事实所需达到的程度要求。我国刑事诉讼法对于证据的证明标准作出了明确规定，即证据确实、充分，在第 55 条第 2 款确立了更为具体的规则，将“排除合理怀疑”的规则引入其中。事实上，“证据确实、充分”与排除合理怀疑具有一致性，因为刑事证明标准是不具备绝对确定性的，有罪判决只能达到认识范围内最高程度的确定性。“证据确实、充分”是证明标准的具体、客观要求，排除合理怀疑则是司法人员对证据进行审查后，形成排他性的一种主观信念要求，均要求检察机关在进行刑事指控时，证据最终能得出案件事实的唯一性结论。

3. 非法证据排除

证据的基础在于合法性，非法证据排除一直是刑事司法中保障人权的重要举措。刑事诉讼法第 59 条规定：“在对证据收集的合法性进行法庭调查的过程中，人民检察院应当对证据收集的合法性加以证明。”说明检察机关是法律规定的证明证据合法性的责任主体。虽然在审判阶段可以进行非法证据排除，但该阶段的排除应当属于补救性排除，无法排除非法证据对自由心证的影响。因此真正达到非法证据排除的效果，应当是审判人员自始不知道非法证据的存在。以证据为中心的刑事指控体系，不仅要求检察机关在庭审中对证据的合法性加以证明，更重要的是在起诉前就对非法证据进行排除，起到阻断审判人员接触非法证据的作用，使非法证据排除在整个刑事诉讼中落到实处。

## 二、构建以证据为中心的刑事指控体系面临的问题

证据是整个刑事诉讼的基础。公安机关作为证据收集、固定、保存、

---

① 门植渊：《完善证据体系贯彻证据裁判规则》，载《检察日报》2018 年 5 月 4 日。

审查、运用的“第一关口”，对证据这一案件质量的生命线负有首发责任。检察机关在承担刑事指控的主要责任时，既要引导公安机关侦查取证，又要对公安机关收集的证据进行审查、运用。也就是说检警双方都具有证据收集、固定、保存、审查、运用的过程，这也是构建以证据为中心的刑事指控体系和“大控方”格局的应有之义，但检警双方在此过程中，存在以下问题。

### （一）证据收集消极懈怠

随着检警双方办案能力的不断提升，对证据收集完全消极懈怠情形在司法实践中并不多见，但又出现了以下消极懈怠的情形。一是懈于收集补强证据。对于补强证据收集的懈怠，主要是侦查机关仍然偏重对言词证据的收集，特别是证明犯罪嫌疑人、被告人主观上的故意时，往往通过犯罪嫌疑人、被告人自己的供述予以证明。但犯罪嫌疑人、被告人的供述存在极不稳定性，一旦翻供，很可能无法证明其主观故意。如在掩饰、隐瞒犯罪所得案件中，往往是收赃人在供述中承认其明知的主观故意，但公安机关疏于收集收赃的时间、场所、价格、是否有有效来历凭证等客观证据。二是消极收集罪轻、无罪证据。《公安机关办理刑事案件程序规定》第60条规定，公安机关需全面收集证据，包括有罪、无罪、罪轻、罪重的各种证据。但司法实践中，侦查人员受固有思维的局限，侧重于收集定罪、有罪、罪重的证据，忽视罪轻、无罪的证据的收集。如诈骗案中对于犯罪嫌疑人的诈骗金额都有相应的流水予以印证，但犯罪嫌疑人明确供述了其在立案之前退还了部分钱款，[①] 侦查人员对这一部分情节的证据却不积极调取。三是技术取证怠于使用。对于微信聊天记录、公民个人信息等电子证据，仍习惯采用拍照截图的方式收集固定，忽视了电子证据的完整性和取证的合法性，如辩护人提出异议，可能造成该电子证据无法使用。

---

① 《最高人民法院关于审理诈骗案件具体应用法律的若干问题的解释》第9条规定，对于多次进行诈骗，并以后次诈骗财物归还前次诈骗财物，在计算诈骗数额时，应当将案发前已经归还的数额扣除，按实际未归还的数额认定，量刑时可将多次行骗的数额作为从重情节予以考虑。（该解释已废止。——编者注）

### （二）证据审查流于形式

一是证据审查“重实体、轻程序”。重视证据证明的犯罪事实而忽视证据在程序上的瑕疵，即使检察机关发现了程序上的轻微瑕疵，也未要求侦查机关补正。比如盗窃案中被害人在刑事立案之前以办理行政案件的形式做了行政案件笔录，但转为刑事案件后，侦查人员未重新对被害人制作询问笔录，部分检察人员认为行政笔录也证明了被害人物品被盗的事实，未要求公安机关补充被害人笔录。二是矛盾证据怠于核查。如到案经过与犯罪嫌疑人本人的供述相矛盾，检察人员未对上述矛盾证据进行核查，直到庭审过程中辩护人提出，又在庭后进行核实，影响庭审效果。三是“重审查、轻调查”。检察机关对于证据的审查一般是依靠书面卷宗，将证据审查的目光全部局限于卷宗之内，忽视了调查在证据审查中的作用，也鲜有听取侦查人员和辩护人意见的过程。

### （三）证据运用粗略浅显

一是判断标准刻板机械。主要体现在处理证明力问题非黑即白，如公安机关在办理危险驾驶案件中，《血液提取登记表》中的见证人系辅警，违反了法律规定，但提取血液的过程进行了全程录像，检察人员仍认为该血液提取的过程存在问题。二是证据角度过于单一。比如交通肇事中被害人主要因其自身疾病导致死亡，可能阻断事故与死亡结果之间的因果关系，检察人员围绕因果关系要求公安机关收集了大量的证据予以证明，却忽视了构成交通肇事罪的前提，即造成一人死亡时行为人在事故中需负主要以上责任，未围绕交通事故的责任认定进一步补充证明。三是忽视线索挂一漏万，如毒品犯罪中仅关注犯罪嫌疑人认可的毒品交易记录，对大量具有同质性的交易流水检警两方均不予深究，追诉犯罪不力。

## 三、构建以证据为中心的刑事指控体系问题产生原因的分析

传统实践及学界面对证据问题，普遍认为侦查机关负有更大消极责任，应当增强检察机关对其引导力度。但这种观点，一方面，从客观实际来说，检警两方在证据收集、固定、保存、审查、运用中均存在大小不一的弊病，一味贬低侦查机关能力水平，抬高检察机关办案质效，有失偏

颇；另一方面，从办案实践需求来说，仅关注侦查机关办案水平提升，忽视检察人员履职能力提高，不利于检警良性互动。笔者将从检警两方出发，深度剖析出现问题的原因。

### （一）检警双方存在差异

一是办案思维存在差异。公安机关办理刑事案件的核心是取证破案，注重破案手段的使用，忽视了要将证据链形成闭环，强调的是“抓人破案”，而检察机关系对证据的全链条进行审查运用，具有全面审查思维，侧重于证成体系的构建，注重的是“证据定案”。二是绩效考核指标存在差异。绩效考核作为检警工作的“指挥棒”，必然会造成双方工作的侧重点不同。目前公安机关绩效考核仍以各类犯罪破案率、刑事拘留人数等为标准，自身内部弱化了对侦查行为的监督与防范。而检察机关实行“一取消三不再”之后，由“围着数据转”转变为“盯着问题看”，遵循将案件质量放在首位，将监督工作落在实处，也对公安机关的侦查取证提出了更高的要求。三是对于证据证明力的认知存在差异。公安机关仍未脱离对“口供”的依赖，以犯罪嫌疑人的供述作为其核心证据证明犯罪事实。但随着当庭翻供情形的不断出现，检察机关对于“口供”证明力的依赖不断弱化，转而优先运用客观证据证明犯罪事实，由此就会出现公安机关认为犯罪嫌疑人的供述已可以证明犯罪事实，检察机关却提出大量补充侦查意见甚至作出相反结论的现象。四是诉讼环节传导证据压力存在差异。检察机关需要出庭指控犯罪，负有举证责任，需要当庭接受辩护人、被告人的质证，证据压力直接传导给办案人员。但侦查机关处在最前沿环节，压力传导已被削弱且具有一定滞后性。

### （二）诉讼制度改革导致的定位变化

诉讼制度改革给检警定位带来的变化和挑战在短期内难以克服。一是由“侦查中心”向“审判中心”转变。以审判为中心的诉讼制度改革强调庭审对侦查和审查起诉案件具有终局性裁判作用，侦查、检察、审判人员社会评价发生变化，检警荣誉感降低。二是由“侦查决定公诉”向“检察引导侦查”转变。一段时期内，公安机关侦查的方向和结果直接影响公诉目的和策略，新时期庭审地位的提升倒逼检察引导侦查的“大控方”格局的构建，侦查机关由主导到被引导，身份产生落差。三是由“公诉为主”向“公诉和监督并重”转变。传统“公诉为主”是以打击犯罪为主，“公诉和监督并重”则是发挥检察机关审前过滤的功能，防止刑事案件“带病”进入审判程序，确保起诉的案件经得起实质化庭审的检验。

### （三）检察机关引导侦查取证的能力有待提高

一是补充侦查要求不明确。部分检察人员在补充侦查提纲、引导侦查取证意见时，未详细说明取证的内容和目的，导致侦查人员对于取证的要求不理解，引导侦查流于形式。二是类案证据标准不一致。同部门、同办案小组、同办案人员对于类案证据的要求不一致，比如拒不执行判决、裁定的案件，部分检察人员除了要求侦查人员收集被执行人转移、藏匿财产的证据，还要求侦查人员对所有被执行人（包括连带保证责任人）资金状况进行调查，以证明其行为致使判决、裁定无法执行的实质性，但部分检察人员认为被执行人的转移财产等行为阻碍了执行工作的有效进行，就属于拒不执行判决的行为，其他连带保证责任人的资金情况不影响罪名的认定。三是继续侦查、补充侦查跟进不及时。主要体现在检察机关对于捕后继续侦查、退回补充侦查的督促、跟进不及时，对于侦查提纲一下了之，没有和侦查人员沟通侦查的方向和要求，导致侦查人员自行理解侦查要求偏离方向，达不到检察人员的要求，补证效率低，甚至进行无效补侦。

## 四、完善构建以证据为中心的刑事指控体系的新路径

在以审判为中心的诉讼体制改革中，仅强调检察机关对刑事指控的主导地位已不足以解决现有的困境。要构建新型的检警关系、以实现控诉一体为目标构建刑事“大控方”格局，健全侦查监督与协作配合机制，实现完善构建以证据为中心的刑事指控体系的新路径。

### （一）规范引导侦查取证，强化证据补强质效

提高检察机关引导侦查取证的能力是解决证据质量下降的最为直接的办法。第一，建立规范的提前介入机制。利用提前介入机制，积极引导重大案件的侦查取证，制定重大案件提前介入实施细则，细化提前介入案件范围和标准，建立提前介入的启动模式和结果反馈机制。第二，建立完善的证据标准体系。完善的证据标准体系，对检察机关的引导侦查具有两方

面的要求。一方面，检察机关要从证明犯罪构成要件、形成完整证据锁链这一目标，对所应收集的证据对侦查机关加以引导；另一方面，由于证据规范散见于刑事诉讼法、司法解释以及其他规范性文件中，系统化程度不高，检察机关对于证据审查的指导应当具有操作性和可行性，并通过类案证据审查指导，构建类型化证据标准指引，消除认识分歧。第三，优化侦查取证理念。检察机关应当始终保持客观公正的立场，引导侦查机关全面收集证据，包括犯罪嫌疑人、被告人有罪、无罪、罪轻和罪重的证据，改变办案人员“先入为主”的侦查理念。第四，强化补充侦查。补充侦查有两个方面，一是督促侦查机关补充侦查。检察机关对其自身补充侦查提纲的内容、侦查的事项、具体的要求要予以明确说明，并加强与侦查人员的沟通，深化检警协作配合，提升补充侦查的质效。二是开展自行补充侦查。自行补充侦查是构建以证据为核心的刑事指控体系的有益补充，检察机关改变重审查、轻调查的传统办案窠臼，积极自行补充侦查，提升检察人员自行补充侦查的能力和水平。

### （二）提高证据全面分析能力与水平，开拓数字侦查监督与协作配合

一是加强新型犯罪的业务知识培训。随着科学技术的发展，高智商犯罪更多地进入公众的视野，如知识产权犯罪、计算机犯罪、环境资源犯罪等。各类高智商犯罪的出现对收集证据以及审查证据的主体是一种极大的考验。定期对人员进行培训，与时俱进，提高取证与审查证据人员的实战能力与理论水平，不断优化司法队伍。二是以实案为基础，建立检警同堂“研学训评用”平台，通过“庭审观摩”等凝聚办案共识，变“单打独斗”为“群策合力”。三是探索检警互通 E + 证据指引辅助办案模式，探索构建可数据化的证据标准。通过研发刑事办案智能辅助系统，将基本证据要求嵌入大数据司法办案辅助系统，实现对证据合法性的自动识别比对，对矛盾点和瑕疵证据自动预警和提醒，助推办案人员证据审查能力的提升。用证据指引构建大数据分析和智能辅助办案系统，实现大数据全时段全流程全方面监督，变被动侦查监督为主动协作配合。

### （三）探索出庭实质化，倒逼提高侦查取证质量

在英美法系国家的司法实践中，侦查人员经常作为控方的证人出庭作证，但在我国还未形成相应的制度。事实上，侦查人员出庭作证，往往是

针对程序性事实的证实较多，特别是证明取证程序是否合法，常常成为辩方要求侦查人员出庭作证的初衷。此时，侦查人员作为控方证人，就要在这方面接受控辩双方的询问，多角度地向法庭阐述收集证据的全过程，这也是侦查监督与协作配合工作机制其中一项内容。侦查人员出庭说明证据的合法性，不仅可以达到消除法官疑虑，增强起诉证明的效果，而且可以将规范取证的压力直接传导至侦查人员，倒逼侦查人员提高侦查取证质量。

# 指导性案例之研习路径

陈长均*

“一个案例胜过一打文件”。检察指导性案例以直观的方式阐释法律精神、司法政策和价值取向，精准呈现检察环节履职情况。指导性案例的价值在于指导，生命在于应用。要让指导性案例在检察实践中落地生根，必须推进指导性案例应用到实践之中。欲实现应用之目标，前提是重视对指导性案例的学习研究。

“如果说法治社会是一维长空，那么案例则像散落的星辰，对案例的研究就是找出那些发光的星星。”① 学习研究指导性案例的路径有很多，从宽泛意义上说，主要包括两个层面：一个是检察系统内的研习路径；另一个是检察系统外的研习路径。

## 一、检察系统内研习指导性案例的路径

在检察系统内研习指导性案例，可以通过以下三种途径实现：

### （一）让指导性案例融入检察官、检察官助理的业务学习与交流

检察官、检察官助理的“课堂”，并非仅限于传统意义上的教室，更多时候是广义上的学习与交流场合，如日常的业务交流、业务研讨等。应采取有效举措把指导性案例引入检察官联席会议、业务比赛、征文活动等，使其成为业务交流与学习的主要内容。

在条件允许的情况下，可以邀请指导性案例、典型案例的案件承办人

---

* 陈长均，山西省太原市人民检察院研究室副主任、四级高级检察官，优秀全国检察调研骨干人才。

① 胡云腾：《开创中国特色的案例法学》，载《法治日报》2021年4月27日。

分享办案中存在的法律适用、证据采用、办案困惑、矛盾调处、刑事案件中的认罪认罚等问题，而不仅只讲解静态的规则及规则适用。这样的案例讲解，不仅能为检察人员提供丰富的实务经验，也能为检察机关培育、撰写后续指导性案例、典型案例提供一定参考。

在一些法治发达国家，检察官量刑建议能力的提升很大程度上得益于钻研判例。例如，日本检察官的量刑建议能力，一定程度上就是通过各种方式广泛研究司法判例提高的。① 我国认罪认罚从宽制度实施后，检察官量刑建议能力尽管有了很大程度的提高，但仍有较大提升空间。让指导性案例（包括最高法、最高检发布的指导性案例）融入检察官的业务学习与交流，是提升其量刑建议能力的有效路径之一。

### （二）纳入各级院检察委员会会议议题

从某种意义上说，检察委员会会议可以说是一个小型课堂，因为检察委员会会议经常讨论案件或其他业务问题。最高检要求各级院检察委员会要加强对指导性案例的学习，但一些地方检察机关落实得不是很好，有些时候流于形式。最高检 2019 年印发的《关于案例指导工作的规定》第 15 条第 2 款规定："各级人民检察院检察委员会审议案件时，承办检察官应当报告有无类似指导性案例，并说明参照适用情况。"一方面，各级检察机关要严格落实这一规定；另一方面，落实好这一规定能够倒逼检察委员会委员深入学习指导性案例。因为如果检察委员会委员不认真学习指导性案例，不掌握指导性案例的发布、适用情况，有的委员可能甚至连案件承办人关于指导性案例的报告都听不明白。

要落实好最高检关于检委会要加强指导性案例学习的要求，必须细化制度规定，强化督导检查。例如，有的检察机关只是在检察委员会会议记录和会议纪要中，写入"会议对第×批检察指导性案例进行了学习"等相关内容，而实际上并没有真学、真懂、真会、真用。对于这种情况，上级检察机关在检查此项工作时，不能仅看会议记录和会议纪要中有没有学习指导性案例这个议题，而应该查看检委会会议的录音录像或检委会委员的具体学习过程和讨论发言情况。同时，建议将案例查询平台与办案统一系

---

① 参见［美］戴维·T. 约翰逊：《日本刑事司法的语境与特色——以检察起诉为例》，林喜芬等译，上海交通大学出版社 2017 年版，第 93 页。

统对接，方便一线检察人员搜索查询，提高指导性案例适用率，达到真用之目的。

### （三）成为各级院检察长业务授课的重要内容

由于在检察系统内，对于指导性案例的学习研究，一定程度上存在上面热、下面冷的现象，一些基层检察机关对其重视程度不够。很多地方党委要求各单位主要领导必须上台讲党课，检察机关可以借鉴这一经验做法，通过顶层设计，要求检察长特别是市县两级院检察长必须上台讲业务，再通过一定的考核机制等，要求他们必须把指导性案例融入讲业务的过程中。案例凝聚着司法前辈的司法经验、知识和智慧，检察长讲指导性案例，不但能够传承司法智识，还能倒逼检察长提升其业务能力。

## 二、检察系统外研习指导性案例的路径

### （一）让指导性案例走进法学院课堂与教材

让指导性案例走进高等院校法学院，需把握以下三点：

1. 转变法学院教育方式

指导性案例是大浪淘沙后留在河床上的金子，是鲜活生动的法治教材，是最好的法治教科书。我国传统的法学教育中，基本上是从概念到概念，从理论到理论，部分法学教材理论陈旧，对真实案例的教学研究相对较少。在这方面，域外很多国家和地区的法学院积累了丰富的经验，其法学教育中案例教学占据重要地位，法学院学生实务操作能力较强。我国法学教育中应当增加案例特别是指导性案例在日常研讨和考试中的比重。此外，由于实务界、理论界可能会从不同角度对指导性案例进行理解，法学院可以邀请检察官同台研讨，对指导性案例进行多视角解读，促进理论与实务的交流与融合。

2. 加强案例研究与学术研究的结合

当前，部分学者认为案例研究是低水平的研究，不愿涉足案例领域。其实，案例研究是最接地气的法学研究，只有深深植根于司法实践的土壤，从司法实践和案例中不断汲取营养，法学理论才能不断创新和发展。可以说，实践中不断出现的新型案例是法学研究的源泉。著名刑法学者张

明楷教授指出，“不要以为过多讨论司法实践中的问题，就降低了刑法理论的层次，……刑法学者应当密切关注司法实践，使刑法理论适合司法实践的需要”[①]。在很多情况下，案例是法学理论研究的源头活水，指导性案例更是开展法学研究的重要资源。

对于司法机关而言，“案例研究的必要性还表现在，有的办案机关或者办案人员并不了解所办案件的价值，就像一个人做了好事以为是平凡工作一样，所以要靠专家学者或者第三人去发现其中的价值”。[②] 对于学者而言，众多案例是一个可观且难得的“富矿”，对指导性案例和典型案例进行深入研究，完全可能产出很深的学术成果。

我国台湾地区刑法学者许玉秀教授认为：“学术研究的素材来自生活，法学研究的素材更是来自实例，实务界处理个案时的敬谨，绝对是学术发展蓬勃、理论研究丰硕最根本的基础，因为谨慎处理过的案例，往往提供理论研究最根本的智慧。”[③] 比如，日本刑法学者山口厚教授的《从新判例看刑法》一书，就是透过判例研究刑法理论的。其研究方法受到学术界的广泛认可。

只有越来越多的学者投身于对指导性案例研究，才能使更多的指导性案例进入法学院课堂、融入法学教材，从而推动指导性案例在司法实践中的应用。

3. 宽容对待指导性案例的不同评判

最高检2019年印发的《关于案例指导工作的规定》第15条第1款规定：“各级人民检察院应当参照指导性案例办理类似案件，可以引述相关指导性案例进行释法说理，但不得代替法律或者司法解释作为案件处理决定的直接依据。”虽然指导性案例对检察机关办案具有重要意义，各级人民检察院应当参照指导性案例办理类似案件，但对于学者进行学术研究而言，应当容忍甚至鼓励他们对指导性案例提出学理上的不同观点或不同论证路径。

同时，高校教师在引导学生讨论指导性案例时，也应允许甚至鼓励学生从不同的理论视角对案例提出不同看法，而不是拘泥于唯一正确的“标

① 张明楷：《刑法学研究中的十关系论》，载《政法论坛》2006年第2期。

② 胡云腾：《开创中国特色的案例法学》，载《法治日报》2021年4月27日。

③ 许玉秀：《当代刑法思潮》，中国民主法制出版社2005年版，第412页。

准答案”。这样，才能更好地促进理论与实务互动，推动法学院课堂对包括指导性案例在内的大量案例进行深入探讨。

### （二）让指导性案例成为不同职业群体共同研习的对象

1. 法律实务界同堂接受培训

一方面，要通过广泛宣传，让法官、检察官、警察、律师等法律实务界人士充分了解指导性案例，努力使其成为执法司法人员办案、律师辩护的重要依据，充分发挥指导性案例在司法实务中的价值；另一方面，法官、检察官、警察、律师等同堂接受培训，能够加深对彼此工作的理解，学会换位思考，消弭分歧，统一证据判断标准，促进法律职业共同体形成共同法治理念。

2. 法律实务界共同解决指导性案例适用中的问题

法院、检察院、公安等可以集中研讨交流，总结本地区同类案件办理情况，梳理同类案件办理中的难点，以及指导性案例是否能够解决这些难点。如果能够解决，共同总结解决的经验；如果不能解决，共同研究下一步的应对策略，以期更好地发挥指导性案例在司法实践中的指导作用。

### （三）让指导性案例进入公众视野

案例的价值是多元的，不同群体对案例价值的需求也是多元的。司法人员关注的是案例的参照价值；社会公众注重的是案例对行为的指引价值。基于此，指导性案例不仅要走进司法人员内心，也要走进民众心中。因此，要面向社会大力宣传指导性案例，努力为当事人和社会公众研习、应用案例服务。申言之，可以将指导性案例宣传作为检察机关参与社会治理的重要方式，通过送法下乡、送法进社区等方式，深入农村、社区、企业等一线宣讲指导性案例，努力让广大民众了解案例、掌握案例、运用案例，从而更好地发挥指导性案例在社会治理中的积极作用。

# 金融检察公益诉讼范围拓展和路径构建

张　源　李倬云*

习近平总书记在中央金融工作会议上明确提出："金融是国民经济的血脉，是国家核心竞争力的重要组成部分，要加快构建金融强国。"近年来，检察机关充分发挥法律监督职能作用，切实加强组织领导，积极服务保障金融高质量发展，取得了新成效。最高人民检察院《关于充分发挥检察职能作用依法服务保障金融高质量发展的意见》提出："要探索开展金融领域公益诉讼"。设立金融检察公益诉讼，旨在保护"金融公益"，以法律监督手段为金融发展护航。根据我国现行的主要金融立法，金融公益主要包括行业利益、金融安全及金融秩序；客户及投资者群体性利益。对其加以类型化处理，可细分为以金融市场稳定安全及金融竞争秩序为代表的纯粹性公益，以个体利益上升为集合性公益为代表的集合性公益。实践中，检察机关已经在金融消费权益保护及证券虚假陈述两个领域进行了初步探索，积累了一定的经验。接下来，有必要进一步拓展金融检察公益诉讼的范围，并完善相关程序，为国家金融高质量发展提供检察公益诉讼样本。

## 一、探索金融检察公益诉讼的必要性

拓展检察公益诉讼应当遵循效能较大目标。检察机关探索金融领域公益诉讼，重点在于克服现有金融公益保护不足的困境，并对金融公益进行精准性、针对性的保护，这就成为首先需要讨论的问题。

---

* 张源，甘肃省人民检察院兰州铁路运输分院案件管理办公室（法律政策研究室）主任；李倬云，香港城市大学法学院。

### （一）现行法律体系下金融保护的困境

1. 纯粹性金融性公益缺乏产权看护人

无论是金融稳定安全还是金融竞争秩序，均是抽象利益，具有公益性，缺乏具体的产权保护人。金融行为究其本质是合同行为，在保护合同当事人利益的同时，亦应当维护金融体系的安全与稳定。而掩盖在合同之下的纯粹性金融公益，由于缺乏产权人看护容易引发区域性风险及系统性风险。同时，作为影响金融竞争秩序的竞争主体与监管主体，前者通过违法违规或者逃避监管的行为来获取不正当竞争优势；后者则通过对个别金融机构进行补贴影响金融竞争秩序。此时，由于产权人缺位问题，势必会直接影响到其他竞争者的利益。但竞争主体之间的不当竞争行为可以通过推动监管机构执法来消除，监管机构的补贴由于呈现出隐蔽性的特征，因此很难及时发现。

虽然产权人在实践中处于缺位状态，但法律却规定由行政机关行使管理职责，看护金融公共利益。行政机关的看护成效主要取决于其职责权限是否明确，执法力度是否到位。但从目前实践状态来看，存在监管主体职责不清或权限交叉的情形，更易陷入金融公益维护缺位的窘境。整体而言，金融监管机构能够对金融稳定与安全实施有效监管。加之作为中国人民银行内设机构的金融稳定局与中央金融委员会，专门负责金融稳定工作。对于可能影响金融稳定安全的系统性问题，上述机构能够较好应对，而对于区域性风险，却出现监管机构处置效率低下的难题。事实上，区域性风险所涉及的行业更多、领域更广，地方金融监管机构缺乏相应的跨区域看护部门，因此难以实现强有力的监管。且区域性风险的解决主要依赖于央地关系的协调，金融机构带来的风险信息由中央监管部门的地方分支机构掌握，导致地方政府的风险处理能力极为有限。① 此外，还有可能存在政府机构不当救助对金融秩序造成的破坏，主要原因在于政府机构与金融看护人之间存在利益冲突。在是否救助、如何救助等问题上政府机构可能出现追求短期利益而忽视长足发展的情形。

2. 集合性金融公益缺乏维权动能

集合性金融公益涉及参与主体的私人利益，但由于该利益集团不愿意

---

① 单飞跃、吴好胜：《地方金融管理法律问题研究》，载《法治研究》2013 年第 6 期。

采取行动，致使出现集体行动困境。主要是利益集团中的个体考虑到参与集体行动需要花费私人成本，而成果却由集体共享，因此会出现“搭便车”的心态，导致集体行动难以达成。[①] 首先，集体行动能否达成取决于成本高低。当集合性金融公益受到损害时，集团成员一般有两种救济路径：一是私权自力救济。即集团成员通过协商、诉讼等手段解决争议。二是借助于公权救济。主要是由公权力机关通过刑事附带民事公益诉讼的方式维护集合性公益。但上述路径的维权成本都不会太低。其次，集体行动能否达成与集团人数不成正比。集团人数越多，则意味着维权成本越高，而收益越低。这两者之间的反比关系决定了集团成员“搭便车”的意愿会持续增加，集体行动的困境愈加严重。就其本质而言，集合性金融公益是群体性私利的聚合，之所以将其上升至公共利益的高度，在很大程度上是由于人数众多。再次，集体行动能否达成与内部补偿机制息息相关。在集合性金融公益领域，由于缺乏对维权行动者的补偿，导致集体行动困境越发严重。

3. 金融消费领域举证规则对消费者不利

在金融诉讼领域，实行“谁主张谁举证”的原则。金融消费者与金融产品的提供者之间往往存在信息不对称的现象，且绝大多数的证据存留在金融产品提供者一方，所签合同亦为格式合同。在未实行举证责任倒置的前提下，显然对金融消费者不利。

### （二）检察公益诉讼解决金融保护困境的优势

金融公益的上述维护困境为检察公益诉讼的介入提供了契机。在现有检察公益诉讼制度框架内，探索金融检察公益诉讼是应对金融公益风险的有效举措。

1. 检察公益诉讼有助于解决纯粹性金融公益产权人缺位的困境

在纯粹性金融公益保护领域，尤其针对区域性金融风险及政府不当救助行为，检察机关的介入可有效纾解产权人缺位的困境。行政机关作为公共利益代理人的履职障碍主要在于不同政府机构之间的协调难度，尤其是央地关系。而检察机关作为法律监督机关，其履职行为带有法律效力，对

① ［美］曼瑟尔·奥尔森：《集体行动的逻辑》，陈郁等译，上海三联书店 1995 年版，第 2 页。

于政府部门具有一定的威慑性，提出的意见建议更加容易被采纳。且根据《人民检察院公益诉讼办案规则》的相关规定，检察公益诉讼办案一体化机制能够灵活地根据案件疑难复杂程度及政府部门级别随时作出调整。上级检察院可以交办、提办、领办、督办案件，及时化解区域性金融风险。对于政府的不当救助行为，检察机关作为外部监督者可以督促其正视自身短板，但这种监督仅限于行政行为的合法性，不能对合理性判断作出处置。

2. 检察公益诉讼有助于解决集合性金融公益动力不足的困境

集合性金融公益诉讼可有效解决集体行动的成本等现实制约因素，从而纾解集体行动困境。检察机关作为公共利益的代表，其介入金融公益诉讼则意味着代替集团成员成为诉讼主体，集团成员均可以“搭便车”，诉讼成本由国家机关负担，消减了集团成员的顾虑。且检察公益诉讼已基本成熟，可为金融公益保护提供制度性保障。

3. 检察公益诉讼有助于解决私人群体取证能力不足的困境

检察机关在立案前初查阶段，重点调查评判对金融公益的损害情况。立案后则进一步调取相关金融机构未依法全面履职的事实及证据，以判断对金融秩序是否造成破坏。在后续的跟进监督及提起诉讼过程中，检察机关可继续补充调查取证，以满足举证责任和证明标准的要求。

## 二、金融检察公益诉讼的拓展范围

检察公益诉讼制度自建立以来，其范围就一直处于拓展之中。金融的本质在于价值流通，产品类型涉及银行、证券、保险、信托等，在探索检察公益诉讼的过程中既要注重实现对金融公益的全面维护，又要找准切入点，依法精准界定履职范围。

### （一）国有金融资产保护

国有金融是我国金融业的主体，国有金融资产的不断壮大，为我国经济发展奠定了坚实基础。国有金融资产主要包括资产、资本权益、国有参股金融企业资产及权益。从我国金融资产的监管体系看，既有中央层面的监管机构，又有地方层面的派出机构。实践中，部分国有企业管控制度不完善、执行不严格；部分存在违规开展业务的情形，对海外国有资产缺乏全面审计，底数不清，风险不明；部分未按监管要求对流动性进行实时监测，地方资产管理公司违规对外融资，检查力度不够。上述领域正是开展国有金融检察公益诉讼的切入点。

### （二）金融账户个人敏感信息保护

根据个人信息保护法第 28 条的规定，金融账户属于敏感个人信息。对于敏感个人信息的处理要特别审慎，除非为了特定事项，并在采取严格保护措施的前提下才能进行处理。检察机关要聚焦身份信息、财产信息、账户信息、信用信息及交易信息等探索金融账户个人敏感信息保护公益诉讼。[①] 将其作为个人信息保护检察公益诉讼的重点领域及突破方向，向相关监管机构制发检察建议，督促加强内部监管，防范个人敏感信息泄露的源头风险，切实保护个人信息安全。此外，检察机关还可以探索相关金融机构过度收集、滥用、倒卖金融账户个人敏感信息民事公益诉讼，支持受损害的民事主体提起公益诉讼，并同时提出惩罚性赔偿请求。

### （三）反电信网络诈骗领域金融治理

反电信网络诈骗法第 15 条至第 20 条规定了反电信网络诈骗领域金融治理。明确银行业金融机构、非银行支付机构的客户尽职调查制度、风险防控机制、网络诈骗监测机制、必要信息收集制度，并对个人开设账户的数量等进行了限制。严格执行反电信网络诈骗法的规定是检察机关的责任，通过行政公益诉讼的方式督促相关监管机构履行法定职责，督促银行业金融机构、非银行支付机构健全风险防控机制、履行防范电信诈骗义务。同时，还应当加强与公安机关反诈中心的协作配合，紧盯容易被用于电信网络诈骗的金融产品、金融服务。通过民事公益诉讼的方式责令消除危险，赔偿损失。

### （四）金融行业反垄断、反不正当竞争

我国金融体系具有强大的生命力，但同时也在某些领域和环节存在突出的垄断和不正当竞争问题。一是产业资本在金融领域存在着无序扩张行

---

① 邱景辉：《顺势而为，拓展金融检察公益诉讼案件范围》，载《检察日报》2023 年 11 月 30 日。

为；二是部分企业打着互联网创新的旗号或者“互联网金融 +”的模式违法违规开展金融活动；三是大型互联网平台之间存在着不正当竞争行为。上述问题的产生具有深刻的社会背景，金融体系在快速发展的同时风险亦日益集聚，必须准确识别、科学应变，加大反垄断、反不正当竞争检察公益诉讼案件办理力度，督促金融监管部门及反垄断执法机构依法履职，对金融行业排除、限制竞争的行为及垄断协议等加大治理力度，维护金融市场秩序。同时，检察机关还应当妥善处理好反垄断、反不正当竞争与保护民营企业合法权益的关系。在探索金融行业反垄断反不正当竞争公益诉讼的同时，切实发挥检察公益诉讼的社会治理效能，助推经济高质量发展。

### （五）金融消费权益保护

近年来，随着经济社会的快速发展，金融市场日新月异，网络证券、P2P、众筹等新业务形态不断涌现。在创造较高收益的同时，亦带来了一些虚假宣传、金融欺诈等问题。检察机关要统筹发挥刑事检察与公益诉讼检察职能，打击整治金融消费领域欺诈违法犯罪。金融消费权益保护检察公益诉讼以违法行为侵害“众多不特定消费者合法权益或者具有危及消费者人身、财产安全危险”等损害社会公共利益的行为为前提条件。而此处的众多不光要看人数多寡，还要考察金融产品和服务是否损害了不特定金融消费者的权益。紧盯以“投资返利”“代办保险”“预付费”等名义实施的金融欺诈行为，会同监管部门开展专项整治，完善金融消费领域治理体系。

### （六）证券领域虚假陈述及操纵市场

证券检察公益诉讼能够弥补“私人救济”“公共执法”在实践中的失灵现象，矫正证券市场存在的虚假陈述及操纵市场行为，督促证券监管部门依法全面履职，维护证券市场秩序。检察机关要积极稳妥探索证券民事、行政检察公益诉讼，以全面解决证券公益损害问题为导向，对于证券监管部门不依法履职的行为依法启动行政公益诉讼，对于市场主体违法扰乱市场秩序的行为提起民事公益诉讼。拓展案源渠道，借助“外脑”精准探索开展证券检察公益诉讼。

## 三、金融检察公益诉讼的实践路径

金融检察公益诉讼对于促进国家金融治理具有重要的作用，但由于其专业性极强，因此需要依赖行政机关的经验及专业知识，不能成为金融公益的一线保护者。因此，在确定其适用条件、适用顺位等程序性事项时，要合理处理好与其他保护主体之间的关系。

### （一）金融检察公益诉讼的适用条件

由于检察机关对金融公益并非提供一线保护，其适用的前提条件取决于金融监管是否失灵。只有当金融监管失灵时，检察公益诉讼才能依法介入。政府失灵的原因主要有权力寻租及腐败等。在我国，对金融实行监管的机构包括中央和地方两个层面，中央有中国人民银行、国家金融监督管理总局和证监会，地方金融监管部门是地方政府的直属机构。从理论上而言，政府失灵有可能出现在上述任何监管环节，但是否需要检察机关介入，则需要根据案件具体情况作出综合判定。此外，监管机构之间的利益冲突也是政府失灵的特殊原因之一，主要发生在地方政府的金融监管活动中，为了追求当地经济增长而出现冒险机会主义倾向，容易引发地方政府利益与公共利益的冲突。

据此，根据行政诉讼法第 25 条、民事诉讼法第 55 条，结合金融检察公益诉讼的上述特征，其适用条件主要包括以下四个方面：一是国家金融利益或社会金融公益受到严重侵害；二是金融侵害行为违反了法律的强制性规定；三是金融监管失灵，难以有效解决公益侵害问题；四是无其他适格主体提起诉讼，且其他手段难以有效实现金融公益保护。

### （二）金融检察公益诉讼的适用顺位

金融检察公益诉讼在适用程序上应当遵守谦抑原则，将其作为救济金融公益的最后手段。详言之，当存在其他金融公益救济途径时，要优先适用；对于行政机构的监督，亦应在其内部监督程序无法启动或不便启动时，才能考虑介入。

一方面，优先适用其他金融公益保护诉讼手段。无论是公共执行还是私人执行，都可以实现维护金融公益的目的。公共执行是由政府机构及国家工作人员对金融违法行为进行调查，并处以罚款或提起诉讼的行为。私人执行则是由个人或者企业自行调查并提起诉讼。在我国，金融领域的私人执行主要是私权主体通过提起民事诉讼的方式进行。公共执行具有便宜灵活、富有效率的特点；私人执行可以较好地解决由检察机关“代位执法”所带来的代理成本问题。因此，由其他主体提起诉讼维护金融公益应当优先于检察公益诉讼。

另一方面，优先适用其他金融公益保护非诉手段。理论上，检察公益诉讼制度发挥的是检察机关的法律监督职能。[①] 从实践运行状况来看，其并非对行政违法行为的一般监督，而是对具体行政行为的监督。行政机关的内部监督与国家监察亦可以起到较好的监督效果，甚至在特定情形下更具优势。由于我国的国家机构设置是科层制模式，如果涉案事项属于相关机构的职责范畴，则由上级机关监督解决更加易行。与金融检察公益诉讼相比，行政机关的专业性更强，优势在金融监管领域更加明显，且内部监督不仅审查行政行为的合法性，亦解决合理性问题。国家监察可以实现“从人到事，以事找人”，对国家工作人员可以实现全方位监督，在力度上更强。因此，检察机关在办理金融公益诉讼时，可以优先考虑由行政机关自行处理，并将违法犯罪线索及时移交监察机关，形成金融公益保护的合力。只有当其他监督手段难以发挥作用时，检察公益诉讼才作为“最后一道防线”介入。

### （三）不同类型金融检察公益诉讼的适用范畴

金融检察公益诉讼可以细分为行政公益诉讼与民事公益诉讼两种类型，不同程序的适用成本亦不相同。虽然两者在功能上有所区分，但存在重叠适用的情形。整体来看，行政公益诉讼的适用场景更加广泛，既能解决纯粹性公益受损问题，亦能解决集合性金融公益威胁。而民事公益诉讼只能适用于集合性金融公益威胁，倘若集合性金融公益损害已经发生，则只能采取民事公益诉讼的路径寻求赔偿。然而，如果仅仅要求市场主体停止侵害、恢复原状即可实现对金融公益的维护，则民事公益诉讼与行政公益诉讼两条路径皆可。

---

① 张陈果：《恢复性司法：检察机关提起的个人信息保护公益诉讼》，载《清华法学》2023 年第 2 期。

### （四）金融检察公益诉讼惩罚性赔偿制度的引入

经济法对违法或不当行为的规制通常采取集团性公益诉讼的社会实施机制，原因在于经济法中的受害群体较之于民事违约或侵权之诉中的受害人，多具有散发性或不特定性。[①] 同理，金融检察公益诉讼亦符合上述特征，且由于其关乎国家金融秩序的安全稳定，因此，应当探索适用金融公益诉讼惩罚性赔偿制度，进一步扩张人民法院判决的适用效力，对未参加诉讼的受害人亦产生法律效力。具体而言，在确定金融检察公益诉讼惩罚性赔偿具体数额时，可在坚持比例原则的前提下，以获利金额、损失数额为基数，统筹处理好国家利益、公共利益与私人利益之间的关系，决不能简单地以私益诉讼标准一提了之。

① 赵红梅：《经济法的私人实施与社会实施》，载《中国法学》2014 年第 1 期。

# 两岸比较视野下重罪羁押问题研究

沈　威　陈凯明*

所谓羁押，是指在法院判决确定前，把犯罪嫌疑人、被告人拘束于特定处所以保障刑事诉讼程序顺利进行的干预人身自由权的强制处分；所谓重罪羁押，是指犯罪嫌疑人、被告人所涉嫌的犯罪只要可能成立重大犯罪，即可单独构成羁押原因的制度。[①] 体现在刑事诉讼法上，特指第 81 条第 3 款"可能判处十年有期徒刑以上刑罚的，应当予以逮捕"。2021 年 4 月，最高检发布《"十四五"时期检察工作发展规划》强调，检察机关要依法推进非羁押强制措施适用，在刑事诉讼中尽量减少羁押。在此背景下，有必要对重罪人身强制措施适用存在的问题、原因以及如何合理适用逮捕强制措施等问题进行探讨，从而在全面尊重和保障人权的同时，顺利推进刑事诉讼。

## 一、问题的提出：重罪羁押制度适用的争议焦点

因刑事诉讼法对重罪羁押已有规定，且最高人民检察院颁布的《人民检察院刑事诉讼规则》亦同步作了明确解释，故在实务中，检察机关均严格执行了该规定。笔者以"径行逮捕"为关键词在检答网上对该议题进行检索，结果基本一致，不仅认为"可能判十年有期徒刑以上刑罚"可以直接成立逮捕的条件——"从该条文'应当'二字的表述，说明对符合以上条件的，均必须逮捕"，而且对该类案件在后续的刑事诉讼阶段也无需开展羁押必要性审查——"从体系解释和目的解释来看，径行逮捕的犯罪嫌

---

* 沈威，福建省莆田市仙游县人民检察院党组书记、检察长；陈凯明，福建省人民检察院第一检察部检察官助理。

① 白冰：《论重罪羁押之改革完善》，载《中国刑事法杂志》2013 年第 6 期。

疑人不适用采取非羁押强制措施，故不宜进行羁押必要性审查。”[①] 但理论界则有不同观点，有学者认为：“重罪径行逮捕违反刑事诉讼法第 81 条第 1、2 款关于社会危险性条件，违反无罪推定原则，不符合司法实践需要。”在“保障人权”刑事司法政策不断推进落实的大背景下，刑事诉讼法第 81 条第 3 款所指向的“可能判处十年有期徒刑的”情形是否应当一律羁押，也引发了相应的反思。因为该条件仅考虑了刑罚条件，而无视个案具体是否存在社会危险性。或许可以认为，“可能判处十年以上”的犯罪行为多数情况下均主观恶性较大、罪行较为严重，犯罪嫌疑人具有较大的社会危险性，但是，实践中有许多例外情形，如：犯罪嫌疑人实施正当防卫或在被害人有过错的情况下，将被害人伤害致死，案发后犯罪嫌疑人认罪悔罪，并对被害人进行了赔偿，并不具备较深的主观恶性和人身危险性，不予羁押也不会实施新的犯罪、逃跑或毁灭证据，既不存在现实危险，也不会妨碍诉讼的顺利进行。换言之，可能判处的刑期与主观恶性、罪行严重程度及社会危险性并不具有必然联系，也不具有同一性，若仅考虑可能判处的刑期，不考虑个案具体情况而直接逮捕，必然扩大羁押的范围。因此，重罪羁押的条件与边界如何确定，值得进一步探讨。

## 二、两岸重罪羁押制度的比较考察[②]

我国台湾地区亦有相应的重罪羁押制度，同样引发了相应的争议和讨论。笔者试从台湾地区的规范与观点分歧入手展开介绍，以求对制度的完善有所启发。

### （一）台湾地区相关规定

我国台湾地区“刑事诉讼法”源自南京国民政府 1928 年颁布的刑事诉讼法，自 1990 年至 2023 年 7 月已修订达 50 次之多，以 1997 年、2001

---

① 参见检答网：http：//jianda. gj. pro/searchable/query/results？ keyword = % E5% BE% 84% E8% A1% 8C% E9% 80% AE% E6% 8D% 95，访问日期：2024 年 4 月 30 日。

② 本部分内容如无特别注明，所指称的法律规定均特指我国台湾地区。

年、2002年、2003年的四次修订影响最为深远。[①] 其中，2017年的修订进一步新增、细化了羁押的条件并沿用至今（见表1）。

**表1　我国台湾地区"刑事诉讼法"关于羁押规定的修订对比**

| | 1996年规定 | 1997年规定 | 2017年规定 |
|---|---|---|---|
| 羁押规定 | 第101条　被告经讯问后，认为有第七十六条之情形者，于必要时得羁押之。 | 第101条　被告经法官讯问后，认为犯罪嫌疑重大，而有左列情形之一，非予羁押，显难进行追诉、审判或执行者，得羁押之：<br>一、逃亡或有事实足认为有逃亡之虞者。<br>二、有事实足认为有湮灭、伪造、变造证据或勾串共犯或证人之虞者。<br>三、所犯为死刑、无期徒刑或最轻本刑为五年以上有期徒刑之罪者。 | 第101条　被告经法官讯问后，认为犯罪嫌疑重大，而有下列情形之一，非予羁押，显难进行追诉、审判或执行者，得羁押之：<br>一、逃亡或有事实足认为有逃亡之虞者。<br>二、有事实足认为有湮灭、伪造、变造证据或勾串共犯或证人之虞者。<br>三、所犯为死刑、无期徒刑或最轻本刑为五年以上有期徒刑之罪，有相当理由认为有逃亡、湮灭、伪造、变造证据或勾串共犯或证人之虞者。 |
| 说明 | 无重罪羁押相关规定 | 新增三类羁押事由，其中第3款为重罪羁押规定 | 修订了第3款规定，增加了重罪羁押的限制条件 |

纵观台湾地区修法内容，1997年的"刑事诉讼法"更加注重犯罪嫌疑人的权益保障，将羁押要件以概括具体情形的方式列明，在立法层面上将司法官关于羁押决定的自由裁量权予以限缩。新增了三类羁押情形，其中第一类情形为"逃亡或逃亡的危险"，第二类情形为"使案情晦暗的危险"，而第三类情形就是本文所要重点讨论的重罪羁押；2017年的修法则是在重罪条件的基础上，对羁押附加了社会危险性条件。尽管两岸在"重罪"的界定上有些许不同，但本质上都是基于对重罪犯罪嫌疑人危险性的重视而推定其成为羁押的条件。另外，从实务上看，"以台北地检署为例，2008年度所有羁押获准的案件中，以重罪为独立羁押事由的比率只有5%，这在各年度里算高了，一般以重罪为独立羁押事由的案件大概

① 陈卫东、王静：《我国台湾地区"刑事诉讼法"的改革与发展动向》，载《人民司法·应用》2007年第17期。

占3%—5%之间。”[①]

### (二)台湾地区的争议焦点

台湾地区“刑事诉讼法”第101条第3款一经修订就引发广泛讨论,甚至在修改草案征求意见期间就存在比较大的分歧。反对重罪单独成为羁押理由的观点认为:首先,重罪羁押违反无罪推定原则,法官既然以“犯罪嫌疑重大”作为羁押的理由之一,在未进行实质审理前,单纯从卷证即形成“极有可能犯罪成立”的心证,羁押不仅不利于被告行使诉讼防御权,且常使被告未免于羁押的恐惧而不得不“自证已罪”;其次,单以被告涉嫌重罪,而不问其是否有逃亡、串供的危险即可成立羁押条件,其内在的逻辑是因为重罪会“造成社会公众的不安”,而这种没有以线索或证据为依据的“预防性羁押”并不符合羁押制度的目的。[②] 持赞成重罪羁押的观点认为:在重罪案件中,犯罪嫌疑人出于趋利避害的本能,为逃避刑法制裁,具有逃亡、毁灭证据的高度可能性。此外,如果未能将重罪案件犯罪嫌疑人进行羁押,可能对社会治安造成影响,在普通民众中造成恐慌。[③]

台湾地区关于重罪羁押的讨论不仅限于理论界,在实务界也经历了一番波折。2006年,一起因触犯贪污治罪条例的案件经检察官起诉至台北地方法院,法官将被告无保释放,检察官不服该裁定,向台湾地区“高等法院”提出抗告。[④] 台湾地区“高等法院”裁定撤销发回台北地方法院,后者仍然裁定被告限制居住,检察官仍不服该裁定,向台湾地区“高等法院”提出第二次抗告,高等法院第二次裁定撤销并再次发回台北地方法院。台北地方法院将本系列案并案审理后,以被告有《中华人民共和国刑事诉讼法》第101条第1项第1款至第3款的事由裁定羁押。被告不服羁押裁定提起抗告,台湾地区“高等法院”以2009年抗字第7号刑事裁定驳回抗告。被告不服该抗告,以该裁定所适用的法令违宪为由,向“司法

---

① 林丽莹:《重罪羁押、法定法官原则与司法院大法官释字第六六五号解释相关法律问题学术研讨会》,载《月旦法学杂志》2010年第1期。

② 罗秉成:《我们主张删除“重罪羁押”的理由》,载《司法改革杂志》2009年第70期。

③ 郭瑜芳:《关于羁押率与重罪羁押违宪与否之讨论》,载《司法改革杂志》2009年第87期。

④ 参见台湾地区“高等法院”2009年抗字第7号刑事裁定书。

院”声请解释以求救济。台湾地区“司法院”于2009年3月作成释字第665号大法官解释，认定：“‘刑事诉讼法’第101条第1项第3款规定，于被告犯该款规定之罪，犯罪嫌疑重大，且有相当理由认为有逃亡、湮灭、伪造、变造证据或勾串共犯或证人之虞，非予羁押，显难进行追诉、审判或执行者，得羁押之。于此范围内，该条款规定符合‘宪法’第12条之比例原则，与‘宪法’第8条保障人民身体自由及第16条保障人民诉讼权之意旨，尚无抵触。”自此，台湾地区于立法解释层面认定重罪羁押条款总体没有违反“台湾地区宪制性规定”的比例原则以及诉讼权利等精神，从而得以在司法实践层面落实施行。

### （三）两岸重罪羁押制度比较之启示

从前述法律规定以及关于重罪羁押制度的争议分析来看，两岸存在诸多共同之处，在具备比较的共同基础之上又有各自特点，具体分析如下：

1. 两岸均将“重罪”列为羁押的条件，但在立法体例上有所不同

将《中华人民共和国刑事诉讼法》第81条第3款与台湾地区“刑事诉讼法”第101条第1项第3款相比较可见（详见表2），两岸对于重罪应予羁押的规定不仅修法过程相似，连立法模式和内容上亦总体相似，于细微处的区别主要在以下三个方面：第一，大陆将重罪界定为十年有期徒刑以上的罪刑，而台湾地区则为五年以上有期徒刑；第二，大陆所称的“十年有期徒刑以上刑罚”为可能判决的宣告刑，而台湾地区则为法律规定的最低法定刑；第三，两岸羁押规定对“犯罪嫌疑证明”与“具体刑期”的要求大体相当，但台湾地区在羁押要件上多出“有逃亡、湮灭、伪造、变造证据或勾串共犯或证人之危险”的限制条款。总体而言，大陆的重罪门槛要高于台湾地区，但在判断重罪羁押条件时台湾地区不仅只看重罪本身，同时还需兼顾羁押必要性，这显然将导致在实务运作上有所区别。

**表2　两岸关于重罪羁押的文本规定比较**

| 《中华人民共和国刑事诉讼法》 | 台湾地区“刑事诉讼法” |
| --- | --- |
| 第81条第3款　对有证据证明有犯罪事实，可能判处十年有期徒刑以上刑罚的，应当予以逮捕。 | 第101条　被告经法官讯问后，认为犯罪嫌疑重大，而有左列情形之一，非予羁押，显难进行追诉、审判或执行者，得羁押之：三、所犯为死刑、无期徒刑或最轻本刑为五年以上有期徒刑之罪，有相当理由认为有逃亡、湮灭、伪造、变造证据或勾串共犯或证人之虞者。 |

2. 两岸对重罪羁押的争议焦点相似，但在实务处理上有所不同

如前所述，两岸对于重罪能否单独成立羁押事由都存在类似争议，不论是从无罪推定、武器平等以及比例原则出发，还是从羁押目的、制度价值方面考量，都存在正反两方面的分歧意见，且理由亦大同小异，但在具体的实务运作上却呈现不同的样貌。大陆方面，最高检刑事执行检察厅于2016年7月颁布《关于贯彻执行〈人民检察院办理羁押必要性审查案件规定（试行）的指导意见〉》，第15条规定："犯罪嫌疑人、被告人具有下列情形之一的，经初审后一般不予立案：……（五）可能判处十年有期徒刑以上的刑罚的。"在法律规定层面确立了不仅重罪应当逮捕，而且在后续的刑事诉讼进程中也不再受理重罪案件的羁押必要性审查，直接肯定重罪犯罪嫌疑人的羁押必要。因此，实务中对于"可能判处十年有期徒刑以上刑罚的"案件基本严格执行了径行逮捕并予羁押的规定。而台湾地区实务部门的反馈则有些不同，"实务上很少以重罪作为独立的羁押事由，大部分有重罪羁押的情况下，通常都会并列第一与第二款的事由。""在实务运作上很少检察官单独以第三款声请羁押，通常都并随着第一或第二款，甚至三款并陈的也很多。从事基层检察官二十几年，也很少看到检察官单纯以第三款声请羁押。"①

3. 台湾地区通过大法官解释，平衡追诉犯罪与保障人权之间的需求

台湾地区之所以会在实务运作上"很少单独以重罪为由声请羁押"，其原因还在于"司法院"第665号大法官解释对重罪羁押作了限缩解释。虽然该解释确认"刑事诉讼法"第101条第1项第3款的重罪羁押"不违宪"，但同时附加了羁押审查条件："需要有相当理由，足以认定其有逃亡、毁证等可能，法院斟酌认为具保、责付或限制住居等侵害较小的手段均不足以确保追诉、审判或执行程序顺利进行，始得羁押。"② 这是与大陆重罪羁押制度只要求重罪条件的最大不同，台湾地区即便符合"重罪"条件之后，仍然需要满足"相当理由"认为可能发生逃亡或毁证的要求。至于何谓"相当理由"，台湾地区法院在裁定里阐明："'司法院'释字第六

① 林俊益、蔡瑞宗、林丽莹：《重罪羁押、法定法官原则与"司法院"大法官释字第六六五号解释相关法律问题学术研讨会》，载《月旦法学杂志》2010年第1期。

② 黄瀚义：《评释字第六六五号解释后对于实务上重罪羁押之影响》，载《月旦裁判时报》2014年第10期。

六五号解释，虽将该第三款以犯重罪作为羁押原因之规定，限缩在并存有逃亡或毁证可能等羁押原因时，始得施予羁押，但亦同时肯认此等羁押原因的成立要件，并不必达到如第一款、第二款所规定之需有‘客观事实’足以认定有逃亡或毁证危险的程度，而以具有‘相当理由’为满足条件，即超过五成或然率而有合理可疑即可，羁押审查程序的心证程度，本不以达到有罪确信的严格证明为必要。”① 由此可见台湾重罪羁押制度的精细化，一方面考虑了重罪的实害危险性，需要施加比普通犯罪更严格的人身自由限制；另一方面也不惟重罪要件，仍需考虑行为人干扰刑事诉讼进程的可能性，从而确保刑事干预与人身权利保护之间的平衡；另外，在认定行为人逃亡或毁证的可能性时，同步考虑了重罪本身就带有高风险性，从而降低证明需要的程度。纵观台湾地区的制度设计，可谓层层递进，更具整体化、系统化的特点。

## 三、重罪羁押制度的理论正当性检视

无论是从实践到理论，抑或是从争议到共识，重罪羁押制度的讨论都绕不过自身理论基础的正当性检视。只有从理论基础开始探究，方能解决重罪羁押的条件和边界问题。

### （一）羁押目的与重罪羁押的必要性

依照德国刑事诉讼法的规定，羁押制度的目的有三个：一是确保被告于刑事诉讼中到庭（第 112 条第 2 项第 1 款、第 2 款），二是确保侦查机关合法进行刑事侦查（第 112 条第 2 项第 3 款），三是确保刑罚执行（第 457 条）。② 台湾地区“刑事诉讼法”第 101 条规定的羁押目的相比德国，除了“为保全刑事侦查、审判以及执行程序的顺利进行”外，还有“预防反复实施特定犯罪”的内容。前者被称为“传统的羁押目的”，后者被称为“新兴的羁押目的”。而从现行刑事诉讼法来看，第 81 条第 1 款规定了五项具有社会危险性的情形，亦可分为两大类：一是可能逃亡、毁证或打

① 具体参见台湾地区“最高法院”“一〇二年度台抗字第二三号裁定书”，“一〇一年度台抗字第九六〇号裁定书”亦同此意旨。

② Claus Roxin 著：《德国刑事诉讼法》，吴丽琪译，三民出版社 1998 年版，第 321 页。

击报复的危险（第3、4、5项）；二是可能实施新犯罪或危害公共安全、社会秩序的危险（第1、2项）。可见，第一大类与台湾地区的传统羁押目的类似，第二大类与新兴羁押目的类似，带有预防性羁押目的。

刑事诉讼法第81条第3款将“可能判处十年以上有期徒刑的”列为应当逮捕情形，即认为行为人所犯若属重罪，除了在“逃亡”与“毁证”等方面的可能性大于普通犯罪外，羁押目的更侧重于预防行为人对社会的危险继续扩大发生，以维护社会秩序与公共利益，具有浓厚的预防性羁押色彩。而这显然是出于实务运作的需要。试想：当一个甘愿自首的犯罪嫌疑人，未逃亡且无毁证迹象的杀人犯（如甘肃白银连环杀人案）或涉枪爆、贩毒犯，[①] 社会以及民众会安心容许其在外游荡？从司法机关的说明来看，也是持如上观点，“犯罪嫌疑人涉嫌可能被判处十年以上重刑，本身就表明采取取保候审不足以防止发生社会危险性。”[②] 另外，从实务规律看，犯“十年”刑度以上的重罪者，其逃亡可能性相对较高，如果没有实施严格的防逃机制，遇有犯罪嫌疑人逃亡的案件时，均予通缉暂结，这种情况比诉讼的“延滞”更为糟糕，与“公平适时审判”的刑诉原则相违背。因此，个人人身自由权利不容轻易剥夺，但此一权利在国家为维护公共秩序等重大社会法益的情况下必须让步，亦即政府为保障社会安全的规范利益可以超越个人自由的利益，这应该是社会安全的高度利益可以作为重罪羁押的正当理由。虽然两岸的理论界都有论者认为预防性羁押有违无罪推定原则之嫌，但就比较国外实务而言，并无相异的结论。德国联邦宪法法院一九七三年判例及美国联邦最高法院一九八七年判例对于各自采用的预防性羁押规定，均作了合宪性解释。[③] 因此，无论是从现实需要出发，还是从理论基础探究，抑或是从域外制度观察，重罪羁押均有正当性基础。

---

① 《甘肃白银连环杀人案舆情解析》，载正义网 http：//yq. jcrb. com/yjjj/201609/t20160914_1648980. html。

② 刘慧玲：《逮捕社会危险性的证明》，载《人民检察》2013年第3期。

③ 参见林国贤、李春福：《刑事诉讼法（上）》，元照出版社2006年版，第282页。

### （二）重罪成为羁押要件的正当性检视

1. 无罪推定原则与重罪羁押

持重罪羁押违背无罪推定原则的观点认为，审查逮捕环节检察机关基于“有证据证明有犯罪事实”所作的“有罪认定”，并不是经法院判决的“有罪”，很可能导致办案人员形成‘有罪’的思维定式，进而引发错诉、错判。也正如台湾地区案件当事人声请大法官解释所提出的理由，“被告未经审判证明有罪确定前，都应被推定为无罪。所以被告在尚未被判决确定前的重罪羁押制度，已然违反无罪推定原则。”[①] 对此，有必要厘清二者之间的关系，因为此种质疑一旦成立，重罪羁押制度就无正当基础。

首先，无罪推定并非一项绝对的原则。无罪推定的经典表述是“未经审判证明有罪前，推定被控告者无罪”。[②] 其语义表明，“无罪”的状态是基于推定而非事实，即判定是否有罪的权力专属于审判机关，在法院作出有罪判决之前，推定当事人无罪。因此，该原则在英美法系偏重于证明责任的分配，大陆法系里的内涵比较丰富，既包括证明责任，也包含正当程序要求。总体而言，这一原则的核心在于“推定”，主要体现在证据法中，要推翻这一推定，控方须将被告人的罪行证明到“排除一切合理怀疑”的程度。就这个意义而言，一方面，无罪推定并非牢不可破的绝对原则，向来容许列举反证予以推翻。在审查逮捕程序中，当司法机关依据侦查机关列举的证据，已经足以认定行为人有重大犯罪嫌疑，即表示已有足够证据“推翻”该无罪的推定；另一方面，羁押仅是保障行为人到案的刑事诉讼阶段性措施，并不意味着有罪判决的当然结果，其目的在于限制行为人人身自由以抑制潜在的社会安全风险。此外，司法机关具有自身的独立性，并不受制于侦查机关，所谓的“有罪”思维定式并不是没有依据的先入为主，而是建立在一定证据基础上的事实与法律判断。

其次，“重罪”只是与其他情形并列构成羁押事由，并不当然构成无罪推定的违反。如果因为涉重罪予以羁押就违背无罪推定原则，那么刑事

---

① 黄瀚义：《评释字第六六五号解释后对于实务上重罪羁押之影响》，载《月旦裁判时报》2014 年第 10 期。

② 沈海平：《无罪推定应成为刑事诉讼的逻辑起点》，载《检察日报》2020 年 7 月 1 日。

诉讼法第 81 条第 1 款规定五种情形的“可能逃亡、毁证或打击报复的危险”以及“可能实施新犯罪或危害公共安全、社会秩序的危险”又何以能够符合无罪推定原则的要求呢？若此解释成立，那么所有判决确定之前的羁押，无不违反此原则，羁押制度也就没有存在的理论基础。美国最高法院早在 Bell v. Wolfish 一案中明确表示，“无罪推定原则系针对刑事审判中的举证责任而言，在审前羁押程序并不适用。”[①] 从立法过程以观，着眼于保护社会整体的安全利益，有充分依据认定某些重型犯罪有逃亡或危害社会的危险，重罪羁押规定并不违反平等保护条款。

2. 比例原则与重罪羁押

持重罪羁押违背比例原则的观点认为，重罪犯罪嫌疑人一律径行逮捕违反了比例原则，因为重罪只是判断犯罪嫌疑人存在社会危险性的因素之一，而不是唯一依据。比例原则，又称禁止过度原则，是指国家机关行为的手段与目的必须合乎比例。具体包括以下三项内容：一是适当性原则（又称合目的性原则），指国家机关所采取的手段，必须有助于目的的实现。二是必要性原则（又称最小侵害原则），指国家机关在多种可能的有效方法中，应当选择伤害最小的那一种，国家机关行为不得逾越法律目的所定的必要范围。三是狭义比例原则（又称衡量性原则），指国家机关行为所造成的伤害，不得与所要达成的结果不成比例。即人民所受损害（私益）与国家行为所达成公益之间应成相当比例，该国家行为方具合法性。最常被举例的如杀鸡取卵、杀鸡用牛刀、大炮轰蚊子等，都属公益与私益价值之间的平衡判断。

就刑事诉讼法第 81 条第 3 款的规定而言，本条所称的重罪，是指“可能判处十年以上有期徒刑之罪”。从刑期长度看，大陆刑诉法关于重罪的界定，选择了远比中国台湾地区、日本更为严格的条件，台湾地区将重罪划定为“最轻本刑为五年以上有期徒刑之罪”，日本则是“所犯为最重本刑三年以上有期徒刑之罪之常习犯”。[②] 从刑事诉讼法体系看，重罪本身就受到了更多的关注和限制，如 2012 年刑事诉讼法第 174 条规定的简易程序只适用于可能判处三年以下有期徒刑的公诉案件，修改后刑事诉讼法虽

① United States v. Campbell, 621 F. Supp. 987（D. Md. 1985）.

② 参见日本刑事诉讼法第 89 条，该条规定了六款“必要保释”的除外事由，第三款“所犯为最重本刑三年以上有期徒刑之罪之常习犯”即为其重罪。

然删除了简易程序关于刑期长度的适用要求，但在第 222 条新增的速裁程序里同样排除了重罪案件的适用；又如刑事诉讼法第 271 条规定的附条件不起诉制度也仅适用于可能判处一年有期徒刑以下刑罚。这些都是基于刑期长度所作的符合比例原则的制度设计。而大陆的重罪羁押制度系立法者经考虑比例原则之后所作的决定：首先，将重罪列为羁押原因，是基于重罪犯罪嫌疑人比普通犯罪更具危险性的考虑，将其羁押能够达成阻却其诉讼期间逃亡、毁证以及再犯的可能，符合比例原则的合目的性要求。其次，将重罪界定为“可能判处十年以上刑罚之罪”，已然比中国台湾地区、日本更为严苛，显然亦是经公益与私益价值衡量之后的选择，符合比例原则的衡量性要求。唯一需要考虑的是比例原则中的必要性（最小侵害）要求，因为相比中国台湾地区，大陆重罪羁押仅需刑期长度这一条件，而台湾地区除了刑期要求外，还需满足“非予羁押，显难进行追诉、审判或执行”这一必要性条件，这一点恐怕是大陆重罪羁押制度在下一步完善过程中需要加以考虑的，笔者在后文亦会有相关建议。

3. 武器平等原则与重罪羁押

持重罪羁押违背武器平等原则的观点认为，“根据最高检 2021 年 4 月 8 日颁布的《人民检察院羁押听证办法》第 3 条规定，需要核实评估犯罪嫌疑人是否具有社会危险性的以及在押犯罪嫌疑人近亲属或辩护人申请变更强制措施的，可以进行羁押听证。羁押不仅使被羁押人身心受限且面对刑事司法追诉，其信息获取、与辩护人联系以及证据的收集均处于武器不平等地位。而重罪成为羁押的唯一理由，直接剥夺犯罪嫌疑人一方的申辩权、申请听证权以及救济权，显然有违武器平等原则”。[①] 所谓武器平等原则，是指控方与被告双方的攻击与防御是站在平等的立场上进行的。即当事人无论是控方还是辩方，在诉讼中的地位一律平等，司法官应当秉持客观公正的程序进行诉讼活动，毫无偏见地评价双方主张，无偏私地适用法律并履行其他程序上的义务，以确保两造当事人平等地位。

需要注意的是，武器平等原则在刑事诉讼过程中主要适用于案件侦查终结后移送检察机关审查起诉以及之后的阶段。这是因为，案件在侦查终结之前，侦查主体为求完整收集及保全证据，制度设计上必须赋予侦查优

① 龙子昂：《我国审前羁押听证程序的确立》，中国政法大学 2012 年硕士学位论文，第 58 页。

势，侦查过程中必须遵守侦查不公开原则，不能公开证据。因此，在侦查过程中的申请羁押强制措施的适用决定程序上，虽然检察机关会在听取侦查机关与犯罪嫌疑人及其辩护人双方意见的基础上做出是否羁押的决定，但鉴于证据无法（不能）公开的原因，犯罪嫌疑人及其辩护人无法阅卷，无法掌握案件整体证据情况，在客观上也就无法实现武器平等。即便是在运用武器平等最为广泛的民事诉讼中，在尚未起诉前，原、被告双方各自收集证据，亦无武器平等原则的适用。最高检 2020 年颁布的《人民检察院审查案件听证工作规定》将审查逮捕案件的听证范围限定在“需要核实评估犯罪嫌疑人是否具有社会危险性、是否具有社会帮教条件”的情形，亦是考虑到侦查秘密原则，即侦查阶段保密要求的缘故。[①] 重罪羁押所要求的“可能判处十年有期徒刑以上刑罚”的内容涉及案件事实、法律定性以及具体量刑内容，非开示证据无以达到控辩对抗的目的。因此，在侦查阶段的羁押审查程序中，重罪羁押并不存在武器平等原则的适用问题，重罪羁押原因与武器平等无涉。现行法将重罪列为羁押原因，只要践行审查起诉之后各阶段的听审权保障即可，故上述反对理由应属对武器平等原则的误解。

## 四、重罪羁押制度的完善路径

从前述的理论检视来看，重罪羁押具有自身的正当性基础，但从重罪羁押的实务运作来看，约有三分之一的案件在审查逮捕时认为符合刑期长度条件的案件经法院判决均未达到十年以上有期徒刑。如果刑期长度作为唯一的羁押考量条件出现如此之大的偏差，那就有必要对重罪羁押的制度设计作出相应的完善。

### （一）对重罪羁押的立法体例建议采取“刑期＋罪名”模式

《中华人民共和国刑事诉讼法》直接将“刑期可能十年以上之罪”界定为“重罪”，那么就有必要从刑法实体法上类型化分析可能成立重罪的具体罪名，以检视其是否实质上具备重罪犯罪嫌疑人高度危害社会的可能

① 李文峰、李昊昕、靳婷：《〈人民检察院审查案件听证工作规定〉理解与适用》，载《检察研究参考》2021 年第 2 期。

性。经统计，刑法分则共有170余个罪名可能判处十年有期徒刑以上刑罚，与台湾地区界定为重罪的罪名数量大致相当。[①] 而这些罪名分布也与台湾地区相似，既包括侵害生命法益之罪，也包括侵害财产法益之罪；既包括破坏国家安全法益之罪，也包括破坏社会管理秩序之罪。简言之，在被侵害法益程度轻重的类型化问题上，“可能判处十年以上有期徒刑”的罪名界定并无一个明确清晰的准则。如果说武装叛乱、暴乱罪、组织领导参加恐怖组织罪、故意杀人罪、绑架罪等符合民众对重罪印象的预期的话，那么生产销售伪劣产品罪、诈骗罪、组织他人偷越国边境罪等涉及经济、社会管理秩序犯罪是否真正具有重罪本质而当然具有羁押必要性就莫衷一是、仁智互见了。如有学者认为，“惟第5款所列窃盗罪与第7款所列诈欺罪，不涉及侵害社会大众生命身体危险，所侵害的是财产法益的轻罪，在利益衡量之下实不相当，有违比例原则”。[②]

可见，在论证重罪自带的羁押必要性上，仅有刑期长度显然是有所欠缺的。对此，我们可以把眼光放得更远一些，观察域外法制的相关规定。如美国国会通过的“保释改革法案”（*Bail Reform Act of* 1984），准许法官在审理程序开始前，基于重罪的法定理由裁定羁押被告，其法定理由为：（1）暴力犯罪；（2）最重刑度为死刑或无期徒刑的犯罪；（3）最重刑度为十年以上有期徒刑的毒品犯罪；（4）所犯为重罪，且为上述三款形态犯罪的累犯。[③] 又如德国刑事诉讼法第112条第3项规定，被告犯国际刑法第6条第1项（灭族种族罪）之罪；或犯刑法第129a条第1项、第2项结合第129b条第1项（参与恐怖组织罪）、第211条（谋杀罪）、第212条（杀人罪）、第226条（重伤害罪）、第306b条（加重纵火罪）与第306c条（纵火致死罪）之罪且嫌疑重大者，或构成第308条第1项至第3项（引起炸药爆炸致重伤或致死罪）造成他人生命或身体伤害，即便未符合本条本条第2项规定（即逃亡或毁证等情形），亦得羁押。[④] 笔者试对各

---

① 台湾地区没有统一的一部刑法典，最轻本刑为五年以上的罪名分布在42部法律之中，经许玉秀大法官整理，共计有171条罪名，具体参见：台湾地区释字第665号许玉秀大法官部分不同意意见书。

② 薛又纶：《预防性羁押合宪性之探讨》，中兴大学2017年硕士学位论文，第144页。

③ 夏菲：《美国减少审前羁押最新举措——保释制度改革》，载《犯罪研究》2022年第3期。

④ 《德国刑事诉讼法典》，李昌珂译，中国政法大学出版社1995年版，第49页。

国、地区重罪羁押立法模式列表比较如下（见表3）：

表3　重罪羁押立法模式比较

| | 中国 | | 美国 | 德国 |
|---|---|---|---|---|
| | 中国大陆 | 中国台湾地区 | | |
| 重罪立法模式 | 可能判处十年有期徒刑以上刑罚 | 1. 死刑<br>2. 无期徒刑<br>3. 最轻本刑为五年以上有期徒刑 | 1. 暴力犯罪<br>2. 最重刑度为死刑或无期徒刑之犯罪<br>3. 最重刑度为十年以上有期徒刑的毒品犯罪<br>4. 所犯为重罪，且为上述三款型态犯罪的累犯 | 1. 灭族种族罪<br>2. 参与恐怖组织罪<br>3. 谋杀罪<br>4. 杀人罪<br>5. 重伤害罪<br>6. 加重纵火罪<br>7. 纵火致死罪<br>8. 引起炸药爆炸致重伤或致死罪 |
| 说明 | 刑期长度 | 刑期长度 | 刑期长度+罪名 | 罪名 |

由表3比较可见，对于何谓需要径行羁押的“重罪”，各国各地区规定存在较大差异。其中，两岸均只有刑期长度的规定，德国将重罪羁押限缩至具体的八种罪名范围之内，而美国的规定则较为多样化，既有暴力犯罪的罪名类型化规定，也有无期徒刑以上的刑期类型化规定，还有“毒品犯罪+十年以上刑罚”双重限定的规定，显然是吸收了实务中的经验，兼顾打击犯罪与防止过度侵害人权的双面需求，值得借鉴。因此，在大陆重罪羁押制度的完善过程中，亦应真正思考所谓的“重罪”如何界定，才能符合当前时空环境刑事司法政策的实际需要，将重罪羁押的打击面限缩至最合适的范围，才能够符合比例原则的要求。

### （二）对羁押必要性建议采用“轻度优势证明”标准

在论及比例原则在重罪羁押制度的适用时，台湾地区不仅要求符合重罪的刑度要求，还需要一定程度证明其他强制措施不足以防止行为人的社会危险性，即比例原则的必要性要求。不仅我国台湾地区如此，德国的重罪羁押制度也有相应的要求，德国联邦宪法法院在对刑诉法第112条第3项所作的合宪性解释中指出，“本规范所涉及的重罪羁押制度，单凭立法目录所列的犯罪的重大急迫嫌疑，尚不足以对被告实施羁押。唯有于个案情况中，具备逃亡或使案情晦暗危险的羁押原因成立时，方得予以羁押。判断上述两种羁押原因是否成立，无须如同条第2项如此严格的要求，仅须具备稍微轻度的逃亡或使案情晦暗危险即可。”[①] 可见，在比例原则的必要性要求之下，即便总体上行为人所涉嫌的罪行符合重罪条件，也仍然需要考虑具体个案的实际情况，具体评估除了重罪自带危险性之外的其他羁押必要性，以确定其他强度更弱的强制措施不足以保障诉讼顺利进行。换言之，因事实上已经肯认重罪相较于其他普通犯罪更具社会危险性，故对于该部分的羁押必要性证明标准也就相较于其他普通犯罪案件更低。因此，我国台湾地区第665号解释所提出的以“相当理由”而不是“充分理由”认为重罪犯罪嫌疑人有逃亡或毁证的危险的制度设计具有合理性。

因此，在重罪羁押的社会危险性证明上首先要确定需不需要，其次再来讨论需要何种程度的证明。关于第一个问题，前述比例原则已经明确，即便是重罪可能之下的羁押判断仍然需要社会危险性的证明，而且这种证明必须是排除重罪因素之外，基于已有证据基础之上的判断结果。这一点有别于台湾地区司法实务中的见解，台湾地区法院裁定其“刑事诉讼法”第101条第一项第1、2款规定须有“客观事实”认为有逃亡或毁证风险，而第3款则不需要有客观事实，仅需有“相当理由”即可。[②] 一旦该种理解成立，则很容易将“相当理由”的自由心证与重罪自带的“逃亡以趋利避害、毁证以脱免刑责”高度怀疑相混淆，从而使得该“相当理由”的条件被架空虚置。《中华人民共和国刑事诉讼法》确立了证据裁判规则，无论是实体法事实，还是程序法事实，都必须以证据为根据。社会危险性条件作为程序事实，同样需要证据证明。[③]

关于第二个证明程度问题，美国联邦最高法院于1983年在Texas v. Brown一案中指出，“相当理由所要求的心证程度不需要到一半”，学者依其对于法官所作的访问结果，将“相当理由”的心证程度平均值量化为45.78%的概率。[④] 虽然量化程度的科学性有待验证，但总体上可以确

① Vgl. BVerGE, 19, 342, 350. 转引自郭盈呈：《重罪羁押制度之研究》，台北大学2018年硕士学位论文，第139页。

② 石宜琳：《从羁押审查论被告司法人权维护》，载《法学新论》2012年第39期。

③ 刘慧玲：《逮捕社会危险性的证明》，载《人民检察》2013年第3期。

④ 吴巡龙：《刑事诉讼与证据法全集》，元照出版公司2008年版，第111页。

认的是，社会危险性证明不同于已经发生的确切的案件事实的证明，因为一方面，危险性本身就代表了不确定性，刑事诉讼法只能用“可能”“企图”“有……危险”等词语界定；另一方面，这种危险性是未来可能发生的危险性，需要用过去或现在的证据去判断未来的状态，且影响因素往往是多种情况共存并处于相互影响乃至相互对抗之中，如犯罪嫌疑人五年前曾有因赌博被行政处罚的劣迹，但审前社会调查评估又显示其近年在社区表现良好，如何判断羁押必要性也是个难题。因此，该种证明无法采用实体法上“排除合理怀疑”的严格证明标准，其证明程度低于实体事实证明程度具有客观应然性。换言之，不论量化成多少心证程度，只要能够证明行为人具有社会危险性的可能，大于没有法定社会危险性的可能，就可以认定其具有社会危险性，这就是所谓的“优势证明标准”。[①] 如果再扣除重罪本身的危险性加成，在重罪羁押的必要性证明上应该比前述“优势证明标准”更低即可。大陆在这方面已经开启了探索，最高检于 2020 年 11 月已经在北京、河北等 11 个省启动了“社会危险性量化评估”试点工作，改变以往根据材料和经验做粗线条的定性判断，转向对社会危险性分级量化的系统评估，以标准化、数据化的形式标识犯罪嫌疑人社会危险性。[②] 建立羁押社会危险性量化等级的意义，不仅在于给检察官审查羁押时一个参考，更是对检察官心证限制的一个重要方式。一旦社会危险性量化分级体系建成，对羁押必要性的判断，不仅可以从抽象的危险性转向具体危险性的审查，更能够具体落实一般社会危险性的证明程度，并将重罪嫌疑之下的社会危险性“轻度优势证明标准”细化成具体分值，这显然要比台湾地区采用“相当理由”的过半百心证更具科学性与合理性。

### （三）对羁押必要性证明建议增加“推定可弹劾”程序

前述关于无罪推定原则的讨论已经明确，既然推定是基于某种特别法律拟制的结果，那么就允许当事人提出相反的事实证据对推定状态予以推翻。这不仅适用于侦查阶段侦查机关举证涉罪证据对犯罪嫌疑人无罪推定

---

① 曲立新、李春季：《证明社会危险性应采优势证据标准》，载《检察日报》2015 年 3 月 25 日。

② 蒋安杰：《降低羁押率的有效路径探索与社会危险性量化评估》，载《法治日报》2022 年 1 月 12 日。

的推翻，当然也适用于犯罪嫌疑人一方提出证据对侦查机关指控其具有羁押必要性的反驳。前述美国国会《保释改革法案》就某些特定类型的罪名，自动推定其具备羁押要件［美国联邦法典第一八卷第三一四二条第（e）项，一般称之为“重罪推定规定”］，带有明显的重罪羁押色彩。[①] 亦即，当行为人涉嫌所列重罪时，即认为其有相当程度可能逃亡或危害社会，应予羁押。但是，上述情形属于法律拟制的推定，允许行为人一方举证予以弹劾并推翻。这也是重罪羁押存在正当性的基石之一，因为重罪的羁押必要性推定并未提高错误羁押的概率，该规定只有在有“合理根据”足以认定行为人涉嫌重罪时方可适用，同时允许行为人提出反证，且在羁押程序中另有受律师帮助、申请证人以及提交法律意见等程序性保障，足以保障犯罪嫌疑人的权利。对此，德国学者也认为，联邦宪法法院的合宪解释明确了对重罪羁押情形的举证责任转换：虽然第一、第二款（社会危险性）证明不足，但若重罪情节无法排除行为人可能逃亡或毁证的危险——“无法排除”是一个反面举证，除非有具体事证可排除行为人逃亡或毁证可能，方可认定无羁押事由。[②] 此时，侦查机关应当对重罪嫌疑人具有逃亡或毁证的可能进行举证证明（程度可低于一般犯罪嫌疑人），也允许嫌疑人一方针对侦查机关的举证进行反驳。因此，大陆在推行“社会危险性量化评估”工作中，应当注意两方面的建构：一是重罪案件的社会危险性评估，需要建立在具体证据或有证据指向的线索基础之上，而不能仅凭借重罪本身就直接推定其有羁押必要性；二是重罪案件的社会危险性评估量化结果除了数字化外，还应具体指向刑事诉讼法第 81 条五种社会危险性情形的其中一项或某几项——如果只有量化结果而无具体危险性指向，将导致犯罪嫌疑人及其辩护人根本无从辩解和反驳，这不仅是对犯罪嫌疑人辩护权的剥夺，也无助于重罪羁押正当性的巩固。

---

① 邱忠义：《重罪羁押与审判中羁押声请及抗告释宪案之评析》，载《法学新论》2009 年第 10 期。

② 林丽莹：《重罪羁押、法定法官原则与司法院大法官释字第六六五号解释相关法律问题学术研讨会》，载《月旦法学杂志》2010 年第 1 期。

# 论“三个结构比”的实践探索及其完善

戚进松　刘兴春*

## 一、“三个结构比”概述

### （一）“三个结构比”的基本内涵

2024 年，最高人民检察院应勇检察长在各省调研时多次强调，要持续关注“四大检察”的履职结构比、依程序办案与依职权监督的案件结构比，以及依程序移送、依申请受案与主动发现的案源结构比，推动“四大检察”全面协调充分发展。①

“四大检察”履职结构比指的是刑事检察、民事检察、行政检察和公益诉讼检察案件数占办案总数的比值，设置“四大检察”履职结构比，旨在推动“四大检察”全面协调均衡发展，尤其是发展民事、行政和公益诉讼检察。

依程序办案与依职权监督案件结构比指的是“四大检察”业务中司法办案、监督办案数量与同期“四大检察”案件受理数的比值。依程序办案包括审查逮捕、审查起诉、复议复核、核准追诉等，对案件具有制约性和决定权；依职权监督包括刑事检察中对侦查活动、审判活动及刑事执行活动的监督以及民事、行政、公益诉讼检察监督，对案件具有督促纠正的建

* 戚进松，北京市人民检察院第一分院第九检察部（法律政策研究室）主任，三级高级检察官；刘兴春，北京市人民检察院第一分院第九检察部（法律政策研究室）四级检察官助理。

① 《事关“四大检察”，最高检密集提及“三个结构比”有何深意?》，载微信公众号“检察日报正义网”2024 年 6 月 13 日。

议权。[①] 优化依程序办案和依职权监督案件结构比，旨在进一步增强检察行权的监督属性，充分释放检察机关法律监督效能。

案源结构比指的是“四大检察”业务中依程序移送、依申请受案与主动发现案件与同期“四大检察”案件受理数的比值，依程序移送包括捕诉、暂予监外执行审查等不具备检察机关主动履职可能，由其他司法执法机关移送后被动受理的案件；依申请受案指基于人民群众申请而启动的监督业务；主动发现案件指的是检察机关在办案过程中运用大数据法律监督等方式主动发现的案件。[②] 优化案件来源结构比，旨在牵引检察机关依法履职、主动监督。

### （二）“三个结构比”的统计分析原理

“三个结构比”依据的是系统论分析方法，该分析方法最早由生物学家贝塔朗菲提出，可以用时间序列分析、面板数据模型等予以解释。[③] 时间序列分析是通过建立适当的时间序列模型从动态的角度刻画某一现象自身或与其他现象之间的内在关系及其变化规律，从而预测控制现象的未来行为。[④] 面板数据模型则主要处理不同时期下空间单元之间的互动关系。[⑤] 统一业务应用系统中积累了不同时段、不同地域、不同层级的海量业务数据，为检察业务时间序列分析、面板序列分析提供了可操作且来源稳定的数据池。“三个结构比”的提出，从业务领域、履职方式、业务来源多个角度深入分析检察整体业务结构，研究法律监督供给与需求的适配性提供了有效方法。

---

① 申云天、许佩琰等：《充分发挥数字检察系统性，优化完善依程序办案与依职权监督的案件结构比》，载微信公众号“数字检察”2024 年 6 月 27 日。

② 申云天、许佩琰等：《充分发挥数字检察主动性，优化完善依程序移送、依申请受案与主动发现的案源结构比》，载微信公众号“数字检察”2024 年 6 月 28 日。

③ 黄照权、蒋同明：《基于系统论的医疗纠纷预警系统设计》，载《兰州大学学报（社会科学版）》2013 年第 2 期。

④ 王振龙、胡永宏：《应用时间序列分析》，科学出版社 2007 年版，第 48 页。

⑤ 吴玉鸣：《空间计量经济模型在省域研发与创新中的应用研究》，载《数量经济技术经济研究》2006 年第 5 期。

### （三）“三个结构比”的主要特点

一是坚持问题导向，应用性强。“三个结构比”聚焦“四大检察”全面协调充分发展，锚定检察权监督属性发挥不够突出的问题，围绕增强履职主动性，提纲挈领抓住检察业务运行和监督供给存在的主要问题，从多个维度对整体办案情况进行分析评价，能够立体简洁动态呈现一段时期某个区域检察机关检察产品的供给分布情况，对各个地域和全国四级检察机关均具有适配性，便于横向与纵向的分析研究，具有便于不同地区、不同层级通用的特点。

二是注重统筹协调，牵引力强。“三个结构比”设置综合考虑检察业务内在联系，背后反映的都是检察机关需要关注并着力解决的重大基础性、标志性工作，结构比之间具有很强的系统性和联动性，如业务来源结构比中主动发现和依申请受理就是此消彼长的关系。由于某个分析研判周期内依程序办案、依程序移送和依申请受案数量一般相对固定，通过分析研判引导检察人员依职权监督和主动发现案源，牵引带动法律监督由浅入深、由软到硬、由虚向实。

三是坚持因时而动，适应度高。“三个结构比”设置能够根据实践情况不断调整，保持开放性。设置初期着重解决供给问题，做大做强非刑事办案和监督办案规模；在业务规模进入平稳增长阶段，业务结构相对优化后，则采取多种措施动态调整、实现牵引目的，充分尊重各项检察工作的发展规律，实现“合理即最优”的调控目标。

## 二、设立“三个结构比”的价值功能与实践要义

### （一）保障检察机关落实“法定职责必须为”原则的必然要求

从职责范围来看，检察机关的法律监督不仅覆盖刑事、民事、行政、公益诉讼全领域，还覆盖立案、侦查、审判、执行全链条，是对执法、司法活动全过程的监督。“法定职责必须为”原则要求检察机关全面协调充

分履行“四大检察”职能。[①] 这就要求检察机关在各职责领域不仅要“依法履职”，更强调“综合履职”。但是在实践中，检察机关综合履职不足，一是部分检察人员存在挑肥拣瘦的“不作为”倾向，选择性履行法定职责甚至放弃、让渡法定职责，尤其表现在重刑轻民、重司法办案轻监督办案的观念依然存在。[②] 二是检察机关内部履职合力不够，由于检察系统内部分工日趋精细，各部门容易陷入“自扫门前雪”的倾向，一体履职、融合履职不充分。三是外部履职合力有待增强，检察机关履职离不开其他国家机关的配合和支持，当前的合作还主要是“碎片化”的合作关系，制约了履职效能的发挥。

设置“三个结构比”是检察机关更好落实“法定职责必须为”原则的重要方式。一方面，“三个结构比”对一个区域内“四大检察”履职均衡性、监督力度、监督履职主动性提供了明确的量化参考，[③] 能够引导检察机关更加科学集约配置与均衡布局检力资源，驱动检察机关实现监督领域的有效扩张；另一方面，推动部门之间密切协作，上下级院一体协作，综合运用调查、侦查和审查手段，通过移送监督线索、开展接续监督、相互融合履职等形成合力。

### （二）把握检察行权内在规律的客观要求

检察行权兼具司法被动性和监督主动性，具体来说，司法办案是指按照诉讼程序办理各类诉讼案件，检察机关作为诉讼程序的推进者，拥有不批捕、不起诉等诉讼权力，对其他诉讼参与机关的制约往往具有较强刚性。而在开展法律监督时，监督的对象是其他执法司法机关，可以称为异体监督，这种监督权力本质上属于督促纠正的程序性权力，往往不具有实体处分的权力，刚性较弱。[④] 实践中存在两种错误倾向：一是混淆制约与

---

① 朱雅频：《强化“三个结构比”的牵引带动力推动“四大检察”全面协调充分发展》，载《检察日报》2024 年 7 月 23 日。

② 武笑啸：《树立全面平衡充分发展理念，解决“重刑轻民”问题》，载《检察日报》2018 年 11 月 15 日。

③ 巩宸宇：《最高检调研组在贵州调研 应勇强调 持续做实“高质效办好每一个案件”奋发有为推进习近平法治思想的检察实践》，载《检察日报》2024 年 7 月 4 日。

④ 王志坤：《“法律监督”与有关机关在办案中的“制约”之间的关系》，载《检察新说》，中国法制出版社 2020 年版，第 82 页。

监督，认为“监督就是办案”“办案就是监督”，削弱监督权威与刚性。二是重司法办案轻监督办案，认为只要办好诉讼案件即可，怠于履行监督职能。

设置“三个结构比”，就是牵引检察机关应当从检察行权内在规律出发，既抓制约，又抓监督，不能眉毛胡子一把抓，也不能一手强、一手弱。设置依程序办案与依职权监督案件结构比，就是要区分检察机关的司法办案和监督办案两大工作，避免制约和监督被混淆。法律监督是具有主动性的活动。[①] 设置业务来源结构比，就是要突出检察机关的监督主动性，避免检察行权在主观上重视遵循司法属性而轻视遵循监督属性，损害司法被动性和监督主动性的有机统一。

### （三）解决法律监督短板弱项的现实需求

2021 年，中共中央专门印发《关于加强新时代检察机关法律监督工作的意见》，指出“进入新发展阶段，与人民群众在民主、法治、公平、正义、安全、环境等方面的新需求相比，法律执行和实施仍是亟须补齐的短板，检察机关法律监督职能作用发挥还不够充分”。2023 年全国各级法院收案 4557.4 万件，其中民商事案件收案 2004.8 万件，行政案件收案 70.47 万件，但同年检察机关对认为确有错误的民事裁判、行政裁判提出抗诉和再审检察建议分别仅为 1.4 万件、624 件。[②] 当前，人民群众对司法、执法机关有法不依、违法不究、执法违法等问题反映强烈，但上述数据在一定程度上反映出检察机关对这些问题的法律监督却相对疲软。[③]

新时代检察机关法律监督功能的实现，有赖于“四大检察”的全面协调充分发展，否则就会出现“功能不全”的问题。[④] “三个结构比”是检察机关补齐法律监督短板的重要手段，通过检察机关有效充分履职，能够发现潜在的监督线索，推动强化刚性较弱、制度供给不足、手段有限的异

① 王锴：《人民检察院法律监督的体系分析》，载《法学研究》2024 年第 1 期。

② 数据来源于最高人民法院工作报告、最高人民检察院工作报告。

③ 刘哲：《规律与规则，监督与制约的科学界分对检察专业化建设的重要性》，载《检察新说》，中国法制出版社 2020 年版，第 88 页。

④ 朱雅频：《强化“三个结构比”的牵引带动力推动“四大检察”全面协调充分发展》，载《检察日报》2024 年 7 月 23 日。

体监督，推动检察履职由刑事检察一枝独秀向“四大检察”更趋全面协调、结构更趋优化转变，不断增强法律监督产品供给与司法需求适配性，优化检察供给侧结构性改革，将一般法律监督权落到实处。[①]

## 三、设置并优化“三个结构比”的路径探索

### （一）加强顶层设计，科学设置结构比

一是要统一“四大检察”受理数统计口径。第一，案件与事项的划分问题。检察机关法律监督工作因监督事项区分“重大”与“一般”而有“办案模式”与“办事模式”之别，[②] 并非所有监督业务都属于办案，如案件管理案件本质上属于业务管理事项不属于监督办案，需要明晰案件与事项的划分。第二，案件的重复统计问题。不宜将所有案件类型都纳入“三个结构比”的案件统计，检察建议等依附于原诉讼案件或监督案件的业务，不宜作为单独的案件予以统计。第三，案件计数方式问题。面对监督模型产生的批量线索，应统计为一个监督类案还是多个监督个案，统计标准尚不统一。下一步，应当在全国范围内统一制定检察机关案件与事项清单，明确案件、事项认定规则，科学统计“四大检察受理数”。

二是要明确区分依程序办案与依职权监督，依程序移送、依申请受案和主动发现案件。部分案件兼具监督办案属性和司法办案属性，如羁押必要性审查案件，一方面是羁押措施的司法审查，相当于审查批捕案件的延续，另一方面是对公安、法院适用羁押强制措施的监督纠正。应当尽量明确划分标准，在统计评价时以业务性质的主要方面来确定其属性。一个案件类型有可能对应几个受理来源，如国家司法救助案件、刑事赔偿案件等，均存在依申请、主动发现、依程序移送三种来源，建议全国检察机关统一“三个结构比”的统计规则和算法公式。

三是要提高结构比优化方向的科学性。结构比优化可以测算合理区间作为参考值，测算合理区间应当以一个地区至少近三年的数据为分析样

---

① 朱雅频：《适应新要求推进首都检察供给侧结构性改革》，载《人民检察》2021年第Z1期。

② 朱雅频：《检察机关重大监督事项案件化办理研究》，载《人民检察》2022年第8期。

本，才能保证数据样本充分可靠。例如，检察机关依程序主要是办理捕诉案件，此类案件由于检察行权的被动性，规模相对稳定，因此可以通过加总捕、诉案件数量确定依程序办案规模，以此为基准合理牵引带动依职权监督办案规模提升，牵引带动依职权监督办案规模提升。测算时要考虑各层级地域业务结构的差异性，区分各院业务规模大小，区分分州市院与基层院，个性化设置合理区间，并不断检验校正所设置区间的合理性，从而保持合理区间值设定的适度开放性。

四是设立二级结构比，支撑“三个结构比”发展。“三个结构比”分析评价的对象是检察机关整体的业务供给和来源情况，实际上，“四大检察”各业务条线、知识产权、未成年人等专业化检察领域内部也有履职均衡性、监督效能发挥的问题。可以细化设置二级结构比，突出细分领域结构优化的重点和难点，推动“三个结构比”在纵深方向发挥更大的制度效能。设立二级结构比时需要注意：一要重点突出，不面面俱到，否则设置过多，难免顾此失彼。二要对接传承“三个结构比”，二级结构比的内涵、算法和评价导向应保持一致、贯通协调。三是二级结构比对部分业务体量小、范围窄的基层院不具有普适性。

### （二）加强能力建设，不断优化结构比

应把数字检察作为优化“三个结构比”的重要抓手，促进非刑事检察案件占比、依职权监督案件占比、主动发现案件占比等一体提升，充分释放数字检察驱动法律监督提质增效的重要引擎作用。[①]

一是建立数据共享机制，扩大“数据池”。当前检察机关与其他司法机关、行政机关之间信息渠道不畅通，制约了数字检察引擎作用的发挥。检察机关内部应坚持一体履职、融合履职，充分发掘内生数据；对外用好外部公开数据，加强与其他执法司法机关协同履职，通过信息共享打通检察机关与其他机关的信息壁垒，坚守数据伦理，进一步夯实数字赋能的数据基础。

二是建用大数据法律监督模型，挖掘监督线索。聚焦法律监督主责主业，梳理个案中监督异常点形成监督业务规则，加强数据分析和处理能

① 申云天、许佩琰等：《充分发挥数字检察系统性，优化完善依程序办案与依职权监督的案件结构比》，载微信公众号“数字检察”2024 年 6 月 27 日。

力，建用更多数字监督模型，推动法律监督由个别、偶发、被动、人力监督向全面、系统、主动、智能监督业态升级变化，进而体系化整合应用场景、升级算法，研发监督覆盖面广、全流程监督的大模型，推动数字检察模型从数据碰撞比对初级形态向人工智能高级形态演进。

### （三）加强业务管理，保障办案结构与质量一体优化

一是加强对“数”管理，保证结构比数据准确性。如果一味追求“三个结构比”数据，唯结构比论，则可能会导致实际办案脱离办案规律。加之检察机关对监督办案的程序规范和管理流程还在探索完善中，如果不加强业务管理，容易造成监督数据大幅异常上升，进而导致“三个结构比”的失真。[①] 因此，各级检察机关要牢固树立正确的政绩观，加大业务数据核查力度，特别是加强对数据异常波动情况的关注监测，对忽视办案规律、降低办案质量等问题进行及时纠偏。

二是加强对“案”管理，坚持“高质效办好每一个案件”的价值导向。一方面，要严格恪守法律监督边界。检察机关综合履职并不等于大包大揽，应始终把检察履职纳入“法定职责必须为”的法治要求轨道，同时坚持“法无授权不可为”的原则，高度警惕以“监督”代替“执法”的权力越位风险。[②] 另一方面，要警惕针对瑕疵问题、表层问题开展浅表性监督来增加案件数量，需要上级院加强对下级院的案件评查或者探索开展异地交叉评查。

三是加强对“人”管理，保障结构优化目标落实到位。通过二级结构比调控优化检力资源配置，把人力资源往薄弱领域倾斜，打破部门界限，适应融合履职需要配备机动办案组，推动检察办案从单兵作战向集成作战转变，统筹“集约配置”“均衡布局”检力资源。[③] 探索将结构比优化工作与业务部门和检察官评价工作挂钩的科学路径，有效调动检察人员积极性，保障检察业务高质量发展。

---

① 申国军：《案件管理实务精要十二讲》，中国检察出版社 2023 年版，第 213 页。

② 练节晁、刘晨雨：《数字检察之“数字”突围——从“数字”壁垒到“数字边界”》，载《山西省政法管理干部学院学报》2023 年第 1 期。

③ 李显辉、张昊天：《优化行政检察“结构比”助推“四大检察”全面协调充分发展》，载《检察日报》2024 年 7 月 5 日。

# 司法责任制背景下检察业务管理融入的基层探索

门植渊　于红燕　黄　娜*

党的二十大提出要“全面准确落实司法责任制”。最高人民检察院应勇检察长指出，“检察业务管理要围绕履职办案，更好融入司法责任制，以高水平管理促进高质效办案。”司法责任制背景下，检察机关必须坚持案件办理与业务管理并重，加快推进检察业务管理理念、体系、机制、能力现代化，健全检察业务指导体系、管控体系、评价体系、制约监督体系，使检察业务管理服务检察业务发展，确保检察权依法公正、规范、高效、廉洁行使，把司法责任制落到实处。

## 一、司法责任制背景下强化检察业务管理的必要性

司法责任制的推行是为了提高办案质效，实现司法公正。随着司法责任制的全面准确落实和不断深化，新型办案模式和办案组织形式开始实施，检察官作为独立的办案主体，被授予更多的自主决策权和自由裁量权，其作风能力、业务素养等直接影响检察权能否正确行使，进而影响办案质效和司法公信力。① 因此，必须正确处理好权力行使与制约监督、权力行使与责任承担之间的关系，才能更好保证司法责任制的全面准确落

---

* 门植渊，北京市人民检察院第十二检察部检察官助理，全国检察机关调研骨干人才，全国检察理论研究人才；于红燕，山东省青岛市黄岛区人民检察院检察业务管理部副主任；黄娜，山东省青岛市黄岛区人民检察院派驻六汪检察室副主任。

① 李拥军：《司法改革中的体制性冲突及其解决路径》，载《法商研究》2017 年第 2 期。

实，而检察业务管理是加强内部监督制约的重要形式和举措。

### （一）强化检察业务管理是规范执法活动的必然要求

管理是加强监督制约的重要途径，检察业务管理是强化检察权运行内部监督制约的重要形式和举措。检察业务管理是一个完整体系，可以实现对检察业务运行的趋势性、苗头性问题的研判，通过构建合理的制度来规范与整合检察行为，最大限度实现检察管理与检察官办案主体地位的平衡，对捕捉到的诸如超期限办案、案件久拖不决、滥用案件中止审查权延长办案期限等问题，及时进行集中清理整治，并针对性提出前瞻性的解决意见和措施，助力规范执法司法活动。

### （二）强化检察业务管理是推进检察工作一体化的创新要求

检察业务管理既包括检察机关内部检察长和检委会的宏观管理、案件管理部门的专门管理，也包括检察官、办案组织、业务部门的自我管理，是一个完整的业务管理组织体系。通过构建全方位、立体化的检察业务管理体系，可以打破"业务壁垒"，推动构建各条线、各部门纵向贯通、横向衔接、区域联动工作机制，进一步推动融合履职、一体履职。

### （三）强化检察业务管理是提升案件质量的主要抓手

检察业务管理归根结底要落实到案件质量的管理上。强化流程监控等检察业务管理手段，可以及时发现和纠正具体案件受理、办理过程中存在的问题，及时对案件承办检察官发出口头预警或书面提醒，督促纠正办案瑕疵，提升办案质效。通过开展规范化、标准化、科学化的案件质量评查工作，设计"四大检察"案件质效评议事项，量化评价案件事实认定、法律适用、文书制作等可对标的评查目标，为"高质效办好每一个案件"提供重要保障。

### （四）强化检察业务管理是提升司法公信力的重要途径

每一个检察环节的具体案件、每一项检察履职工作都是检察机关为大局服务、为人民司法、为法治担当的"检察产品"，质量是否合格，关乎检察履职成果，关乎检察办案质效，关乎人民群众对公平正义的切实感受。检察业务管理工作通过全面强化对检察履职过程的监督、服务和保障，能够推动解决司法办案中的突出问题，防止检察权滥用，进一步维护司法公正、增强司法公信力。①

## 二、当前基层检察业务管理中存在的问题

新时代新征程赋予了检察机关的新任务新使命。当前，检察机关在距离实现检察业务管理现代化方面还有差距。基层检察实践中，办案部门专业化设置和检察官责任制，在为检察官独立公正行使职权提供制度保障的同时，也增加了执法标准不统一、办案不规范甚至权力滥用的风险，亟须发挥检察业务管理的重要作用，进一步完善权责平衡、监督有效、配套完善的司法责任体系，实现“放权”与“控权”的统一。

### （一）宏观管理的前瞻性不够

宏观管理重在对一个地区、一个条线业务数据的综合分析研判，进而发现检察业务运行的整体性、趋势性、苗头性问题，有针对性地提出行之有效的解决意见和措施，促进提升法律监督的整体质效。然而，当前基层检察工作中宏观研判不够，没有充分用好诸多统计分析数据，突出其分析研判、掌握动态、把握趋势、查找问题、研提对策、改进工作的功能，导致对检察工作的前瞻性、趋势性、动态性研究不够，宏观管理效能发挥不足。

### （二）专门管理的职能履行不充分

案件管理部门作为检察机关内部的专门管理部门，是检察业务管理的“枢纽”，肩负“管理、监督、参谋、服务”职能，负责对检察机关办理的案件进行统一受理、流程监控、案后评查、统计分析、信息查询等。但是在实际工作中，很多案件管理部门自我定位仅限于检察机关的“服务”地位，最突出问题就是容易出现“重服务轻监督”的错误倾向，长此以往，“以管理促办案”的目标愈加难以实现。例如，在对个案的流程监控中，案件管理部门在发现案件受理三天后未告知犯罪嫌疑人权利义务时，工作人员大多本着“服务”理念，倾向于及时电话告知办案人，在系统中

① 孙丽：《检察业务监督管理机制研究》，载《中国检察官》2019年第23期。

以发出口头流程监控预警提醒而结束监督。然而，等案件质量评查工作进行时发现，很多本着“服务”定位的口头提醒并未起到作用，以致案件当事人权益保障不到位的情况仍未完全杜绝。

### （三）自我管理的内驱力不足

要健全齐抓共管的业务管理组织体系，检察官、办案组织、业务部门的自我管理，是整个检察业务管理的基础。然而，司法实务中，寓管理于办案、边办案边管理、以管理促办案的良好循环还未完全形成。一方面，有观点认为，司法责任制下检察官具有办案的主体地位，因此，检察权就应该要“去行政化”[①]，在此观点的影响下，部分分管院领导和部门负责人存在不愿意管、不敢管甚至管不好的现象；另一方面，司法责任制改革后，基层院检察官除独立办案之外，多数身兼多项职务，尤其院领导和部门负责人在检察官数量中占了一定的比重，日常工作中在行政事务占用的时间和精力比较多的情况下，难免会出现重办案轻案件管理的现象。同时，检察官之外的检察人员，如检察官助理，由于未能入额，丧失独立办案资格、不承担司法责任等原因，自我管理的压力、动力不足，参与办案的积极性受到一定影响。

### （四）专业化管理能力建设有待加强

司法责任制改革尤其是检察人员分类管理改革后，在基层检察院中，很多优秀检察人才大多选择积极入额，进而成为办案一线的检察官。未能入额的检察官助理为了做好入额遴选准备，会更加倾向于在办案部门担任检察官助理，案件管理部门入额检察官相对较少，甚至有些检察院的案件管理部门只有一个检察官带领若干聘任制书记员，在检察综合业务管理任务如此繁重的境地下，存在“事多人少 ”的突出问题，在疲于应付的日常工作中，专业化的管理能力建设自是无暇顾及。另外，在数字检察战略的背景下，积极推动构建“业务主导、数据整合、技术支撑、重在应用”的数字检察工作机制，通过研发大数据监督模型，可以实现数字技术与案件管理的有机融合。然而，实际中，受制于案件管理人员数据汇集、整

① 朱富强、陈康：《检察权内部监督制约机制的现状审视》，载《中国检察官》2024 年第 7 期。

合、管理、应用的能力不足，不能充分激活、用好大数据赋能法律监督和案件管理工作，使很多可挖掘的线索未能被及时有效发现，监督效率不高。

## 三、司法责任制背景下基层检察业务管理的路径优化

全面落实司法责任制，必须坚持系统思维深化改革、推进工作，一方面要尊重司法一般规律，突出检察官的办案主体地位，支持检察官依法独立办理案件；另一方面要尊重检察工作的特有规律，深刻认识检察权同时具备行政属性、司法属性和法律监督属性的特点，在放权同时，注重加强检察一体化建设，强化对检察官办案动态监督，确保办案质效。而检察业务管理作为一项全局性、系统性工作，需要全体检察人员正确认识，齐抓共管形成管理合力。

### （一）在宏观管理层面要注重把握整体态势

1. 优化检察委员会对检察业务的宏观指导和内部监督

检察委员会是各级检察院进行科学民主决策、宏观指导业务的法定机构。优化检察委员会对检察业务的宏观指导管理，一是建议实行业务态势集体研究，深化对案件质量主要数据的研究分析和把握，将业务态势分析报告作为检察委员会事项议题，定期提报检委会研究讨论，对各条线的工作短板深入思考，分析原因、查找症结、总结经验，为下一步检察业务工作指明方向。二是建议实行案件质量联合评查。由检委会委员牵头，与从各业务部门抽调的办案骨干组成案件质量评查小组，对办结的案件开展重点评查和集中抽查，评查情况向检委会汇报，将评查中发现的共性问题进行分类、汇总、发布，供办案人参考借鉴，助力提升办案质效。

2. 加强检察理论调查研究

“调查研究是谋事之基、成事之道”。充分发挥检察理论研究的先导性、基础性作用，让检察理论研究成为推动检察工作高质量发展的源头活水，是新时代新征程加强检察业务宏观管理的重要途径。一是及时开展研究，对检察业务管理中发现的问题，例如在某类案件中频繁出现捕后不起诉、撤回起诉等情况，是否存在对相关证据认定、法律适用标准不统一的问题？各办案组办案数量差距大，是否存在分案轮案不科学的问题？繁简

分流效果不好，是否存在办案程序和文书未及时精简等问题？这些问题既是管理的难点，也是研究的课题。二是在确保数据的有效和准确前提下，注重检察理论研究成果的可操作性。例如，对法律适用问题有争议的，要通过会商及时形成相关标准，对经验做法类要提炼出具体建议，对现有监管漏洞要分析出改善方法，同时，要积极对接并及时完成对口呈送。

3. 加强与检务督察的衔接

检务督察可以通过对执法办案活动进行督查、司法责任追究和检察官惩戒，强化办案廉政风险防控，及时落实“三个规定”、重大事项报告制度情况，充分利用这些优势，可以在最大限度上提升管理工作质效。[①] 一是在检察业务管理中，细致梳理相关工作的程序、标准、期限、结果以及相关文书，主动为司法责任追究和检察官惩戒提供相关线索。二是协同监督步调。明确管理和监督主题、范围，以专项监督为抓手，合理分工、分头行动、信息共享，通过协同强化监督效果。

### （二）在专门管理中，要注重发挥“五查”效果

1. 把牢案件“入口关”，开展受案“预查”

高效推进政法跨部门大数据平台运行，实现电子卷宗共享，案件管理部门在受案时，从犯罪嫌疑人到案情况、证据表现形式、涉案款物移交、办案时限、强制措施等方面对受理的案件统一登记、统一管理、统一“预查”，形成是否受理的意见后报审核，一旦发现不规范问题，及时督促有关部门纠正。[②] 对于涉检信访案件，建议制发《全流程管控风险隐患一表通》，要求侦查机关在案件移送审查起诉时，将侦查活动中排查的信访隐患及处置情况随案移送，办案检察官在受案之初即可全面进行风险研判，针对性开展释法说理、检调对接，最大限度将矛盾化解在萌芽状态，实现对信访案件受案即跟进、全流程管控、实质性化解的良好效果。

---

① 陈伟、赵佳慧：《公检法人员违纪违法案件的特征、原因和防治路径——以 363 起现实案件为素材的实证分析》，载《公共治理研究》2023 年第 1 期。

② 魏兆春、李银萍：《案件受理产生认识分歧如何化解》，载《检察日报》2016 年 3 月 25 日。

2. 抓好科学轮案，开展分案“审查”

坚持以随机分案为主，对于符合“重大疑难复杂案件”可指定分案的标准应当明确列举，从严掌握，细化指定分案适用范围。通过提高指定分案的审批权限、严格案件承办人变更程序、公开监督系统外分案情况等机制，将随机分案原则落到实处。

3. 抓深案件流程监控，开展办案“巡查”

要持续深化办案程序与实体并重理念，紧盯办案中流程监控不规范、走过场、形式化、刚性不强等堵点，实现全链条、全方位、全过程实质化流程监控。针对当前书面流程监控案件类别概念模糊、发送随意等问题，制定案件流程监控分级工作指引，明确问题严重程度及频次，区分口头和书面监控类型，细化问题处置方式。同时，建议根据实地情况建立预警、核实、会商、整改、反馈的流程监控案件化办理程序，对于情节轻微的程序性问题，口头预警、核实；对于情形较重的程序性问题，发送流程监控通知书，督导整改并纳入案件管理周报及月度会商；对于涉及实体性严重违法情形，召开跨部门检察官联席会议研究确认，逐级审批至检察长，重大疑难问题提交检委会讨论决定，通过层层监督提升办案质效。

4. 抓实风险防控，开展结案“核查”

把执法办案风险评估预警作为办案质量评查的重要内容，按照“谁办案、谁评估、谁决定、谁负责”的原则，将风险责任落实到案件承办人，确保“一案一评”。要持续强化案件管理部门与控告申诉部门的通力配合，对每起案件的执法办案风险情况进行监督，出现风险事由时，确保及时处置化解。同时，针对办案不规范容易产生信访问题的实际情况，主动强化对诉讼活动的检视，以信访案件反向审视原案在侦查监督、审查起诉方面的问题症结，通过定期发布信访案件明细通报、联合邀请办案部门参加涉法涉诉案件化解推进会等形式，着力提升检察官释法说理和处理信访问题的能力，推动形成“人人都是接访干部”“时时都要难题共解”的良好氛围。

5. 抓牢案件质量，开展案件“评查”

在全院范围择优抽选政治素质高、工作经验丰富、业务能力强的检察官组成案件评议人才库，创新开展闭环式评查，每季度轮换，分工负责各类别案件的评查工作，对办案程序、文书制作等进行审查，对证据采信、事实认定、法律适用、释法说理、办案效果等方面进行深度分析，提出明确意见，确保客观公正。同时，要探索建立“上前一步”案件评查机制，从组织机构、职责、评议程序及评议意见运用等方面明确评议工作的运行程序和具体要求，设计“四大检察”案件质效评议表，量化事实认定、法律要求、文书制作等各方面评查事项，形成可详解、可考核、可对标的评查目标，推动评议工作规范化、标准化、科学化。

### （三）在自我管理层面注重夯实管理基础

1. 强化理念建设

“理念是行动的先导”，只有从根本上引导检察官、办案组织真正自觉树立起强化自我管理的意识，才能真正加强“自我管理”。司法责任制改革后，“谁办案谁负责，谁决定谁负责”的理念不断加强，很大程度上督促检察官、办案组织强化了“自我管理”，但细致分析，这种“自我管理”仍注重于对“案件的办理”而不是对“案件的管理”。作为办案主体的检察官、办案组织，同时也是司法责任的主体，办案和管理对其而言都是责任。因此，要求检察官、办案组织在办案中树牢自我管理理念、持续加强自我管理，做到检察办案质量、效率、效果有机统一于公平正义，才是全面准确落实司法责任制的重要内容和有效保障，才是完善检察权制约监督机制的题中应有之义。

2. 加强办案部门自我管理

办案部门的自我管理贯穿办案的全过程、各环节，包含对本部门检察官、办案组织的管理和对本条线业务的管理。立足办案部门的管理，一要抓好指定分案工作。严格落实“随机分案为主、指定分案为辅”机制，对于因重大疑难复杂需要指定分案的情况，部门负责人应充分发挥业务领导示范作用，尤其对重大疑难复杂以及具有影响性的案件，要带头办案，真正实现“以上率下、以上促下”。同时，应根据专业办案团队设置情况，做到明确标准，从严掌握，确保办案力量合理分配。二要提升办案质效。及时与案件管理部门联系，做实业务数据分析研判，科学把握业务工作趋势和动态，持续准确指导本条线业务校正、提升和发展。三要抓好疑难案件监管。对于重大疑难复杂案件的办理，要积极充分发挥办案部门领导的监管和协调沟通作用，及时召集部门内部检察官联席会、协调跨部门检察官联席会议等，对报请检察长决定、提请检委会讨论的案件需提前审核，主动加强对检察官办理案件的管理，确保案件依法妥善处理。四要抓好对上级部署的落实。全面学习上级有关司法办案政策要求，组织、督促本部门检察官落实相关制度机制。五要抓好业务数据质量。加强检察业务数据质量管理，督促、指导办案人员准确填录业务数据。六是抓好队伍建设。落实“一岗双责”责任，加强对部门检察人员的教育管理监督，确保检察权公正规范高效廉洁行使。

3. 加强检察官和办案组自我管理

要突出办案检察官对案件管理的直接责任，结合实际工作，细化责任履行方式，强化责任追究，倒逼落实自我管理责任。要建立检察官自查和办案团队核查机制，对团队内所有办结案件开展初查，对特定类型案件或者重点文书质量开展专项检查。建立检察官、办案团队主动报请审核机制，对于犯罪嫌疑人不认罪、律师作无罪辩护、改变侦查机关定性等案件，检察官或办案团队应主动提请部门负责人审核。

### （四）在监督队伍建设层面注重提升管理水平

1. 用好大数据赋能

一是要围绕“重应用”目标导向，积极探索建立监督模型，提升监督智能化水平。积极引导干警将业务应用系统主要功能从办案业务流转拓展至对数据的二次挖掘利用，深挖受案分案、流程监控、数据分析等职能，及时捕捉某段时间某类案件或问题的高发态势，梳理研判类案中共性问题，识别和提炼类案监督重点，敏锐发现模型需求。二是要依托数据赋能，针对筛查出的监督线索，建立跨部门线索研判等机制，逐项研判剖析线索成案可行性和类案多发高发成因、领域及规律，全方位实现对监督线索的有效整合与应用，提升监督线索“成案率”。三是充分运用“数检通”“数据校验管家”等管理系统，积极推进检察业务管理数字化建设，以智能化辅助监督水平提升。

2. 分类实训提素能

案件管理人员必须具备较高的专业化业务知识、监控问题能力、深度发现能力，以便准确、高效、及时地实施对检察业务的监督管理。因此，案件管理部门检察官要树立“监督者更应技高一筹”的理念，比业务部门检察官具有更全面、更扎实、更深入的业务素养。一要大力强化对案件管理部门人员的分类实训，重点强化对检察官在全面推进“四大检察”工作中所需的专业知识与监督能力的培训，认真按照全国检察机关案件管理岗位素能基本标准要求，分析研究案件管理人员素质能力现状和不足，确定培训需求、制定培训计划、分层分类开展培训，要重点制定对案件管理部门检察官培训计划。二要提高培训的针对性和实效性，以采取网络培训、实务操作、案例研讨等多种形式不断提升案件管理培训水平，以实务培训推动案件管理业务案件化办理水平的提升。三要在实务培训中加大对各地指导性案例的学习力度，深入研究案件监督管理类指导性案例在线索发现、监控重点、监督效果方面的重要意义，推动案件管理部门检察官重视学习研究案例，充分发挥案件管理指导性案例的指导性作用，通过精研案例，“解剖麻雀”，提升法律专业素养和能力。

# 拆迁安置领域行政检察监督的高质效发展

俞　炜　马　睿　虞纯纯*

党的二十届三中全会提出“城乡融合发展是中国式现代化的必然要求”，“坚持全面依法治国，在法治轨道上深化改革、推进中国式现代化，做到改革和法治相统一”。2023 年 8 月，最高检印发《2023—2027 年检察改革工作规划》，要求加快推进检察工作现代化。乡村振兴是中国式现代化进程中的重要历史任务。当前，涉拆迁安置行政检察监督案件与日俱增，如何强化行政检察履职，高质量办理案件成为必答题。基于此，本文深入分析拆迁安置行政检察监督案件的新特点，检察监督的实务困境，进而提出行政检察监督工作理念指引、价值追求及应对举措。

## 一、拆迁安置行政检察监督案件面临的挑战

随着人民群众对新时代的期许和要求的提高，人民群众维权方式发生了转变，涉拆迁安置案件进入检察监督程序。这些案件办理难度大、专业性强、复杂程度高，涉及面广，易引发群体事件。概括起来，具体表现为：

### （一）被拆迁人采取“一诉到底”“能诉则诉”的方式维权

被拆迁人针对拆迁安置工作全流程中的任一环节或结果涉及的行政行为或具有牵连关系的行政行为提起行政复议、行政诉讼，增加谈判机会，以期实现利益最大化。实践中，被拆迁人除就强制拆除行为提起行政诉讼

---

* 俞炜，浙江省人民检察院第七检察部副主任；马睿，浙江省杭州市人民检察院第七检察部一级检察官；虞纯纯，浙江省杭州市滨江区人民检察院第二检察部副主任。

外，还会针对房屋评估报告、危房鉴定等鉴定报告，政府制发的限期搬离、限期拆除等各类通知书，政府信息公开等行为申请司法救济。每一项诉求基本上均经历行政复议、一审、二审、再审、检察监督程序，导致“诉讼爆炸”。

### （二）法院偏重拆迁安置协议的形式合法性审查，被拆迁人的诉求难以满足

涉案房屋大多历史较久，房屋产权人几经易主。因土地改革、法律法规和政策变更，房屋登记工作规范及制度几经演进等原因，房屋产权人、房屋合法面积、土地性质认定争议较大。实践中，政府采用签订行政协议的方式推进拆迁工作，以当事人自治自愿一揽子解决问题。行政协议一方面提升了效率，另一方面也带来了新的问题。实践中，对于被拆迁人以行政机关认定的合法面积有误为由提起诉讼，法院未对当事人的诉求进行实质性审查和说理，以被拆迁人在签订合同时系完全民事行为能力人，协议内容未违反法律、行政法规效力强制性规定为由，驳回被拆迁人的诉讼请求。[①] 实践中，被拆迁人签订的大多系空白协议，虽自愿签订，但实质上当事人并未能完全知晓协议的具体内容，这导致被拆迁人的权益事后难以主张和救济。

### （三）案涉双方主体均具有多元性

从拆迁主体而言，虽依据《土地管理法实施条例》《国有土地上房屋征收与补偿条例》相关规定，被征收土地由所在地的市、县人民政府组织实施，乡镇无房屋拆迁的执法权。但实践中，乡镇政府事实上成为拆迁的行政执法主体[②]。在集体土地上“协议拆迁”的过程中，代表公权力一方的签约主体呈现多元化的样态。从被拆迁主体而言，因婚姻关系、收养关系、移民落户等原因居住或不再居住于农村的人员可否认定为农村居民易产生争议。此外，承租人、农村小产权房使用人、房屋占有人等利害关系

① 详见（2020）浙0110行初125号行政判决书、（2021）浙01行终398号行政裁定书。

② 王由海、余钊飞：《“枫桥经验”视野下的乡镇执法检察监督》，载《行政与法》2018年第11期。

人均可能因对政策理解不同或认为分配不公提起诉讼。

### （四）当事人诉求的赔偿项目多，实际损失情况难确定

在房屋被强制拆除的情况下，被拆除人往往会提起行政赔偿之诉。赔偿项目包含屋内财产损失、租金损失、停产停业损失、精神损失等。因房屋已拆除，不少案件在强拆之前未进行物品清点，以致实际损失难以确定。实践中，无论因强制拆除导致的屋内物品损失还是被拆除房屋的价值及安置权益，被拆迁人获得的赔偿额与其期待值相差上百万元甚至上千万元的情形屡见不鲜。

## 二、拆迁安置行政检察监督案的办理难点

检察机关不仅要保障推进乡村城乡融合发展，同时又要贯彻“司法为民”理念。基于拆迁安置工作有时会存在个人利益与公共利益的冲突、权利救济与高效行政的冲突、程序正义与实质正义的冲突，检察机关在办理拆迁安置行政检察监督案时，需要在检察权限度内平衡各方关系，这也是检察办案的难点所在。

### （一）平衡个人权益与高效行政之间的冲突

行政效率是行政权的生命。[①] 是故，行政机关重效率轻程序，高效推进拆迁安置工作也不难理解。以强制拆迁为例，相较向法院申请强制执行，强制拆除可以免去申请、受理、审查、裁定、执行等环节的时间成本。行政机关自行拆除带来的后果是被法院确认违法。在房屋拆除，被拆除人的损失无法证明的情况下，依据相关规定，法院应当结合当事人主张和在案证据，运用逻辑推理和生活经验、生活常识等，酌情确定赔偿数额。因法律未明确强制拆除房屋后行政赔偿包含的赔偿项目、赔偿标准、赔偿数额等问题。实践中，法院以补偿标准确定赔偿数额的情形已成为一种较为普遍的现象。[②]

---

① 王锡锌：《司法强拆：挑战还是机遇?》，载《中国审判》2011 年第 8 期。

② 应松年、冯健：《房屋拆除非诉行政执行的困境与变革》，载《法学评论》2021 年第 2 期。

基于特别牺牲理论，行政强拆导致的错误经济成本由被拆迁人承担。作为理性经济人，被拆迁人关心自己的“特别牺牲”如何得到救济和填补。[①] 被拆迁人寻求司法救济的根本目的是在物质上获得弥补或赔偿，而不是从确认违法的判决结果中寻求心理慰藉。因为承受了特别牺牲和多年诉累，被拆迁人难以感受到公平正义。

### （二）平衡形式正义与实质正义的冲突

房屋征收补偿协议是行政机关减少房屋征收工作中与被征收人之间的冲突，提高工作效率的常见手段。不可否认的是在集体土地上“协议拆迁”的过程中，存在不少行政裁量的空间，如违法建筑和未登记建筑的认定、户内人口数量的认定（包括独生子女、外嫁女的补偿利益）、集体土地房屋的估价标准等。鉴于征拆工作的复杂性，补偿安置标准存在梯度不够、标准设置的要件情形不足等情形，导致行政裁量结果不合理，出现“同房不同认定”等情况。实践中，当事人以协议签订主体没有法定职权、签订协议时意思表示不自由等为由对行政协议的效力提出质疑，以期获得重新谈判的机会。

对行政协议效力的审查，既要以行政诉讼法第 75 条关于确认行政行为无效的规定为基础，同时也要适用民事法律规范关于合同效力的规定。实践中，法院注重于行政协议的合意性审查，将“合意”视为被拆迁人对自身权利的处分，即同意行政裁量失衡结果的适用，对合法性审查时仅限于形式上的合法性审查。[②] 在检察监督阶段，涉案房屋大多已拆除，加之房屋登记不规范不完整等方面的原因，事实认定困难，且协议拆迁缺乏明确的法律、行政法规和地方性法规适用范围和依据，加之检察介入行政的谦抑性和可能造成的不良社会影响等因素，检察机关难以对所有案件的房屋拆迁事件进行深层次审查监督，以回应被拆迁人对行政过程合法性的质疑。

---

① 参见王学辉、邓华平：《行政诉讼制度变迁的经济逻辑——以和谐社会构建为背景》，载《法学评论》2006 年第 1 期。

② 杨伟东：《行政行为司法审查强度研究——行政审判权纵向范围分析》，中国人民大学出版社 2003 年版，第 189 页。

### （三）平衡争议化解需求和检察职权有限性之间的矛盾

安置拆迁工作复杂程度高、专业性强、涉及面广。其中的任一行政工作均可能包含多个环节。这些环节的瑕疵或纰漏具有隐蔽性，增加了审查的难度。出于保护行政相对人合法权益，回应群众需求及实质正义的考虑，检察机关在对行政行为的合法性进行实质审查具有一定的现实需要。在审查过程中，检察监督面临依法行政原则与保护相对人信赖利益、诚实信用、意思自治等基本原则之间的利益衡量。检察审查强度也涉及司法权与行政权各自权限问题，避免对行政权造成不必要的干涉。

## 三、行政检察工作的理念指引和价值追求

### （一）树立符合我国国情特色的现代化行政检察工作思想

中国式现代化是中国共产党领导的社会主义现代化。[①] 党的领导既是行政检察的首要条件，也是突出优势。党的二十大报告提出全面建成社会主义现代化强国的奋斗目标，作出两步走的战略安排。党的二十届三中全会提出当前和今后一个时期是以中国式现代化全面推进强国建设、民族复兴伟业的关键时期。中国式现代化是在改革开放中不断推进的，现代化建设的成果应更多更公平惠及全体人民。这要求行政检察工作人员坚持以习近平新时代中国特色社会主义思想为指导，立足中国特色社会主义新时代的历史方位，担负起服务保障大局的政治责任和法律责任。

### （二）坚持以人民为中心的工作导向

习近平总书记提出“现代化方向的人民性”等重大命题，指出“现代化的终极目标是实现人自由而全面的发展。现代化道路最终能否走得通、行得稳，关键要看是否坚持以人民为中心”。以人民为中心是一项重要的发展理念。“法律是追求满足人类愿望的规则。”[②] 这意味着在人民群众对

① 中共中央党史和文献研究院：《习近平关于中国式现代化论述摘编》，中央文献出版社 2023 年版，第 55 页。

② ［英］拉斯基：《现代国家中的自由权》，何子恒译，商务印书馆 1959 年版，第 64 页。

法治、公平、正义等方面的要求日益增长的情况下，司法应积极回应人民群众不断增长的美好生活需要。“法非从天下，非从地出，发于人间，合乎人心而已”，法律唯有与人心契合，才能做到民有所呼、我有所应。因此，行政检察工作应聚焦重点人群和热点事，用心用情办好关乎人心向背的民生案件，确保检察权为人民行使、让人民满意，厚植党的执政根基。

### （三）在对中华法系革故鼎新的基础上构筑现代化行政检察法治理念

习近平总书记强调，“中国式现代化既有各国现代化的共同特征，更有基于自己国情的鲜明特色”。中华法系是中国特色法治形成的主要来源，又是中国式法治思维形成的重要来源。[①] 如天下为公、民为邦本、为政以德、德主刑辅、以和为贵等是我国法治思维的重要来源，对我国依法治国与以德治国方略的形成具有重大影响。[②] 如在程序正义和实质正义中，我国更注重实质正义。这与我国重实体的历史传统密不可分。此外，我国司法资源有限，难以承受“诉讼爆炸”的负担。一旦司法无法满足社会对诉讼这种“公共产品”的需求，政府对社会治理即将产生失序的情况。[③]

## 四、行政检察监督高质效发展的实现路径

新时代检察机关面临的矛盾、形势更加错综复杂，党和人民的期待更高，法律监督责任更重。检察机关应以“高质效履职”为抓手，切实提升履职质效。

### （一）注重案件的实质性审查，兼顾人民权益和大局服务

办案是检察机关履职法律监督职责的基本手段，也是彰显法律监督效用的重要途径。审查是办案的前置条件，也是办案的核心环节之一。可以

---

① 郝铁川：《中国式法治思维的共性和个性》，载《国家检察官学院学报》2024 年第 1 期。

② 赵纪萍：《中国式现代化理论体系的科学内涵和时代价值》，载《理论视野》2024 年第 3 期。

③ 陈卫东：《诉讼爆炸与法院应对》，载《暨南学报》2019 年第 3 期。

说，做实审查是高质效办案的基础。检察机关应当强化实质化审查意识，兼顾办案的韧性和硬性。涉拆迁安置案件大多时间久远，存在权属不清，政策不断调整，法律依据存在冲突等问题。检察机关要避免审查浅表化问题，围绕群众的急难愁盼，区分各类事实、厘清规则适用方式，反复深入细致剖析法理问题，找准切入点和着力点，秉持“检察为民”的办案韧性。同时，落实“行政检察重在强化履职，实现有力监督”的要求，应当坚定法律监督立场，既要监督确有错误的司法裁判，又要对行政机关的违法行为进行纠偏。对于拆迁安置部分工作环节存在瑕疵，但行政机关愿意对房屋所有权人进行公平合理的并不低于当时当地同区位同类房屋市场评估价格的补偿安置，且不存在以欺诈、胁迫等手段签订收购协议情形的，不宜完全否定此种行政协议的合法性。对于存在事实认定不清、法律适用确有错误的案件等符合抗诉规定的情形应通过抗诉等手段督促法院再审。

### （二）加强争议实质性化解，将检察监督融入社会治理

检察机关履职的目标之一在于满足人民群众对法治和公平的期待和追求。一方面，在办理安置拆迁案件中，针对“一事多诉”、程序空转的情况，通过调查核实等方式，进行穿透式监督，发现问题症结所在。围绕当事人的合法诉求，与法院、行政机关共同研讨争议化解方案。对于法院行政裁判无明显不当，但拆迁程序存在瑕疵，检察机关不支持监督的案件，秉持“情同此心、如我在诉”的情怀，融通法理情，耐心释法说理，助推矛盾化解、风险防范。高度关注当事人的正当诉求，如对于因拆迁造成当事人生活窘困的情况，注重审查行政机关拟定的解决方案是否具有可行性，必要时通过司法救助等方式予以解决。另一方面，坚持“寓治理于办案之中”，从源头上解决同类案件反复发生。针对拆迁安置工作中逼签、签空白协议等不良现象，具有典型性、引领性且社会关注度较高的案件，总结提炼完善协议签订程序等建议对策，及时向党委政府汇报，助力民主参与原则切实落实在拆迁安置工作中。把检察履职中发现的问题与人大代表、政协委员的意见建议结合起来，借助人大、政协视察、调研、质询等手段，贡献检察机关的治理方案和治理智慧，传递法治信号和法治理念，实现从个案监督到类案监督再到社会治理的延伸，提升法律监督质效，在更广的范围更高的层面实现办案政治效果、法律效果、社会效果的有机统一。

### （三）AI 赋能，全方位推进履职方式现代化

检察机关面对履职困境时，应坚持人民至上、司法公正、法律监督上守正，推进检察履职方式创新、实践创新，使检察工作始终与时俱进、充满活力。在数字赋能方面，应站在科技的前沿，深化数字检察工作模式，利用 AI 技术强化对个案的全面监督，同时通过 AI 智辅绘制数据图谱，自动挖掘“同类之诉”“集体之诉”的线索并智能分析研判，强化类案监督，化被动为主动，提升法律监督质效。健全高质效办案的检察一体化机制。上级检察院可全面梳理本省本市办案情况，以问题为导向，探索形成符合本地特色的办案指引和监督清单。健全跟进监督、接续监督、统筹联动办案机制，促进办案质效整体提升。加强案件办理透明度，如就社会关注度高，重大、复杂、疑难的案件，主动或依申请组织公开听证，将全案事实、证据采信理由及法律依据全面公开，充分听取各方意见和建议，让人民群众在靠近司法中感受到公平正义，以公开赢公信。健全高质效办案的检察一体化机制。上级检察院可全面梳理本省本市办案情况，以问题为导向，探索形成符合本地特色的办案指引和监督清单。健全跟进监督、接续监督、统筹联动办案机制，促进办案质效整体提升。

# 司法工作人员渎职犯罪追诉时效运用的路径完善审思

张 立*

追诉时效是指在刑事诉讼中对犯罪嫌疑人追究刑事责任的有效期限。检察侦查的实践中经常遇到追诉时效的相关问题，原因在于渎职犯罪的追诉期限起算、中断和延长等问题较为复杂，加之司法工作人员渎职犯罪往往行为隐蔽，损害后果暴露之时距离犯罪成立之日可能已经相距甚远，不可避免地存在追诉期限的争议。追诉时效事关刑罚的消灭，为积极、精准行使追诉权，必须要正确理解和适用追诉时效的司法价值和立法精神，厘清思路，准确适用。

## 一、司法工作人员渎职犯罪追诉时效适用的特点和原则

### （一）适用特点

司法工作人员渎职犯罪系渎职犯罪的其中一个类别，应当适用渎职犯罪追诉时效的一般性规定。我国刑法关于追诉时效规定于第 87 条至第 89 条共 3 个条款，分别规定了追诉时效期限、追诉期限的延长、追诉期限的计算起点和中断。第 87 条是一般规定，一般不存在理解和运用的分歧。第 88 条规定明确不受追诉时效限制的情形。由于职务犯罪一般情况下没有直接的自然人被害人，因此较少有被害人提出控告而司法机关不予立案的情形。因此，前两条法律规定的适用在实务中产生争议的问题相对较少，而导致渎职犯罪时效问题出现分歧时效的计算起点、重新计算有不同

* 张立，浙江省江山市人民检察院党组成员、副检察长，四级高级检察官。

观点等的争讼主要出现在第 89 条。该条规定："追诉期限从犯罪之日起计算；犯罪行为有连续或者继续状态的，从犯罪行为终了之日起计算。在追诉期限以内又犯罪的，前罪追诉的期限从犯后罪之日起计算。"由此得出，追诉时效计算的起点应该是犯罪之日即犯罪成立之日，进而得出追诉时效起点的判断方法第一步是确认犯罪行为的属性，如区分行为犯、结果犯和危险犯等适用不同的起算点。

根据刑法第 89 条第 1 款之规定，结合《关于办理渎职刑事案件适用法律若干问题的解释（一）》（以下简称解释（一））第 6 条之规定，追诉时效适用的一般原则是：结果犯有多个犯罪结果的，从最后一个犯罪结果发生之日起计算。与犯罪行为实施终了犯罪结果即告发生的犯罪行为不同，部分司法工作人员渎职犯罪的危害后果具有滞后性，通常在发生一定的损害后果之后，才倒查出犯罪行为，查处时距离实施犯罪行为已经过去较长时间。加之司法实践中，司法工作人员渎职犯罪的情况复杂，渎职行为造成的损害后果存在人身伤亡、财产损失和恶劣社会影响等多种情形，不同的损害后果在认定发生时间上的判断标准不一。因此，准确判断犯罪结果何时发生、犯罪构成要件何时齐备是关键问题。对于以犯罪结果为成立条件的渎职犯罪如滥用职权罪而言，危害结果发生之日即是渎职犯罪成立之日，同时也就是此类犯罪追诉期限的起算时间。

### （二）一般原则

解决追诉时效疑难复杂问题的基本原则是从根本上思考追诉时效设定的立法精神，从而决定我们所采取的立场。追诉时效制度正当性根据的理论基础是国家刑罚权与个人权利的平衡：其一，国家刑罚权应保持克制。我国刑法设立追诉时效制度，从根本上讲是从维护社会秩序稳定出发的。犯罪发生以后，经过一定的时期，犯罪人没有再重新犯罪，在绝大多数情况下是可以推定犯罪人已经悔改，不致再危害社会的，因犯罪而遭破坏的某一方面社会秩序以及因犯罪而引起的人们心理的失衡状态已经得到恢复，无论从报应抑或功利的角度都没有必要再追诉。其二，刑法上追诉时效的重要价值在于督促公权力的限期行使，即具有敦促司法机关及时履行追诉职责，避免司法机关长时间怠于追诉权。若由于司法机关消极履行职责而导致行为人的犯罪行为超过法定追诉期限，国家就应该为此承担不利后果，即无法继续对犯罪人行使刑罚权。其三，人的可改造性是追诉时效制度的创设依据。行为人在一定期限内没有犯新罪，其人身危险性、社会危害性已经消失或减弱，国家刑罚权对这些行为人需要保持克制而不再追诉。

## 二、结果犯型的渎职犯罪需完整准确评价全部危害结果

为依法精准行使司法工作人员渎职犯罪的追诉权，需要全面和准确评价渎职犯罪的全部危害结果。对于一行为多结果的犯罪构成模式，即一个渎职行为相继产生多个危害结果的，需要考察多个结果是否具有同质性，对于侵犯的具体法益性质及侵害客体不同，分别与犯罪行为有独立因果关系的犯罪结果，则应当分别评价。如通常认为徇私枉法罪系行为犯，追诉期限应从行为发生之日起计算，但实践中办案机关发现时可能已超出了徇私枉法罪的追诉期限，此时尤应注意危害结果是否固化的问题。如果案件在多年以后出现了新的危害结果，符合结果犯即滥用职权罪的犯罪构成，则可以考虑按照滥用职权罪进行追诉，以最后一次“致使公共财产、国家和人民利益遭受重大损失”发生的时间计算追诉时效。如同样认定为“恶劣社会影响”，以下情形应当评价为不同的危害结果，诸如引发新闻媒体负面舆情报道、对执法司法机关公信力的严重损害；造成多人持续上访、信访乃至引发群体性事件，影响国家机关正常工作秩序；在逃避追诉期间造成人员伤亡和财产损失，抑或是致使黑恶势力坐大成势、再犯新罪等。综上，刑法规定追诉期限起算点为犯罪之日，并非意味着犯罪成立之后法益侵害结果已经固定，追诉期限起算点就不能发生变化；如果法益侵害结果持续恶化、加深，就存在以新的法益侵害结果重新确定追诉期限起算日的可能性。质言之，只要法益侵害结果没有固定，就不能固化追诉期限的起算时间。①

但需要指出的是，这种方法虽然符合诉讼时效的相关规定，但也存在一定的争议，按照这种方法，很多被重新发掘出的徇私枉法行为都会被评价为造成新的“恶劣社会影响”，如果一律适用滥用职权罪，等同于可以随时发现随时追诉，犯罪不受时效限制，一定程度否认了时效制度的价

---

① 参见陈洪兵：《追诉时效的正当性根据及其适用》，载《法治研究》2016 年第 1 期。

值。况且滥用职权罪的处罚相对徇私枉法罪较轻。因此，这种方法的使用要保持在必要的限度，将其作为最后的措施，在穷尽其他解决时效问题的对策后方可考虑。

## 三、准确评价渎职犯罪结果需要区分状态犯和继续犯

区分继续犯（持续犯）和状态犯对于追诉期限起算点的认定具有重要意义，从而可能直接影响追诉时效超过与否。具体需要进行两个方面的区分：

### （一）注意区分渎职犯罪行为的持续与结果的持续

刑法理论上的状态犯是犯罪行为实行终了后，基于该犯罪行为产生的不法状态和结果仍在一定时空内继续存在。所谓继续犯是指犯罪行为从着手实行到终止以前，不法行为和不法状态同时处于持续状态的犯罪。司法工作人员滥用职权罪通常属于状态犯，犯罪行为实行终了后不法状态虽然一直存在，但应将滥用职权行为造成侵害结果发生之日作为追诉时效期间的起点，而不能以侵害结果终了之日起算。例如，对于以造成恶劣社会影响为犯罪结果的渎职犯罪，造成恶劣社会影响的这种结果往往是无形的，那么经调查或者司法程序查证结果出现之时，就应当作为追诉时效期间起点，不能因为结果状态的持续而认为这是行为的持续。在实践中容易误把犯罪结果被发现、行为人被查处当做犯罪结果发生的时间，而忽略了状态犯的这一特征。追诉期限仍应从犯罪行为造成的侵害结果发生或显现之日起算，而不能以侵害结果被发现之日起算，如果因为办案机关没有发现犯罪行为导致追诉时效超过的不能追究刑事责任。

### （二）注意区分渎职犯罪结果的延续与新的犯罪结果发生

部分渎职犯罪由一个行为引发了多个有形、无形的危害结果，且存在时空间隔，需要判断发生在后的犯罪结果究竟属于前一个结果状态的持续，抑或是一个新的犯罪结果的发生。例如，以造成无形的恶劣社会影响为犯罪结果的渎职犯罪，即使这种结果状态持续多年，假设因负面舆情持续发酵导致多年恶劣影响未能消除，或者多年之后再次被报道引发社会关注、造成恶劣影响，不能因为结果状态的持续而认为这是行为的持续，只

要后续情形没有超过"严重损害国家机关形象和司法机关的执法公信"这一要素的范围，本质上是一个犯罪结果状态的持续，不是新的犯罪结果发生，起算时间都应该是最初出现结果的时间点。

## 四、不作为型渎职犯罪追诉时效计算起点

由于不同种类的司法工作人员渎职罪成立犯罪的条件存在明显差异，追诉时效起算时间只能根据具体渎职罪的犯罪成立条件进行确定，不应简单地认为渎职罪属于结果犯而一律从结果发生之日计算追诉期限。《解释（一）》关于从危害结果发生之日计算追诉期限的标准难以适用于继续犯型的渎职犯罪，否则可能会造成侦查人员通过刻意拖延侦查和移送起诉等方式逃脱处罚的后果。此时应适用刑法第 89 条第 1 款关于继续犯追诉期限从犯罪行为终了之日起计算的规定。继续犯最基本的特征就是犯罪行为与不法状态同时存续，处于相伴相随的持续状态。司法实践中较为典型的以不作为方式实施的包庇犯罪嫌疑人案件，相关司法工作人员的犯罪行为并非止于某一具体时间点，而是在承担侦查职责的期间内，始终以不作为的方式持续存在，在此期间应当视为不法行为和不法状态一直持续，属于典型的继续犯情形。比如某徇私枉法案，行为人系某公安局派出所民警，其接受他人请托在受理一起持凶器寻衅滋事案后仅以行政案件立案，在案件事实明显已涉嫌犯罪、犯罪嫌疑人身份明确的情况下未及时刑事立案侦查，导致该案犯罪嫌疑人长期未受法律追究并在此后重新犯罪。本案的包庇行为导致重新犯罪的危害结果至立案时已逾 15 年，表面上看已经超出徇私枉法罪的追诉期限。但行为人始终系本案的承办民警，其有案不立、压案不查的徇私枉法行为完全可以评价为持续的不作为的继续犯，直至公安机关对相关犯罪嫌疑人以寻衅滋事罪立案侦查，该不作为状态方结束，故应认为本案未超出追诉时效。

对于不作为型的渎职犯罪，应从以不作为行为结束或作为可能性丧失时开始计算，具体可以概括为以下几种情况：一是行为人的法定职责消失时。司法工作人员渎职犯罪为特殊主体，司法工作人员的公权力来源于法定职责，不作为犯罪行为持续的前提是国家工作人员法定职责的持续，所以法定职责消失如行为人调离侦查岗位之日、离退休之日及因承办人变更而交接案件等职责变动情形发生，意味着依法履职可能性丧失，犯罪行为

随之终了，追诉期限随之起算。二是行为人主动纠错、依法行使职权时。在行为人主动纠正错误职权行为的情况下，如对应当刑事立案的犯罪嫌疑人依法立案侦查，其犯罪行为自然终了，但其主动纠错行为不影响构成犯罪的认定，只要符合犯罪构成要件的，应当认为其犯罪既遂。三是继续犯罪客观不能时。例如，包庇对象被其他司法机关抓获或死亡、公安机关重新启动追诉等，犯罪行为自然被动结束。

## 五、积极查证运用追诉时效的延长和中断解决时效问题

实践中，部分司法工作人员渎职犯罪案件可以从其他途径着手，解决追诉时效问题。

### （一）查实被害人举报、控告从而延长追诉时效

扫黑除恶专项斗争中发现，很多案件的被害人都曾经提出举报、控告或申诉。如果经查被害人曾在原案追诉期限内提出控告，司法机关未予依法处理的，则根据刑法第 88 条之规定不受追诉期限的限制。需要注意的是，其一，在存在“案中案”的徇私枉法等渎职犯罪中，被害人的控告只需针对原刑事案件即可，并不要求其就司法工作人员渎职犯罪提出控告，因为被害人一般没有途径掌握渎职犯罪的线索，至多只能提出怀疑和推测，加之原案和渎职犯罪案件密切相关，只要对原案提出控告，就应当产生对渎职犯罪延长追诉时效的效果。其二，被害人的控告不限于向具有管辖权的司法机关提出。根据《刑事诉讼法》第 110 条，公安机关、人民检察院或者人民法院对于报案、控告、举报，都应当接受。对于不属于自己管辖的，应当移送主管机关处理，并且通知报案人、控告人、举报人。因此，如果被害人曾向任一司法机关控告，只要体现了其要求追究相关人员刑事责任的意图，因该机关未履行移送主管机关义务，导致本应当立案未立案的，同样可以据此延长追诉时效，否则不利于保护不具备相关诉讼知识的被害人的合法权益。

### （二）查实行为人犯新罪从而中断追诉时效

可以就行为人在事后是否参与了专项打击整治行动如扫黑除恶专项斗争等，及行为人在前述专项行动中是否具有查禁犯罪等职责义务开展调查

取证。如果渎职犯罪嫌疑人参与到后续的专项行动，且承担相应的侦查职责而非负责文字材料、后勤保障等人员，则应当认为其此时具有侦查犯罪的作为义务，对于明知前案存在涉嫌犯罪事实而不予侦查追诉的，可以评价为再犯新罪，根据刑法第 89 条第 2 款之规定，之前渎职行为的追诉期限中断而从犯新罪之日起计算。

# 论侵犯商业秘密行为的入罪考察要素

周克放*

## 一、问题的提出

近年来，侵犯商业秘密行为犯罪的立法规定修改较大。除对具体的犯罪行为进行了修改外，在入罪门槛方面，与1997年刑法有明显区别，《刑法修正案（十一）》将1997年《刑法》中规定的“重大损失”修改为“情节严重”，既关系到犯罪结果，又关系到犯罪行为，其实质在于将侵犯商业秘密罪由结果犯向“行为+结果”犯罪即情节犯转变。

从“重大损失”到“情节严重”，意味着评价是否入罪的要素不再局限于对涉案金额的考量。自1997年刑法规定侵犯商业秘密罪之后，历次修改刑法均未涉及侵犯商业秘密罪相关条款，直至《刑法修正案（十一）》。与“损失”所蕴含的“侵权损害”“违法所得”以及“直接导致权利人经营困难而破产、倒闭的”含义相比，[①] “情节严重”在我国刑法中的含义显宽泛，例如，有学者认为刑法所保护的法益本身、犯罪类型和罪刑是否适应是评价是否具备“情节严重”情形的标准[②]。也有学者认为，

---

* 周克放，福建省厦门市人民检察院法律政策研究室检察官助理。

① 参见最高人民检察院、公安部《关于修改侵犯商业秘密刑事案件立案追诉标准的决定》。

② 参见陈洪兵：《“情节严重”司法解释的纰缪及规范性重构》，载《东方法学》2019年第4期。

"情节严重"强调的是"行为的法益侵犯性与行为人主观罪过的各种情况",[①] 指向行为人的"认识"等。[②] 而在涉及"情节严重"评价方法的相关司法解释中，则清晰地将"情节严重"具象为特大涉案金额、特定行为表现、特定身份、特定后果、特定行为目的等。[③]

这意味着，无论是理论界的认识还是从立法目的上看，将"重大损失"修改为"情节严重"，旨在将评价侵犯商业秘密行为是否构成犯罪的标准做出改变，"情节严重"的纳入，将大大改变入罪考察要素，无论是对于司法机关而言还是对于社会公众而言，都必须有更为清晰的遵循，否则将带来模糊的入罪标准，不利于刑法的实施。因此，有必要对"情节严重"所涵盖的要素进行研究，分析其与"重大损失"的关键区别，考察"情节严重"的本质含义，考察修法以来司法实务界对于"情节严重"的适用方法，以期为区分侵犯商业秘密行为的罪与非罪提供有益参考。

## 二、"重大损失"向"情节严重"转变的教义学展开

### （一）侵犯商业秘密入罪门槛的立法演进

1. 1997 年刑法以前的"侵犯商业秘密罪"入罪门槛

商业秘密于 1993 年被我国反不正当竞争法纳入，1997 年修改刑法时，侵犯商业秘密罪才被正式纳入，但 1993 年反不正当竞争法制定后，鉴于经济社会发展需要，司法机关通过制定司法解释的方式将部分侵犯商业秘密行为规定为犯罪。其中有三个重要的规定产生了较大作用。

这三个规定的核心内容在于规定了"盗窃""技术秘密或重要技术成果"行为可能构成"盗窃罪"。其一规定"盗窃重要技术成果数额较大

---

① 参见陆建强：《刑法分则条文中"情节严重"类综合性犯罪构成要件研究——以司法实践将综合性要件转化为单一性要件的需求为视角》，载《政治与法律》2012 年第 8 期。

② 参见余双彪：《论犯罪构成要件要素的"情节严重"》，载《中国刑事法杂志》2013 年第 8 期。

③ 参见最高人民法院、最高人民检察院《关于办理贪污贿赂刑事案件适用法律若干问题的解释》第 1 条，第 5—6 条；最高人民法院、最高人民检察院《关于办理诈骗刑事案件具体应用法律若干问题的解释》第 2 条。

的，构成盗窃罪”;[①] 其二规定“对非法窃取技术秘密，情节严重的，以盗窃罪追究刑事责任”;[②] 其三规定“对盗窃重要技术成果的，应当以盗窃罪依法追究刑事责任”。[③] 结合来看，在1997年刑法以前，侵犯商业秘密行为构成“盗窃罪”是指实施了“窃取”技术秘密或技术成果的行为，“情节严重”或者“数额较大”时，构成盗窃罪。但彼时尽管“情节严重”有所体现，司法机关在具体案件中仍然倾向选择更具有可量化性的“数额较大”来评价涉案行为是否构成犯罪，“余某基盗窃案”就是在此时发生的一个典型案件。[④]

在“余某基盗窃案”中，被告人余某基被指控的犯罪行为具体表现为工作期间利用“秘密收集、剽窃、复制”等方法获取了其所供职公司的药物生产技术秘密，后携带这些技术在去外地途中被公安机关抓获。法院认为，盗窃技术秘密的行为亦是盗窃罪的一种行为表现，而经鉴定其所盗窃的技术成果价值达5567039元，在盗窃知识产权犯罪入罪门槛尚无法律明确规定的情况下，法院根据1979年刑法第151条关于盗窃罪的条款，结合司法解释，最终认定被告人余某基盗窃罪名成立，按照数额较大标准科处刑罚。

上述案件发生于1995年，可以认为，根据彼时法律法规和司法解释的规定，法院认定被告人窃取技术秘密行为是否构成犯罪的标准可以有两种途径，其一为根据盗窃罪成立的“数额较大”标准来认定，其二为根据上文引述的《关于办理科技活动中经济犯罪案件的意见》中规定的“情节严重”标准来认定。但在没有立法或者司法解释对“情节严重”作出明确界定的情况下，法院选择了根据“两高”发布的司法解释中的盗窃罪入罪门槛来判定，即经过鉴定机构鉴定后，认定被告人盗窃的技术秘密价值较大，符合“数额较大”标准，认定盗窃罪成立。

2. 刑法基础上的侵犯商业秘密罪入罪门槛变迁

1997年刑法第219条在我国立法上首次确立了“侵犯商业秘密罪”。

---

① 最高人民法院、最高人民检察院《关于办理盗窃案件具体应用法律的若干问题的解释》第1条。

② 参见最高人民检察院、国家科学技术委员会《关于办理科技活动中经济犯罪案件的意见》第5条。

③ 参见最高人民法院《关于进一步加强知识产权司法保护的通知》第3条。

④ 参见“余某基盗窃案”，湖南省常德市武陵区人民法院（1996）刑字第066号。

该罪名中的具体行为直接引用了反不正当竞争法中侵犯商业秘密行为的条款，并以“造成重大损失”作为入罪门槛。

尽管1997年刑法设定了“造成重大损失”的入罪门槛，但在具体适用过程中，司法和执法机关对此的认识也经历了一个较长的过程。经历了“给权利人造成直接经济损失50万元以上”或“致使权利人破产或者造成其他严重后果”，到“给权利人造成重大损失”和“造成特别严重后果”标准，[①] 至此，我国侵犯商业秘密罪的入罪门槛和加重情节得以具体化，且2004年“两高”的司法解释删除了“直接经济损失”中“直接”一词，这使得侵犯商业秘密罪的入罪标准进一步降低。此后，最高检和公安部联合发布规定，[②] 进一步降低了侵犯商业秘密罪的入罪标准，增加了“违法所得五十万元以上”“致使权利人破产”和“造成权利人重大损失的其他情形”三个独立标准。至此，1997年刑法中的“造成重大损失”实际上已经被在非常宽泛的层面上解释了，如“违法所得”显然并非“损失”的文义解释，而是对犯罪结果的宽泛理解。

全国人大于2017年和2019年两修反不正当竞争法，2019年11月中办国办发布《关于强化知识产权保护的意见》，强调研究“降低侵犯知识产权犯罪入罪标准”，2020年“两高”再次就商业秘密刑事保护发布司法解释，[③] 将反不正当竞争法修改后的侵犯商业秘密行为纳入规定为犯罪行为表现，不仅如此，还将原有司法解释中的致使损害或违法所得“50万元以上”降低为“30万元以上”，将原有司法解释中的“导致破产”扩展为“因经营苦难而破产或倒闭”，且将违法所得或导致损失250万元规定为“造成特别严重后果”。

自1997年刑法将商业秘密纳入刑法保护后，无论是立法机关还是司法机关，对商业秘密保护的态度都是朝向积极的方向前进的。循着时间推进，侵犯商业秘密罪的入罪标准降低，对于“造成重大损失”的理解得到

---

① 参见最高人民法院、最高人民检察院《关于办理侵犯知识产权刑事案件具体应用法律若干问题的解释》第7条。

② 参见最高人民检察院、公安部《关于公安机关管辖的刑事案件立案追诉标准的规定（二）》第73条。

③ 最高人民法院、最高人民检察院《关于办理侵犯知识产权刑事案件具体应用法律若干问题的解释（三）》第3条。

深化，最为特别的是司法解释逐步突破了仅从字面含义理解“造成损失”的含义，将“违法所得”纳入考察标准，并辅以“其他给商业秘密权利人造成重大损失的情形”标准，这为进一步降低侵犯商业秘密入罪门槛埋下伏笔。

### （二）作为入罪门槛的“情节严重”教义学解读

1. “情节严重”是侵犯商业秘密罪成立的构成要件

我国刑法学理论界有不少关于情节犯问题的讨论，笔者认同决定罪与非罪的“情节严重”乃属构成要件的观点。决定数额与大多数描述行为不法与结果不法的情节皆属于构成要件的基本不法量域，具有构成要件地位，其定位是“整体性规范评价要素”。[①] 在具体案件中，尽管“情节严重”以单独的语句列出，但其认定却是贯穿行为与结果全程的，而非孤立的标准，有学者指出“情节严重”其内容需要通过分析具体案件的全部情况进行综合判断，故称其为罪状中作为构成要件的综合性要件，[②] 此处的综合性要件，既包括客观违法要素，也包括主观违法要素。[③]

我们可以循着司法解释中对于其他罪名中“情节严重”的解释考察此处的情节所应包括的内容。根据学者考察关于“情节严重”的司法解释，所涉及的因素涵盖了20个之多，这些要素又可以分为事前、事中和事后三个类型。[④] 有学者研究了我国刑法中所有包含情节严重或情节恶劣的罪名后认为，在解释“情节严重”时，应着眼于犯罪构成的全部，既包括犯罪的客观方面，还包括主体、客体和主体方面的要素。[⑤] 有不少观点认为作为罪量要素的“情节严重”不应包括主观方面的内容，而仅仅是指客观

---

① 王莹：《情节犯之情节的犯罪论体系性定位》，载《法学研究》2012年第3期。

② 陆建强：《刑法分则条文中“情节严重”类综合性犯罪构成要件研究——以司法实践将综合性要件转化为单一性要件的需求为视角》，载《政治与法律》2012年第8期。

③ 柏浪涛：《罪量要素的属性与评价》，载《上海政法学院学报（法治论丛）》2017年第1期。

④ 参见张庆立：《“情节严重（恶劣）”的法律解释》，载《法律方法》2021年第4期。

⑤ 参见张庆立：《“情节严重（恶劣）”的法律解释》，载《法律方法》2021年第4期。

方面体现法益侵害程度的情节,[①] 但行为人主观方面的动机等因素却事实上影响了其行为性质、客观危害性等因素。在侵犯知识产权犯罪中,有时行为人客观上看仅仅实施了生产销售侵权产品的行为,违法所得额可能并不大,但如果行为人乃以“侵权为业”,即其主观上不仅属于故意侵权,且其动机卑劣、损人利己,则该行为即可能构成犯罪,最高人民法院在司法解释中亦强调,侵权为业、再犯等因素不但影响赔偿数额,还影响刑罚的适用。[②]

2. “情节严重”是区别于“造成重大损失”的降格门槛

以“造成重大损失”作为入罪门槛,乃是典型的数额犯、结果犯。因为损失的衡量,则必然通过定量的方式,从文义解释的角度看,所谓重大损失应当通过“利益损失模式”进行评价。[③] 前文对于我国立法以及司法解释的变迁进行的介绍说明,只要其文本表达仍然基于“重大损失”,则即便其外延能够通过体系化、目的化解释方式获得扩张,由“权利人损失”扩张为“权利人损失”和“违法所得”,再进一步增加“破产”“倒闭”“其他重大损失”,但仍然局限于通过行为结果来认定侵犯商业秘密行为是否构成犯罪。

情节犯是对犯罪行为各个环节的考察结果,而不限于犯罪行为导致的损失或者行为人非法获利。例如,在虚假广告罪中,发布虚假广告的行为达到“情节严重”的情形时方构成犯罪,[④] 此处的“情节严重”难以仅仅通过犯罪数额进行考察。而典型的数额犯如普通盗窃罪,需盗窃金额达到“数额较大”的情形时构成犯罪,[⑤] 此处的数额较大意味着满足其他条件时,仅需考察此处盗窃的金额是否达到了较大的标准,即可认定罪与非罪。

单纯考察损害数额的结果犯向情节犯的转变,被学者称为一种入罪标

① 参见吴何奇:《刑法第一百二十条之六“情节严重”的教义学阐释——基于对21份相关裁判文书的分析》,载《河南警察学院学报》2019年第3期;陈洪兵:《“情节严重”司法解释的纰缪及规范性重构》,载《东方法学》2019年第4期。

② 参见最高人民法院《关于依法加大知识产权侵权行为惩治力度的意见》。

③ 参见钱玉文、沈佳丹:《侵犯商业秘密罪中“重大损失”的司法认定》,载《中国高校社会科学》2018年第1期。

④ 参见刑法第222条。

⑤ 参见刑法第264条。

准的“降格”。[①] 换言之，相较于仅仅考察“损失”是否重大的数额犯，情节犯的成立既可能是因为行为人实施了特定的侵害行为，又可能是因行为人具有特殊身份等独立因素，一旦司法解释将此处的情节严重予以明确，则将在很大程度上解决那些尽管没有造成重大损失，但却具有显著的社会危害性的侵犯商业秘密行为入罪的问题。

### （三）“情节严重”在我国知识产权刑法保护中的本质意涵

对于知识产权刑法保护而言，情节严重并非在《刑法修正案（十一）》中首次出现。1997 年刑法设置专节规定了侵犯知识产权罪时，包括假冒注册商标罪、假冒专利罪、侵犯著作权罪的入罪门槛都使用了“情节严重”这一用语，唯独侵犯商业秘密罪的入罪门槛使用了“给权利人造成重大损失”的用语。

“情节”一词所强调的，在于犯罪行为的各个环节所涉各个要素均应受到考察。例如，假冒注册商标罪中“情节严重”中的“情节”一词被司法解释规定为“非法经营数额”“假冒注册商标的数量”等，[②] 或许从立法者的角度看，设置“情节”概念的目的，在于避免出现入罪门槛单一而无法灵活处理的情况。“严重”一词具有控制下限的效果，也即“情节轻微”的侵犯商业秘密行为并不构成犯罪。一般情况下，严重与否既要考察犯罪本身侵害的法益特征，如侵犯著作权与侵犯商标权犯罪中“严重”的数额就不同，而侵犯商业秘密犯罪的“重大损失”也不同，且随着经济发展而变化。

尽管如此，情节严重这一入罪门槛还是受到不少学者质疑，认为这实际上过大地赋予了司法机关自由裁量权，甚至有违反罪刑法定原则的嫌疑，但其实不然。如论者言，情节犯不仅不是对罪刑法定主义的冲击，恰恰相反，情节犯的存在正是对罪刑法定主义的正确诠释，并且情节犯的存在满足刑法谦抑性要求。[③] 但即便如此，有权机关也应通过司法解释的方

---

① 参见刘宪权、陆一敏：《〈刑法修正案（十一）〉的解读与反思》，载《苏州大学学报（哲学社会科学版）》2021 年第 1 期。

② 参见最高人民法院、最高人民检察院《关于办理侵犯知识产权刑事案件具体应用法律若干问题的解释》第 1 条。

③ 李翔：《罪刑法定视野中情节犯之命运》，载《江西社会科学》2006 年第 6 期。

式对此予以明确，而此处的明确，则需考察立法目的、法益本质、经济社会发展需要等因素。

总体上看，情节严重在我国刑事立法上的普遍出现，既有相应的法理基础，也有刑事实践的需要，而其基本意涵，则在于无法作出明确而具体规定的情况下，交由司法机关考察侵害行为的各类要素及其严重程度。

## 三、侵犯商业秘密行为“情节严重”入罪考察要素解释路径

### （一）商业秘密法益刑法保护的面向

刑法对法益的保护，乃通过保障行为规范的效力实现的，也即，基于行为人实施了某些具体的具备特定条件的行为，而这些行为又有责性地违反了基于刑罚目的制定的行为规范。[①] 那么，商业秘密的刑法保护所追求实现的刑事立法目的到底是什么，刑法为商业秘密所提供的的刑法保护其追求保护的法益到底是什么，成为我们讨论侵犯商业秘密行为入罪门槛的基础环节，也正基于此，才能够讨论如何去解释侵犯商业秘密行为的入罪标准——情节严重。

刑法学界对于普通违法行为与犯罪行为的关系的认识存在的一个基本共识是，犯罪行为必然是违法行为，而违法行为不必然是犯罪行为，即所谓“刑事违法性的判断以民事不法的成立为必要条件”。[②] 在此基础之上我们需关注的是，鉴于民法对于权利与利益的区分保护，导致权利侵害的行为当然不法，而导致利益侵害的行为则需系实施了法律所明确禁止的具体行为方为不法，基于法秩序统一的视角，特别是出于知识产权保护“三审合一”“行刑衔接”“民刑衔接”的需要，刑法对于知识产权的保护必然以知识产权的类型化作出区别对待。

从我国商业秘密保护的民事立法和刑事立法历程上看，商业秘密保护呈现一种不断加强的趋势。在民事立法上，商业秘密的客体地位从反不正当竞争的反射利益向民事权利客体转变，而刑事立法紧跟这一步伐，在连

① 参见乌尔斯·金德霍伊泽尔：《法益保护与规范效力的保障——论刑法的目的》，陈璇译，载《中外法学》2015 年第 2 期。

② 参见时延安：《论刑事违法性判断与民事不法判断的关系》，载《法学杂志》2010 年第 1 期。

续的多部司法解释后，《刑法修正案（十一）》明确降低了入罪门槛。

综上，商业秘密作为一种法益客体在民法和刑法上的地位都是不断提高的，这实际上意味着我们在理解“情节严重”这一入罪门槛的时候，不应当将其局限于旧有的“数额犯”的范畴，从法秩序统一的视角理解，反不正当竞争法没有禁止的导致商业秘密侵害的行为，不应受到刑法打击，而刑法打击的导致商业秘密侵害的行为，也不必然全部落入违反民事立法的范围，可以有所限缩，以相对“谦抑”的方式划定“情节严重”的范畴。

### （二）“情节严重”涵摄要素的解释思路

如何确立侵犯商业秘密罪中“情节严重”所涵摄的要素，是本文的探究重点，而这些要素如何表达，则是其外观，我们可以循着两条路线解决这一问题。

1. 知识产权刑法保护的一般理念

刑法并不对所有侵犯民事权益的行为进行打击，其所关注的是那些具有严重社会危害性的行为，而这种危害性所作用的客体则是国家利益、公共利益和个人利益，故而我国刑法中所规定的侵犯知识产权犯罪并不涵盖所有的知识产权侵权行为，如非法实施他人专利的行为并未被规定为犯罪行为。在这一基础上，我们可以循着刑法司法解释中其他侵犯知识产权犯罪中的“情节严重”做进一步思考。

2. 商业秘密特殊性对于刑法保护的影响

区分考察不同的知识产权类型的刑法保护，可以发现其具体规范并不完全相同，如比较假冒注册商标罪与假冒专利罪的成立而言，二者在入罪行为表现、入罪金额等方面的规定区别甚巨。[①] 商业秘密与商标等传统知识产权无论在权利客体还是在权利性质上都有一定区别，故而，必须结合商业秘密的这种特殊性来解释其入罪门槛“情节严重”。

3. 侵犯商业秘密行为达到严重的社会危害性程度

这是侵权行为构成犯罪的基本条件，也即只有当侵权行为严重破坏商

---

① 参见最高人民法院、最高人民检察院《关于办理侵犯知识产权刑事案件具体应用法律若干问题的解释》第 1 条、第 4 条。

业秘密的创新激励机制以及市场竞争秩序，方构成犯罪。[①] 这实际上也仅是对所谓“情节严重”的概括性表达，换言之，达到严重的社会危害性程度，也需要通过多种罪量要素的评价来进行。

### （三）“情节严重”门槛的意涵及其涵摄要素

1. 涉案金额因素

现有立法和司法解释关于涉案金额方面的规定已经较为齐全，从类型上看，此处的涉案金额要素应当包括侵害行为导致权利人损失数额和违法所得数额，此外，还应当考虑纳入的是商业秘密本身的价值。在某些情况下，侵犯商业秘密的行为可能并未导致现实的损失或非法利益，但如果该商业秘密本身商业价值巨大，一旦被他人非法获得，将面临被披露的极大风险，无时无刻均处于可能被泄密的状态。在德国法上，非法获取或者非法持有他人商业秘密均可能产生刑事责任，[②] 这实际上也反映出商业秘密本身的价值在评价侵犯商业秘密犯罪中的作用。

2. 犯罪后果因素

在现有司法解释中，此处的犯罪后果包括因侵犯商业秘密导致权利人破产或倒闭两种，这显然是最为典型的犯罪后果。但此处需要关注的问题是，一旦侵犯商业秘密行为实施，是否必须达到破产或倒闭的事实后果才能入罪处罚，也即，当涉案金额不易确定，但从后果的角度考察却存在较大风险或可能导致破产或倒闭，那么是否必须达到破产或倒闭的实害结果才能入罪呢，笔者以为，应当分情况进行讨论，例如，如果涉案商业秘密是权利人赖以生存的核心商业秘密，那么即便侵害行为并未使权利人当下破产或倒闭，也必然导致权利人在未来的某一个时期内，甚至在较短时期内破产或倒闭，也即，在此种情况下，并不一定破产或倒闭的既遂为必要条件。

3. 侵权行为表现要素

商业秘密区别于其他知识产权客体的一个典型特征是其秘密性，也正因此，所有侵害行为均以破坏这种秘密性为中心展开，但是，侵害商业秘

① 参见王志远：《侵犯商业秘密罪保护法益的秩序化界定及其教义学展开》，载《政治与法律》2021 年第 6 期。

② 参见《德国反不正当竞争法》第 17 条。

密行为的不同是否影响罪与非罪的界分呢？笔者认为影响较大。例如，三行为人分别独立实施了非法获取行为、非法披露行为和非法使用行为，这些行为又可以组合成为系列行为，如仅非法获取与获取后又使用的行为性质则有巨大差别，即便在损害后果不易评判的情况下，后者仍更有可能构成犯罪。当然，鉴于刑法关于侵害行为方面的表述与反不正当竞争法中关于侵犯商业秘密行为的表述一致，故而在评价具体行为时应当对具体行为的“情节严重程度”进行综合评估。

4. 行为主体因素

身份特征并不单纯强调行为人实施了“商业间谍”特定身份行为，在德国立法上，企业员工侵犯商业秘密的行为是刑法打击的首要对象，以侵权为业的身份特征同样是受到德国刑法打击的重点，如果行为人是以侵权为业，其最高法定刑将提高至5年，另外，即便行为人并非企业员工，也并非为外国企业窃取商业秘密，但行为人非法获取商业秘密后自己赴国外使用的，即被认为是严重的犯罪行为。[①]《刑法修正案（十一）》将商业间谍行为直接规定为犯罪，而不问其具体行为表现或损害结果，即是对具备特定身份侵害商业秘密的刑事打击，我国未来制定司法解释时，亦有必要考察是否在商业间谍之外考虑其他身份是否有必要纳入，如德国立法上的企业在职员工。

5. 公共利益要素

知识产权具有更强的工具属性和公共政策属性，特别是对于维护公平的市场竞争秩序具有重要意义，故而学者们在讨论知识产权犯罪的问题时总会将对公共利益的侵犯作为考察行为是否应当入罪的重要因素。[②] 笔者在前文中指出，知识产权保护是通过对民事权利的保护来实现市场竞争秩序等公共利益保护的，但有时，在无法对其他因素作出评价时，公共利益要素就应当被纳入考察。

① 参见《德国反不正当竞争法》第17条。

② 参见黄祥青：《侵犯知识产权犯罪司法认定的几个问题》，载《法学》2006年第7期。

## 四、结语

在我国，侵犯商业秘密罪的入罪门槛处于相对动态变化的状态，但这种动态变化并非任意，而是随着我们对商业秘密客体性质的认识以及商业秘密对于社会经济发展的重要意义而变化的。

时隔二十余年，刑法第216条将原立法中的“造成重大损失”修改为“情节严重”，是商业秘密的权利客体地位在我国民事立法上发生变化后在刑法上的一个体现，也是我国打击侵犯商业秘密行为力度不断加强的重要表现。相较于数额犯，情节犯入罪标准更具有可裁量性，故而也需要有权机关尽可能地作出具有说服力的司法解释。

近年来我国知识产权立法修改频繁，既是我国经济社会发展的内生需要，也是我国参与国际知识产权竞争的外在需要。结合域外经验，分析我国商业秘密保护的历史，适当降低侵犯商业秘密行为的入罪门槛，很有必要。

# 环资食药案件集中管辖办案机制优化路径研究

俞　蕾　马　珣*

根据跨行政区划检察改革向基层延伸，上海铁路运输检察院（以下简称上海铁检院）分别自2016年9月26日、2018年1月1日起，集中管辖上海全市破坏环境资源保护和危害食品药品安全一审刑事案件（以下简称环资食药案件）。集中管辖以来，上海铁检院积极探索构建适合集中管辖的检察工作模式和办案机制，取得初步成效。同时，随着工作深入开展，对标检察工作高质量发展新要求，环资食药集中管辖工作也暴露出一定的问题和短板，亟待推动解决。

## 一、食药环资集中管辖办案基本情况

### （一）探索环资、食药检察工作模式

2016年9月26日环资案件实现集中管辖之初，上海铁检院结合刑检部门人员配置和环资案件特点，在原公诉科基础上组建环资专办组，探索专业化办案模式，实行“捕、诉、监、防”一体化工作机制。2018年1月1日食药案件实现集中管辖，沿用环资案件办理工作模式，组建食药专办组。随着检察机关内设机构改革的推进和专业化办案团队建设，环资、食药两个专业化办案团队力量不断优化，初步实现了环资食药案件专业化办理。

* 俞蕾，上海铁路运输检察院党组成员、副检察长；马珣，上海铁路运输检察院第三检察部主任。

2016年9月至2024年9月，环资专业化办案团队共办理环资案件2297件4228人，先后首办了长三角非法猎捕杀害中华鲟案、长江流域非法采砂案、非法占用林地案等案件。办理的“上海某金属制品有限公司及被告人应某某等5人污染环境案”“符某某等人非法采矿案”等7件案件入选最高检典型案例。办案的同时，探索生态环境修复保证金、增殖放流、野生动物收容救助备案等恢复性司法实践，累计推动600余名涉案人员购买鱼苗50万余尾，在黄浦江、淀山湖等流域开展增殖放流，促进渔业资源修复。针对环资案件中反映出的行政监管缺位、公司管理漏洞等问题，制发检察建议32份，促进生态环境社会治理。逐步形成了“专业化监督+恢复性司法+社会化治理”生态检察工作模式。

2018年1月至2024年9月，食药专业化办案团队共办理食药案件1512件2519人，先后办理了赵某涛等人生产、销售注水牛肉案等多起公安部、最高检督办案件。办理的“曾某某生产、销售有毒、有害食品案”“李某等3人销售假中药案”等8件案件入选最高检典型案例。结合案件特点注重前置研究，对办理中遇到的法律适用难点和司法认定障碍及时进行研究，先后组织召开或参与各类食药专题研讨会30余次，撰写食药领域调研文章20余篇。坚持治罪与治理并重，深入分析犯罪原因，针对食药案件暴露出的监管缺位、公司管理漏洞等问题，共向有关单位制发检察建议17份，促进食药安全综合治理。针对某知名电商平台未履行食品药品商户管理责任制发的检察建议获评2022年全国优秀社会治理检察建议。联合国内两大知名电商平台开展的网络平台食品安全专项综合治理入选2022年上海市依法治市办“我为群众办实事”十大优秀项目。逐步探索形成了“专办+专研+N”的食药检察工作模式。

### （二）建立健全集中管辖办案机制

1. 建立联络协作机制，强化与行政机关的协同联动

破坏环境资源保护和危害食品药品安全犯罪均系行政违法前置，往往涉及鉴定、检测、行政认定等专业问题，相关法律法规政策调整快，需要与生态资源、食品药品相关的行政主管部门加强协作，凝聚生态环境、食药安全保护合力。集中管辖以来，上海铁检院立足办案实际，积极与行政机关构建协作配合机制，与生态、农委、水务、海事、药监、市场等行政主管部门会签工作备忘录、协作配合意见18份，围绕重大事项通报、信

息共享、双向咨询、交流培训等内容建立长效协作机制，加强环资食药领域行政执法与刑事司法有效衔接，保持联勤联动、协作配合。比如，与上海市农委、海事局会签《加强长江流域渔业资源保护协作备忘录》，强化打击非法捕捞执法司法联动与综合治理协同。与上海市药监局会签《关于加强药品安全行政执法与刑事司法衔接工作备忘录》，落实“黑名单”制度、探索行刑“双向衔接”。

2. 建立对口联络机制，加强与公安机关的衔接配合

环资食药一审刑事案件的集中管辖，首先要解决的就是“一对多”的问题。集中管辖之初，为了摸清上海市食药环资犯罪规律、案件底数和各区办案模式，由专办检察官分片至全市十六个区公安分局以及边港、长航、海警等中央直属公安机关摸排、调研情况，建立对口联络机制，形成常态化个案联系、类案引导的协作配合模式，确保案件信息及时了解、办案情况及时沟通。随着集中管辖的深入，对口联络机制逐渐成熟，对于新类型、重大、疑难复杂的环资食药案件，我们能第一时间提前介入引导侦查，把好法律适用关和证据关，确保案件质效。对于多发的一类案件，我们逐步统一入罪和证据标准，有效引导类案精准打击。集中管辖以来，成功首办了长三角非法猎捕杀害中华鲟案、长江流域上海段非法盗采江砂案、侵犯国际商标领土延伸巧克力案、保健品中非法添加“抗检”衍生物等新型复杂案件。形成污染环境犯罪、非法采矿罪、生产销售有毒有害食品罪、提供生产销售假药罪等类案证据指引6份。

3. 建立检法会商机制，推动司法认定标准达成共识

集中管辖之初，环资食药案件均统一起诉至上海铁路运输法院（以下简称上铁法院），在与上铁法院原有检法联席会议的基础上，针对环资食药案件法律适用争议大、司法认定难等问题，增设检法双月例会、环资专题会议、食药难案研讨，及时厘清法律适用争议、明确类案证据规格，推动司法认定标准达成共识。随着上海审判机关推进环资“三合一”改革的推进，2020年1月起，青浦、崇明、金山三区环资一审刑事案件调整为属地法院办理，至此环资案件面临“一诉四”局面。面对新情况，环资办案团队积极与青浦、崇明、金山三区法院对接，将三区既往常见的非法捕捞、非法狩猎、污染环境案件情况与三区法院及时互通，定期结合三区环资案件特点召开专门会议，不断完善检法会商机制。

4. 建立协同执法机制，完善检察机关内部联动协作

一方面，探索上海铁检院办案为主、属地检察院负责两法衔接、立案监督和综合治理的协同执法机制，凝聚检察合力。比如，在针对赵某某生产、销售“注水牛肉”案暴露出的农贸批发市场对肉制品检测不力、属于监管等问题，联合宝山、浦东、闵行、青浦四区检察院在本市四大农贸批发市场，同日、同步开展“食品安全共治”专项综合治理活动，制发检察建议并公开宣告，共同督促有关单位加强牛肉进场检测、源头追溯，完善监管制度。另一方面，结合环资食药案件损害公益的特点，与本院公益诉讼部门建立线索移送、联动履职机制，确保环资食药刑事打击与公益诉讼无缝衔接、共同推进。近 2 年来，推动食药、生态公益诉讼立案 427 件，提起刑事附带民事公益诉讼 147 件，追偿生态损害赔偿、食品安全惩罚性赔偿 3.61 亿元，确保人民健康利益和受损生态环境得到及时有效救济。

### （三）建立健全典型案例培育机制

在办理环资食药案件的同时，注重典型案例的培育。将培育环资食药精品案例意识融入日常办案中，严格办案程序、规范文书制作，坚持办案“三个效果”统一。充分发挥上述集中管辖办案机制优势，在办案中既注重前端引导，强化行刑衔接和提前介入，引导公安机关全链条打击；又注重后端延伸，联合属地行政机关、检察机关开展协同综合治理；同时注重与公益诉讼联动，扩大办案效果。2019 年以来，共有 15 起环资、食药案件入选最高检典型案例。比如，在办理“韩某勤、韩某华非法捕捞水产品案”时，发现该案涉案渔获物多、价值高、作案工具破坏性大，且非法捕捞的水域属于长江干流水域，具有成为典型案例的“潜质”。在办理该案时，引导公安机关查实上下游犯罪，实现全链条打击，推动涉案渔获物价值科学认定，针对本案电捕对长江资源的破坏性，联动公益诉讼推动生态环境修复，取得良好办案效果。该案例最终入选最高检发布的“服务保障长江经济带发展典型案例（第三批）”。

## 二、环资食药集中管辖工作存在的不足

环资食药案件集中管辖以来，上海铁检院虽然探索建立了一些符合集中管辖特点的办案机制，取得初步成效，但随着集中管辖时间推移和实践

发展，现有办案机制也逐渐暴露出一些不足之处。特别是新时代环资食药检察工作被赋予了更高更新的要求，当前集中管辖的优势发挥不明显、影响力也有待提升，具体存在以下不足：

### （一）推进行刑衔接力度不够、落实成效不明显

2016 年 9 月，上海市食安委办公室、市高院、市检察院、市公安局、市食药监发布了《上海市食品药品行政执法与刑事司法衔接工作实施细则》，2022 年 7 月，市生态局、市高院、市检察院、市公安局发布了《上海市生态环境保护行政执法与刑事司法衔接工作规定》（以下简称《上海市环保规定》），涉及相关协作配合机制中的线索移送、双向咨询、信息共享、交流培训等均为市级层面的衔接。由于上海铁检院与行政机关的协作配合机制尚未有效推进覆盖至基层各区行政机关，导致环资食药在信息共享、线索移送等方面存在着不到位、不及时。如《上海市环保规定》中第 7 条规定，生态环境部门移送涉嫌生态环境犯罪案件，应将案件移送书和相关案件材料抄送有立案监督权的人民检察院。但是，《上海市环保规定》出台至今，上海铁检院已经办理污染环境案件 11 件，其中 10 件前端均有区级生态环境局立案，却未将案件信息通报抄送上海铁检院，仅有闵行区生态环境局将 1 起案件通报抄送上海铁检院，生态环境案件线索移送同步抄送机制落实不到位。

### （二）环资、食药类案件执法标准不统一

2020 年 1 月起，青浦、崇明、金山三区环资一审刑事案件调整为属地法院办理，形成了“一诉四”格局，随即带来了四家法院执法标准统一的问题。在没有分拆之前上海铁检院已与上铁法院达成共同的司法认定标准，在青浦、崇明、金山等法院尚未得到认可，导致同案不同判的情况存在。如在禁渔期“电捕鱼”的犯罪嫌疑人为了逃避侦查打击，在公安机关抓捕时丢弃非法捕捞渔获物的情形，上铁法院认为此种情况属于情节恶劣，有证明电捕鱼行为，即使在案没有渔获物证据亦可构成犯罪。但崇明法院认为此种情形因为没有渔获物，不能证明渔业资源受损，认为不构成犯罪。又如，非法捕捞水产品犯罪中对于负责划船的犯罪嫌疑人，上铁法院认为未实施主要的电捕鱼行为认定为从犯，但青浦法院认为不宜区分主从犯。

又比如，在关联案件中，上铁法院与三中院在同类案件的认识和处理上也出现分歧。如纪某、孙某某等人生产、销售伪劣宠物疫苗、药品系列案件中，三分院办理主犯纪某、孙某某，上海铁检院办理纪某、孙某某生产车间的小工或者是从二人处购买了涉案宠物疫苗、药品后对外销售的下家。上铁法院认为，涉案假冒知名品牌宠物疫苗、药品经检测属于含有非法添加成分的实质假兽药，属于伪劣产品，且生产销售伪劣产品罪量刑比假冒注册商标罪重，故全案认定为生产、销售伪劣产品罪。三中院却认为，部分涉案产品认定伪劣产品依据不充分，部分假兽药认定构成生产、销售伪劣产品罪，部分假兽药认定构成假冒注册商标罪，数罪并罚。

### （三）集中管辖与属地治理衔接实践案例不多

破坏环境资源保护和危害食品药品安全犯罪背后都有着较为复杂的原因，环资食药案件的综合治理是一项系统工程，需要行政、司法、社会组织多方参与。属地检察机关具有本辖区信息和区域优势，能更好地协调配合当地政府对破坏环境资源和危害食药安全的源头进行治理。因此，加强集中办案与属地治理有效衔接，是促进环资食药综合治理的最优选择。早在 2017 年，市院就牵头探索环资集中办案与属地治理相衔接机制，多次通过座谈会予以推进；2019 年市院三部出台《关于加强协作配合推进全市检察机关保障食品药品安全工作专项活动的意见》，进一步细化食品药品跨区办案与属地治理在线索移送、协作配合等方面的要求。但是实践中，属地检察院主动参与环资食药案件综合治理的积极性不足，对于上海铁检院移送的环资食药综合治理线索或者提出的联合治理方案普遍反馈不多，大部分综合治理由我院单方面完成，未能达到联合治理的最有效果。目前较为成功的联动治理要么是在市院牵头协调下进行，如 2020 年“六院联动”对农贸批发市场的治理；要么仅停留在法治宣传层面，如 2019 年在崇明针对“毒鸭子”系类案件的联合宣传。对于环资食药案件背后触及深层次的属地地域、监管和社会问题，上海铁检院未能有效联合属地检察机关、行政机关等治理力量开展协作共治。

### （四）集中管辖办案队伍核心素能有待提升

环资食药案件集中管辖之初，上海铁检院结合刑检部门人员配置和环资食药案件特点，在原公诉科基础上组建环资、食药两个专办组，探索专业化办案模式，实行“捕、诉、监、防”一体化工作机制。随着检察机关内设机构改革的推进和专业化办案团队建设的发展，环资、食药两个专办团队力量不断优化，初步实现了环资食药案件专业化办理。近几年来，两个办案团队更多地将能力建设主要放在环资食药专业知识学习、类案法律适用研究、疑难复杂案件突破等方面，在专业化办案上有了一定积累。但是，面对新时代环资食药检察工作新要求和提升集中管辖优势影响力的新目标，仅仅是办好案件已经远远不够。集中管辖办案机制的优化和落实都需要进一步提升办案团队的沟通协调、解决问题、守正创新等核心素能，而这些核心素能目前都有一定程度的欠缺。比如，在与行政机关沟通遇到障碍时往往容易“打退堂鼓”，解决问题的能力不足；又如，在推动与属地检察院协作方面缺少创新思维，未能找到“双赢”的连接点。

## 三、完善食药环资集中管辖工作的对策建议

### （一）落实行刑衔接最新要求，细化规则促进实效

2021 年 6 月，党中央印发《中共中央关于加强新时代检察机关法律监督工作的意见》，明确要求健全行政执法和刑事司法衔接机制。2021 年 9 月，最高检出台《关于推进行政执法与刑事司法衔接工作的规定》，进一步明确检察机关开展行刑衔接工作的基本原则和监督方式，强调“双向衔接”，对案件咨询和通报、信息共享等机制进一步细化。对于环境资源、食品药品两个特殊领域不仅国家层面的行政、司法机关会签了专门的行刑衔接规范，上海市市级层面的行政、司法机关也会签了相应细则，这些都为我们进一步做好行刑衔接工作提供了明确的依据。

上海铁检院与行政机关构建的协作机制主要是在集中管辖之初，内容上不能完全体现当前行刑工作的最新要求，有必要在信息共享、案情通报、双向移送等方面进一步扩充、完善相关机制，推动环资食药领域行政处罚和刑事处罚形成闭环，凝聚环境保护和食药安全的行刑合力。一方面，在市生态、林业、农委、市场的协调下，加大与各区对应行政机关的对接沟通，落实专人分片对口联络，畅通信息渠道，将线索移送通报抄送和“反向衔接”要求落到实处；另一方面，结合环资、食药两类案件案发区域特点，探索与案件高发区域的有关行政机关就如何落实市级层面行刑

衔接规范文件进行研商，出台符合地域特点的细化规则，进一步推动办案中线索移送、行政认定、涉案物品处理等工作更加规范。

### （二）完善检法协商机制，推动执法标准的统一

上铁、青浦、金山、崇明四家管辖环资案件法院的上诉法院均为上海市第三中级人民法院，针对四家管辖环资案件法院在同类案件的入罪尺度把握、主从犯认定不统一等问题，要进一步加强与四家法院的沟通，将分歧问题进行梳理研究，及时将情况向上级检察机关汇报，推动完善环资、食药领域两级检法协商机制，共同研究解决同类案件司法尺度、认定标准不统一的问题。对于两级法院个案上司法认定认识分歧，建议三分院加强与三中院沟通协调，统一认定标准，避免系列案件或关联案件出现“同案不同判”，引起被告人之间互相比较，导致不必要的上诉、申诉等情况出现。

### （三）加强与属地行政机关或检察院协作，推动类案治理

经对近几年环资食药属地治理线索进行梳理分析发现，污染环境类案件从2017年48件降到2021年的7件，案件总量呈下降趋势。同时，随着公益诉讼职能加强，污染环境类案件修复主体发生变化，属地生态环境局积极开展生态损害赔偿磋商与生态修复，生态损害赔偿与生态修复同步于案件诉讼前开展，已无后续属地治理空间。地方公安机关办理的资源类案件以非法捕捞、非法狩猎为主，两类案件同质性较高，类案治理线索不多。可见，集中管辖与属地治理衔接实践案例不多的主要原因是案件结构与实际办案情况发生了变化。下一步，要加强类案治理线索的收集、分析和研究，对于涉及区域类案综合治理线索的，要主动联合属地行政执法或检察机关加强协作，深入开展专项综合治理。比如，针对办理的多起在浦东新区的滩涂上非法捕捞“跳跳鱼”“青蟹”“螃蜞”的案件中暴露出涉案犯罪嫌疑人集中在浦东新区书院镇、滩涂管理漏洞等方面问题，启动综合治理专项工作，将联合浦东新区行政执法机关开展治理和宣传工作，有效推动类案治理的司法实践。

### （四）突出能力建设，强化办案团队核心素能培养

一是加强沟通协调能力。环资食药案件集中管辖面临“一对多”，与

公安机关、行政机关的对口联络，与属地检察院的协作配合都需要办案团队有良好的沟通协调能力。增加内部学习互动的平台，定期由办案团队成员互通对口联络情况，分享与行政、区院协作配合的成功经验。同时，通过给年轻检察官“走出去”的机会，增加锻炼机会，不断提升办案团队整体沟通协调水平。二是加强调研能力。立足办案实际，对环资食药办理过程中暴露出的法律适用难点、司法认定困境及时组成课题组进行研究，力争将问题梳理清楚，提出有效解决方案，破解办案障碍。通过参与市院“75 号咖啡”、环资食药专题研讨、撰写调研文章等多种方式，不断提升办案团队调研能力和水平。三是加强创新能力。杜绝“等、靠”“躺平”思想，引导办案团队在办好案子的基础上跳出“办案”，鼓励创新思维，通过加强走访调研、集中学习研讨、向先进单位“取经”等方式，为破解集中管辖优势发挥瓶颈问题营造良好的“建言献策”氛围。

# 高质效办好社会治理检察建议路径探析*

赵　卿　孙　赞**

习近平总书记强调，法治建设既要抓末端、治已病，更要抓前端、治未病。党的二十大报告指出，健全共建共治共享的社会治理制度，提升社会治理效能。最高检在《2023—2027 年检察改革工作规划》中也提出关于对社会治理的相关要求，这些无一不在凸显社会治理的重要性。社会治理检察建议一般指检察机关在履职过程中发现的违法犯罪隐患、管理监督漏洞、风险预警和防控、给予相关人员或者组织行政处罚、政务处分、行业惩戒等问题提出的改进工作、完善治理的建议。[①] 由此可见，社会治理检察建议是厚植于共建共治共享的治理理念土壤，是检察机关依法履行法律监督职责、促进社会治理、推动国家治理体系和治理能力现代化的重要方式，可以汇聚各方力量从源头上预防、解决深层次社会治理问题。但实践中，有的地方检察机关对社会治理检察建议理念认识还存在偏差，有的认为社会治理检察建议刚性不足是因为法律制度设计有问题，有的仍然把制发社会治理检察建议作为“软指标”“附加品”，认为这项工作对于诉讼办案来说只是“锦上添花”，从而导致在检察办案中积极运用社会治理检察建议还没有形成一种新常态，这样不仅不利于更好从源头上解决日益复杂多元的社会治理问题，满足不了人民群众对法治现代化的更高需求，也与最高检提出的“三个善于”“高质效办好每一份社会治理检察建议”

* 本文系 2024 年度江苏省人民检察院检察理论研究课题“社会治理检察建议质效提升机制的理论阐释与实践建构研究”阶段性研究成果（课题编号 SJ2024D12）。

** 赵卿，江苏省徐州市人民检察院法律政策研究室主任，四级高级检察官；孙赞，江苏省徐州市人民检察院法律政策研究室副主任。

① 汤维建、杨建顺、高景峰、张振忠：《检察建议做成刚性的内涵及路径》，载《人民检察》2019 年第 7 期。

等工作要求和价值追求存在较大差距。因此如何正确认识社会治理检察建议在促进社会治理中的独特价值，以及如何进一步找准依法履职的切入点和着力点，以“高质效办好每一份社会治理检察建议”促进提高社会治理水平、提升国家治理效能是检察机关面临的重要课题之一。

## 一、高质效办好社会治理检察建议价值内涵

当前，社会治理检察建议工作面临着转变理念、模式、转型发展等挑战，亟须正确做好社会治理检察建议的高质效、规范化价值引领。

### （一）高质效办好社会治理检察建议是推动国家治理现代化的有效途径

检察机关作为党绝对领导下的国家法律监督机关、司法机关，负有监督执法、保障守法、惩治犯罪、维护稳定的重要职责，是社会治理主力军，其设立的政治目的和价值目标，均是根据国家治理的要求而做出相应的调整和改变。1981 年，中央提出了“社会治安综合治理”方针，检察建议作为检察机关贯彻社会治安综合治理方针的方式而出现，其通过办理案件，针对发案单位和有关部门存在的不安全因素和可能被犯罪分子利用的漏洞等问题，提出改章建制，改进工作，堵塞漏洞的建议，以达到减少和预防犯罪的目的。[①] 在接下来几年的最高人民检察院工作报告和相关文件中，均对检察建议作为开展社会治安综合治理的有效手段予以充分肯定。[②] 作为一种非诉讼的社会治理行为，社会治理检察建议是检察机关服务大局的重要途径，应当主动纳入社会协调治理的格局，遵循中国善治的基本原理。[③] 在国家监察体制改革和司法体制改革的大背景下，2018 年检察建议首次被写入修订的《人民检察院组织法》，明确了检察建议的公权

---

① 孙谦主编：《检察理论研究综述 1979—1989》，中国检察出版社 1990 年版，第 395 页。

② 1993 年《最高人民检察院工作报告》：“大力加强预防贪污贿赂犯罪的工作，针对案发单位暴露出来的漏洞主动提出检察建议，推动整改，促进会计、审计、监督、管理等规章制度的完善，健全防范机制。”

③ 李立景：《协同赋权：新时代中国检察建议的范式转型与重构》，载《湖南社会科学》2020 年第 5 期。

力属性，成为与抗诉、纠正意见并行的法律监督履职方式；2019年《人民检察院检察建议工作规定》的发布，重塑了检察建议的内涵、明确了具体类型，社会治理检察建议等逐步走向规范化和现代化，有利于克服片面依赖强制力的惯性思维，增强监督合力，协同社会资源，对于促进国家治理体系和治理能力现代化具有重要的实践价值。

### （二）高质效办好社会治理检察建议是落实“高质效办案”的内在要求

“高质效办好每一个案件”具体是指检察机关在履职过程中，不仅要做到案件事实认定清楚，在案证据确实充分，法律适用准确无误，而且要积极回应时代需求，顾全社会大局，把握民众认知，化解矛盾风险，修复社会关系，促进社会治理。[①] 检察建议作为检察机关推动社会治理的主要方式，应牢牢树立“制发检察建议就是在司法办案，抓好检察建议落实就是抓实法律监督”的工作理念。但是在实践中还存在着类案治理和预测预警不够、建议内容质量不精、长效常治效果不明显落实乏力等问题，与当前高质效办案的要求不相匹配。通过紧盯社会发展中与群众息息相关的社会治理漏洞，对检察建议开展高质量审核、备案、落实效果评估工作，将法律的严苛与社会的需要无缝对接，延伸办案效果，扩大办案影响，最终达至法律正义与社会正义的统一相融，这也是“高质效办好每一个案件”的内在要求。

## 二、社会治理检察建议工作存在的问题探析

当前，在实践中，社会治理检察建议工作在制发必要性、调查核实深度、文书使用和落实协调等方面仍存在一些不容忽视的问题，在一定程度上影响了检察机关深度促进社会治理成效，亟待正视和解决。具体表现在以下几个方面：

---

① 崔议文、张建伟、施净岚、周媛媛：《“高质效办好每一个案件”三人谈》，载《人民检察》2023年第9期。

### （一）制发必要性把握不准

一是存在应当制发而不制发的情况。目前来看，有些检察机关向个案中涉案主体制发的数量较多，对于某行业或领域常见多发等问题，应当通过制发类案社会治理检察建议推动行业、领域、系统问题常治长效，但该类检察建议在实践中整体制发数量相对偏少。

二是存在非必要制发却制发的情况。对实践中一些非普遍性、苗头性、通过口头沟通即可解决的问题，部分检察机关仍通过制发检察建议方式解决，一定程度上浪费了司法资源。滥发现象仍部分存在，对同一或同类型案件，在同一时期仍存在连续制发多份内容相似的检察建议现象，有违司法谦抑原则，严重影响检察建议的严肃性。

### （二）调查深度与问题程度不对等

一是缺乏亲历性调查。部分检察机关对需要治理的社会问题的来源或原因没有进行调查核实或深入分析，就提出对策建议，致使检察建议内容空泛，如只简单提出“加强学习”“加强监管”等原则性建议，缺乏具体性和实操性的举措。

二是缺少针对性研究。部分检察机关对于检察建议中涉及的专业性问题，语言使用较为模糊、简单，出现“外行管内行”现象，一定程度上影响被建议单位的接受度。如一基层检察院因企业恶意注销，以逃避行政处罚监管不到位问题向市场监督管理局制发检察建议，仅罗列了触犯的法律法规，对策建议仅有两句概括性语句，并未对该领域存在的问题进行深入分析，也没有提出有针对性的方案。

三是缺少预警性分析。当前社会风险叠加，治理工作更需要预警预测可能发生的风险和问题，但目前多数制发的检察建议基本上都是专注于分析既有的治理漏洞，缺少对可能发生的风险进行科学预测预警。

### （三）文书使用不规范

一是用检察建议代替工作提醒。如一基层检察院联合公安机关、审判机关印发相关工作规定，对在押人员积极接受改造、认真遵守所规起到了积极促进作用，但在该规定的执行或者管理工作未存在相关问题或者风险的情况下，该检察院却以检察建议方式开展工作提醒。

二是用检察建议代替个案纠违。对刑事个案办理中具体的违法问题，以检察建议代替补充侦查决定书、补充侦查提纲等法律文书。如某检察院以检察建议书的形式，要求公安机关在危险驾驶案件中继续讯问犯罪嫌疑人并补充证人证言。

### （四）落实协调联动不紧密

一是跟踪落实力度不够。有的被建议单位整改不充分，存在走过场回复现象，部分承办人把收到回复文书等同于检察建议办结，未采取询问、走访、不定期会商等方式督促落实，导致检察建议没有达到实质治理的社会效果。

二是后续监督措施单一。在促进社会治理方面，社会治理检察建议制发后，被建议单位不愿配合整改落实工作时，只能加强与其沟通协调，后续的监督措施不多，导致部分检察建议出现搁置状态。

## 三、提升社会治理检察建议质效与促进源头治理的优化路径

数字检察时代，检察监督方式和手段的变化对延伸社会治理带来了深远影响。可通过研发社会治理检察建议数字管理平台（以下简称管理平台），探索以管理平台统筹社会治理检察建议及线索的收集、评估、落实，一体化加强对社会治理检察建议的研究、管理、指导，并在专家人才、建议文书、案例交流、社会化办理格局等方面拓展数字化运用，提升检察建议工作力度，强化检察建议质量和刚性，助推“深治理”“实治理”“共治理”。

### （一）建构全流程社会治理检察建议办理机制

司法实践中，因检察建议分散在各个业务部门，很难归口统一制发。检察机关可充分发挥检察一体作用，统筹上下级检察机关各业务条线力量，融合内外研究资源，专门研判检察建议的线索科学性、立项、论证、制发、备案、评估等。以组织架构、机制规范和专业团队保障助推社会善治智治。

一是探索打破部门壁垒，消弭条线隔阂，有机融合司法办案和理论研究，细化制定社会治理研究工作方案，专门成立社会治理研究工作领导小

组，有序开展社会治理检察建议审核、法律监督模型构建、社会治理研究、人才培养等工作，提升社会治理能力。对外，组建来自重点治理领域的行政机关、行业、高校等专家团队，将专业性、技术性等问题向专家咨询论证作为服务社会治理现代化的前置环节，适时召开研讨会、座谈会，通过现场指导、线上答疑、书面函询等方式，充分发挥专家人才辅助社会治理决策效能；对内，集结重点治理领域的办案检察官和法律政策研究骨干的专业团队，负责社会治理检察建议线索研判、论证评估、落实跟踪等工作，以集体集约检察智慧补位“个体式”检察官办案，全流程、嵌入式参与社会治理检察建议从“线索”到“办理”再到“办复”。

二是探索“检察建议＋调研报告＋监督模型＋课题论文＋规范性文件＋N”系统治理新路径，针对检察办案过程中发现亟待解决的重大理论和现实问题，统筹上下级检察力量开展类案分析，撰写调研报告、课题论文，实现精品社会治理检察建议、法律监督模型等产品集中产出，并及时将成果转化为领导参阅件等，服务党委政府决策，助推规范性文件出台，促进社会治理。

### （二）依托数字管理平台赋能社会治理检察建议

社会治理检察建议在“立项—评估—落实”环节分别存在线索发现难、制发随意，质量不精，落实乏力等问题，研发具有“建议线索、审核、研判、建议库、人才库等功能版块的管理平台，进一步深化发起、文书制作、审核把关、落实整改全程可视化、效果可评估，有效延伸，并逐步细化链接、嵌入检察业务应用系统2.0。管理平台依托大数据赋能，具有线索发现更具主动性、全面性和充分性，以及类案监督更为精准、深入、系统等显著优势，针对个案中存在的问题，汇集社会治理线索数据进行比对、分析，从而筛查出问题线索，以大数据打破信息壁垒，拓宽监督管理渠道，延伸监督效果。

一是在立项发送环节，针对线索发现难、较分散问题，创设线索收集与研判分流机制。依托管理平台实现个案检察建议线索整合汇总。发挥团队研判作用，对报送的社会治理线索分析评估后，可转化成检察建议、调研报告、法律监督模型等立项线索和备用线索。注重对同类案件和问题的调研分析，对一定区域、一定时期以来的同类型案件进行汇总、梳理，形成具有普适性、综合性的社会治理检察建议，变“类案群发”为“类案统发”，防止为追求数量而制发“凑数”建议的情况，在机制层面上推动类案治理，维护检察建议严肃性。

二是在评估考核环节，针对建议格式不规范、质量不高等问题，创设“基层初核+上级院业务、研究部门同步复核”机制。优化社会治理检察建议“基层审核+上级备案”的偏简单化的制发模式，突出事前化和立体化，引入上级院对口条线专业指导，形成两级院审核把关合力，为提升检察建议配上“组合险”。这既是对检察建议本身进行把关，也是通过审核对下级院进行指导，同时促进上级院在所辖区域内发现和统筹基于类案制发的检察建议线索。借鉴指导性案例强制检索机制，要求检察人员从管理平台优秀社会治理检察建议库中定向检索，参考同类检察建议，精准提高制发效率。

三是在落实保障环节，针对落实整改流于形式问题，创设回复监督机制。要求在管理平台“执行”“办复”模块中填录回函日期、上传回函附件等，阶段性深化落实，形成具象的监督压力。法律政策研究部门可联合案管部门通过流程监控、质量评查等，对检察建议制发的规范性、必要性及备案情况等进行定期核查，对问题多发的基层院和业务部门进行实名通报。开展优秀社会治理检察建议文书评选，筛选流程规范、问题精准、建议可行、成效显著的检察建议予以表彰，发挥示范引领作用，调动干警的积极性。

### （三）促推社会治理检察建议社会化办理格局

社会治理有的问题涉及机制等建设，需要长期实施、执行和落实；有的治理事项涉及多个职能部门，需要通过协商方式共同研究确定各自治理责任和工作目标。落实到检察建议工作上，就是要关注检察系统内部、检察机关与被建议单位以及同为监督主体的人大、政协机关等之间的互动。检察机关要立足法律监督职能，积极协同并促进其他职能部门共治，通过完善机制、堵塞漏洞、解决问题等，依法能动履行好“治已病”“治未病”的社会治理职责，推动形成“党委领导、政府主导、多方参与、司法保障”的检察建议办理社会化工作格局。

要强化统筹督导，形成社会治理合力，做好送达前沟通、送达后跟踪工作。制发前调查彻底、充分沟通，构建良性互动和谐的监督与被监督关系；制发时可以邀请被建议单位和人大代表、政协委员、人民监督员等第三方充分参与，通过公开听证、公告送达等方式增强检察建议的公信力和接受度；送达后要主动跟踪督促，通过联席会、磋商会等方式，协助被建议单位进行整改，确保建议措施落实落细；对涉及事项社会影响大、群众关注度高的检察建议书，可以抄送同级党委、人大、政府或者被建议单位的上级机关、行政主管部门以及行业自律组织等，引起相关部门重视。

# “丝绸之路经济带”（国内西北段）区域检察协作机制深化与拓展研究

李太良　曾美云*

随着“丝绸之路经济带”（国内西北段）建设的深入推进，对司法服务和保障也提出了重要挑战。这就要求“丝绸之路经济带”（国内西北段）沿线检察机关要主动服务和融入丝绸之路经济带建设，弘扬互学互鉴、合作共赢的丝绸之路精神，携手同行，找准检察工作与“丝绸之路经济带”建设的契合点，从机制供给入手，不断提供积极有效的法治保障，促进经济带沿线地区实现共商共建共享的治理格局。目前在跨区域检察协作中，思想还不够统一，机制建设还不够完善，因此必须强化一体化意识，建立规范的制度体系，消除沿线检察机关在合作中的顾虑，开创检察协作共赢的局面。

## 一、“丝绸之路经济带”（国内西北段）区域检察协作机制的政策依据及战略意义

### （一）政策依据

区域检察协作是指不同地区检察机关通过制度化、常态化合作机制，打破行政边界限制，在案件办理、法律监督、社会治理等方面协同联动，以应对跨区域犯罪、统一司法标准、优化资源配置的司法实践模式。2021年6月，《中共中央关于加强新时代检察机关法律监督工作的意见》明确

* 李太良，新疆维吾尔自治区乌鲁木齐县人民检察院党组书记；曾美云，新疆维吾尔自治区乌鲁木齐县人民检察院第三检察部主任。

指出，当前检察机关法律监督职能作用发挥不够充分，需要实现各项检察工作全面协调充分发展，务必加强区域执法司法协作，加强对边远、欠发达、条件艰苦地区检察机关的帮扶援建力度。这为全国各级检察机关聚焦检察一体化发展，强化新形势、新要求下跨区域检察协作机制建设，提供了工作指南。[①] 2022 年 1 月，全国检察长会议进一步提出要更加注重推进检察一体化机制建设，确保检察协作更加顺畅，更加紧密衔接。[②] 2024 年 12 月，《关于全面深化检察改革进一步加强新时代检察工作的意见》再次强调，要服务区域协调发展战略实施，加强区域内检察工作协作配合。以上均精准体现了最高检进一步深化和拓展新时期跨区域检察协作的部署要求和目标追求。

### （二）现实意义

随着“一带一路”倡议的深入推进，“丝绸之路经济带”（国内西北段）各大城市迎来全新的发展机遇。西北六省（区）（新疆、陕西、甘肃、宁夏、青海、内蒙古）是“丝绸之路经济带”的关键枢纽，跨境贸易、能源合作等经济活动增多，反恐维稳任务艰巨，流域性与跨境性生态问题突出，司法资源不均衡与犯罪形态升级等均需有力法治保障来化解。[③] 由此，区域检察协作作为司法现代化的必然产物，成为了不同地区检察机关应对各自为政、信息孤岛、标准不一、力量分散、协同缺失等现实挑战的“破题之钥”。而西北六省（区）之间建立区域检察协作机制，正是破解司法碎片化、应对边疆治理挑战的关键改革，既是应对反恐维稳、生态保护、经济发展等区域性挑战的必然选择，更是服务国家“一带一路”、西部大开发战略的法治创新。通过打破地域壁垒、整合资源力量、统一司法尺度，构建起西北“犯罪打击更精准、法律适用更统一、社会治理更协同”的新型检察模式。这一机制不仅提升了犯罪打击效能与治理精度，更在维护国家安全、促进民族团结、推动绿色发展等方面发挥了不可替代的

---

① 易志斌：《深化新时期检察区域协作机制建设》，载《中国检察官》2021 年第 19 期。

② 李小东：《新时代检察一体化原则的新发展》，载《人民检察》2022 年第 24 期。

③ 参见敬宏伟、齐阳：《丝绸之路经济带区域检察协作的深化与展望》，载《人民检察》2023 年第 S2 期。

作用，为边疆地区长治久安与高质量发展注入了法治动能。

1. 区域检察协作机制是“丝绸之路经济带”（国内西北段）沿线地区经济一体化发展的“助推器”

随着“丝绸之路经济带”建设的进一步发展，流域性与跨境性生态问题突出，水土流失、生态破坏、沙漠污染等案件常涉及多省，单一省份执法难以根治。能源开发与保护之间产生矛盾，非法采矿、滥伐林木等行为易引发跨区域环境损害，需联合追责修复。在护航“丝绸之路经济带”（国内西北段）生态文明建设，促进区域经济高质量发展，创新司法协作机制中，沿线检察机关需要深化加强交流、分享经验、优势互补，通过推行“协同取证＋联合起诉＋生态修复共管”模式，护航生态文明建设。通过统一沿线检察机关涉企司法标准，降低跨省投资法律风险。通过协作打击合同诈骗、侵犯商业秘密等犯罪，共同维护区域安全稳定，促进经济发展，优化法治环境。良好的法治环境是地区之间互通有无、优势互补、文化交融的先决条件。跨区域检察协作是一项司法为民举措，完善与之相适应的协作制度体系，可以搭建“丝绸之路经济带”沿线地区检察机关互通有无平台，及时探索协作新模式，拓展协作更大空间，实现一体履职、综合履职，促进沿线地区经济社会一体化发展。

2. 区域检察协作是“丝绸之路经济带”（国内西北段）沿线地区司法力量的“黏合剂”

由于“丝绸之路经济带”（国内西北段）沿线地区民族宗教成分多样、地方文化传统迥异等，网络诈骗、传销等犯罪分子利用西北地域辽阔的特点，形成“西部技术支撑－东部资金收割”的跨区域犯罪分工模式。而沿线地区司法资源不均衡，检察机关基础设施配套相对滞后，尤其是偏远地区基层检察院技术装备落后，新型犯罪侦办能力不足，需通过协作共享发达地区技术力量，通过跨区域双语普法、涉民族案件协作办理，提升边疆检察人员办案水平和治理能力。同时通过搭建西北检察数据共享平台，可以实现牧区、偏远山区“线上听证”“远程提讯”，破解地理阻隔难题。因此，依托检察协作机制，可以推动各地检察机关站在服务大局的政治高度，围绕地区发展和稳定，针对新时期法治建设体系重构开展专题研究，积极探索建设更加透明、稳定的检察服务机制和务实有效的检察协作方式、内容，服务和保障各地在多领域有序交流和协作中实现检察工作共同发展、共同进步。

3. 跨区域检察协作是“丝绸之路经济带”（国内西北段）沿线地区安全稳定的“防火墙”

打造安全的发展环境，离不开法治的保障作用。“丝绸之路经济带”（国内西北段）沿线地区因其特殊的地理位置，在“丝绸之路经济带”建设中处于交通枢纽和构架桥梁的重要地位。但沿线地区民族成分复杂，又存在多种文化的碰撞，尤其是民族意识与宗教感情交织、民族认同与宗教认同重叠，对区域安全和稳定及发展影响较大，由此，沿线检察机关均面临区域安全和稳定的现实压力。一是反恐维稳任务艰巨。西北边疆地区面临恐怖主义、极端主义渗透风险，跨省流窜作案频发，需多地检察机关联合切断犯罪链条。二是毒品犯罪网络化。西北作为国际毒品走私通道，需六省检察机关协同打击。在此情况下，各地集检察智慧、法律智慧，依托跨区域检察协作机制，通过建立涉恐案件“线索联查、证据互认、人员共控”机制，禁毒全链条治理机制，构建起西北边疆安全防线，筑牢国家安全屏障。

## 二、丝绸之路经济带（国内西北段）区域检察协作的现状

### （一）丝绸之路经济带（国内西北段）区域检察协作的丰富实践

近年来，围绕党中央有关重大决策部署和最高检有关重点任务安排，“丝绸之路经济带”（国内西北段）沿线检察机关紧扣“以检察工作现代化服务中国式现代化”要求，立足检察、提升法律监督质效，着眼未来、推动检察事业高质量发展，积极探索开展多层级、多元化、多领域区域检察协作工作实践。

1. 省级层面区域检察协作

2019 年 12 月，2022 年 7 月，陕西、甘肃、宁夏、青海、新疆及新疆生产建设兵团检察机关先后召开了服务保障“丝绸之路经济带”（国内西北段）建设加强区域检察协作第一次、第二次联席会议，围绕维护社会大局稳定、维护公共安全、促进优化营商环境、保护生态环境、保护历史遗迹和文物保护红色资源等方面建立协作机制，签署《关于服务保障“丝绸之路经济带”（西北段）建设加强区域检察协作的意见》，并就办案协作、业务和人才交流等建立初步协作机制，达成以下共识：坚持“一盘棋”的

协作发展理念，树立“一把尺子”的司法办案理念，形成“一众共识”的检察切入点，构建“一个平台”的深入协作机制。2023 年 9 月，陕西、甘肃、宁夏、青海、新疆及新疆生产建设兵团检察机关召开服务保障“丝绸之路经济带”（国内西北段）建设加强区域检察协作第三次联席会议，共商加强区域检察协作具体路径。通过建立省级层面跨区域检察办案协作、信息共享、日常联络、理论研究和业务、人才交流等机制，搭建起“丝绸之路经济带”（国内西北段）区域检察协作发展新平台。2024 年 9 月，西北六省（区）及新疆生产建设兵团检察机关召开服务保障“丝绸之路经济带”建设加强西北地区检察协作第四次联席会议，就进一步加强协同联动，依法保护沿线文化文物资源、加强生态环境保护、保障交通运输安全等领域拓展检察协作广度，促进社会治理创新。

2. 市县层面跨区域检察协作

近年来，作为丝绸之路经济带（国内西北段）核心区的新疆市县检察机关依托各省（区）搭建的跨区域检察协作平台，在刑事检察、公益诉讼等方面作出了很多有益尝试。如，陕西秦岭北麓、新疆乌鲁木齐铁路运输检察机关签署《关于建立未成年人检察异地协作机制的意见》；新疆、甘肃、青海、西藏四省（区）七市县检察机关签署《关于建立阿尔金山及周边跨区域生态环境和资源检察司法保护协作机制的意见》；新疆乌鲁木齐米东与甘肃武威市凉州区检察机关签署《关于建立“服务丝绸之路经济带”强化跨区域检察协作工作机制》，明确建立信息共享、办案协作、培训交流机制；乌鲁木齐铁路运输检察院分别与阿拉山口检察院、头屯河区检察院、达坂城区检察院、阿勒泰市检察院签署《关于建立服务保障“一带一路”建设促进口岸经济高质量发展检察协作机制的意见》《关于建立服务保障乌鲁木齐国际陆港区高质量发展检察协作机制的意见》《建立柴窝堡湖国家湿地公园生态保护检察协作机制的意见》《环境资源保护区域检察协作机制》；昌吉市、巴音郭楞蒙古自治州和静县、乌鲁木齐县三地检察院联合签署《关于加强公益诉讼协作共同促进天山“一号冰川”保护工作的意见》，明确建立证据调取、线索移送等协作机制。新疆地方检察机关与兵团检察机关也积极开展兵地区域检察协作实践探索。如新疆七市县检察院建立守护卡拉麦里国家公园生态检察跨区域协作机制，就案件管辖移送、案件办理协作、日常沟通联络、调研智库协作、普法宣传协作达成共识；新疆博州与兵团第五师检察院签订《关于建立艾比湖流域跨区域生态环境保护公益诉讼协作机制的意见》；新疆博乐市与博乐垦区检察院签订《关于加强兵地检察协作工作的实施意见》，明确日常联络、联合办案、联席会议、信息共享、异地取证和检验鉴定、理论研究等协作机制，规范案件管辖、线索移送等协作内容。通过构建全方位、立体化的跨区域合作模式，共同解决跨区域社会治理难题。

### （二）丝绸之路经济带（西北段）区域检察协作面临的问题

1. 观念不统一

受行政区划地理、人文等因素的影响，西北各省区省会城市作为西北地区经济发展的核心区，与京津冀、长三角地区城市区相比，在经济总体发展水平、法治聚合效应等方面还存在较大距离。检察区域协作出发点就是解决行政区划边界纠纷的管辖问题，统一区域司法标准，实现数据共享。但受行政区划影响，“丝绸之路经济带”沿线检察机关区域发展固化观念未打破，一体化同步发展观念未真正形成，开展检察工作仍习惯于各自为阵、各干各的，未能从本地发展、协作机制、当下的实用性和实效性出发，看待区域合作问题，导致沿线区域检察仍未形成“一盘棋”新发展格局。

2. 体系未形成

目前“丝绸之路经济带”（国内西北段）一体化检察协作机制探索存在着过于随意的问题，没有形成一套系统的制度框架。西北六省（区）及新疆生产建设兵团检察机关相应的服务保障“丝绸之路经济带”建设的理论成果比较少，涉及保障“丝绸之路经济带”（国内西北段）检察协作的相关研究更是寥寥无几。由于研究基础比较薄弱，理论成果相对匮乏，制度理论支撑显得相对无力。相比国内京津冀、长三角等流域成熟协作模式，西北地区检察协作模式虽已架构，但具体实践与制度设计还存在一定程度的脱节，更深入更多元检察协作仍需进一步探索。

3. 合作不规范

目前国内检察协作，包括京津冀、长三角成熟的协作模式多为框架协议、协作意见、规划方案、联席会议等，缺乏统一性、规范性、可操作性，责权不够清晰、约束力不够强，工作实效不够明显。执行中，存在责任部门多头、职能较分散弱化的现象；实施中，一定程度上存在随意性组织、选择性实施的情形。合作形式局限在交流座谈、信息反馈、签订机制。合作内容单一，主要以公益诉讼类生态环境保护协作为主，刑事检察、民事检察、行政检察一体化办案协作方面涉及较少。

4. 共享不及时

数据共享是跨区域检察协作的重要环节，信息资源流转速度直接决定办案效率，拓宽信息资源的共享范围，打破信息资源流通的壁垒，对于缩短案件办案期限，提高简单案件适用速裁程序快速办理有着至关重要的作用。目前，各地检察机关除了统一业务应用系统外，其他平台、智能辅助办案系统并不相连，跨区域之间数据无法实现互联互通，不仅存在重复开发的弊端，也阻碍了跨区域协作发展。

5. 机制待细化

现有的相关跨区域协作机制中，对于案件办理协作机制，如案件异地管辖、线索异地流转等多为框架规定，不利于操作。实践中，跨区域案件程序烦琐、时间冗长，不利于案件办理。比如，在向异地检察机关移送监督线索时，需要层报上级检察机关审批决定。对于此类情况，可探索将流程更细化，对接更顺畅。又如，对于检察建议的跨区域执行、检察建议的针对性、举措的落地性上可以进一步细化，确保有序衔接。

## 三、深化与拓展“丝绸之路经济带”（国内西北段）区域检察协作的具体路径

习近平总书记和党中央关于深化推进“丝绸之路经济带”建设的重要指示批示和总体要求，赋予了检察机关新的时代使命、历史担当。服务和保障好“丝绸之路经济带”（国内西北段）建设，西北六省（区）及新疆生产建设兵团检察机关，特别是作为“丝绸之路经济带”核心区的新疆各检察机关应进一步拧成“一股绳”，加强和深化拓展区域检察协作，积极发挥检察职能，全面推动检察工作深度融合发展，着力营造良好的法治环境。

### （一）形成共治共识

加强区域协作是践行习近平总书记关于“一带一路”重要论述的重要举措，是检察一体履职提升监督效能的重要抓手，事关“高质效办好每一个案件”基本价值追求的实现，要提高政治站位，坚决筑牢西北段经济带跨区域联动监督防线。建立跨区域检察协作是扎根地方、服务区域发展战

略的现实需要，实践中，各地主动投入，积极性也比较高，但在行使检察职能方面存在一定程度的地方化现象，如在行政区划观念、参与主体多元、区域诉求多元的情况下，各地之间的差异化增多。要想实现协作初衷，使各地检察机关真正成为命运共同体，拧成一股绳，还需要各地切实树立“共同体”意识，把检察一体化发展理念贯彻到服务和保障“丝绸之路经济带”建设的各环节各领域和全过程，保证检察权集中行使，形成“1+1>2”的叠加效应。要强化科技赋能，打破地域界限，进一步提升沿线检察机关平台互用、文化互鉴、机制互促、队伍互进，将法律监督能力现代化水平转化为“丝绸之路经济带”区域治理成效的转变和提升，为经济带建设提供法治保障，为国家治理体系和治理能力现代化建设奠定基础。

### （二）坚持底线思维

加强区域检察协作，要从“高质效办好每一个案件”上着力，构建新型办案模式，打破行政区划、地方观念等传统壁垒，提供优质检察产品，切实提升人民群众的参与度、满意度。始终坚持把维护社会大局稳定、国家政治安全和民族团结统一摆在最突出位置，开展多领域、深层次、多层级的检察协作交流。要充分发挥批捕、公诉等职能，严厉打击各类刑事犯罪，切实保证打击力度和效果，为“丝绸之路经济带”建设营造安全稳定的社会环境；要依法严厉打击各类侵犯正常生产经营的犯罪活动，坚持打击整治和预防宣教两手抓，为“丝绸之路经济带”建设营造公平正义的市场环境；要依法通过督促起诉、督促履职、检察建议等有力措施，履行好民事监督职能，服务和保障好民营经济良性发展；要坚持将恢复性司法理念贯彻办案始终，促进环境修复、生态治理、文物保护，并通过环境公益诉讼联合宣传、联合办案，共同构筑严密的生态环保、文物保护法律监督体系，携手打造文明、绿色丝绸之路经济带。

### （三）深化检察合作

当前国际国内形势极其复杂多变，给“丝绸之路经济带”沿线区域带来更多挑战，沿线检察机关更要把握住“一带一路”倡议发展机遇，加强相互之间的沟通合作，增进相互之间的理解、支持和信任，以更深入地协作携手推进检察事业的高质量发展。沿线省（区）检察机关应从顶层设计打造高标准的协作平台，高质量的合作，需要高质量的对话平台。在组织架构上，应形成长期、固定的议事决策机构，设置检察协作办公室，负责日常沟通协调、联合行动专项部署等，持续拓展各省（区）之间深度协作。在平台搭建上，陕西、甘肃、宁夏、青海、内蒙古、新疆等地区可以构建市（地、州）级层面检察协作平台，示范带动县（区）级层面检察协作，推动实现三级检察机关协作全覆盖。在合作内容上，要以求实的态度，深化巩固跨区域重点民营企业、生态环境保护、文物古迹保护、打击网络犯罪、未成年人保护等重点领域的协作成果，不断探索拓展新的合作领域，制定和建立辐射“四大检察”领域的协作协议和工作方案，努力实现协作项目的落地落实。在协作形式上，要在打破传统的座谈交流方式的基础上，研究创造与时代发展同步的崭新的协作共享模式，如，通过互派考察、研讨培训、共建智库、挂职锻炼、岗位练兵、业务竞赛等方式，不断增添新的活力。沿线三级检察机关要依托协作平台，增进各地之间文化传统、价值观念、执法理念和具体区情的了解，消除因各地差异产生的分歧。要充分发挥检察各项职能，通过开展更深层次、更多渠道、全方位、多领域协作，为“丝绸之路经济带”建设提供检察供给，夯实法治基石。

### （四）打造协作品牌

要加强品牌意识，强化办案质效，强化实践创新，强化宣传引导，打造西北段经济带法治建设检察样板。要以人文交流为纽带，打造“丝绸之路经济带”区域检察文化品牌。虽然“丝绸之路经济带”沿线地区具有很多相似性，在建设“丝绸之路经济带”沿线检察文化品牌中，应坚持以当地民族文化为基础，突出区域检察文化的共性特征，融合不同区域检察文化的元素，打造“丝绸之路经济带”沿线地区检察机关，甚至当地党委、政府认可的流域检察文化品牌。在构建“丝绸之路经济带”建设中，必须培养沿线检察机关契约观念，自觉维护“丝绸之路经济带”协作机制的权威，用规范行为保障“丝绸之路经济带”（国内西北段）检察事业顺利发展。要以增强执行力为目的，建立经济带沿线邻县跨区域检察协作基层示范点。西部地区自然保护区面积广阔，文物古迹分布广，保护、修复难度较大，生态、文物保护跨区域公益诉讼协作方面需求更为迫切，相邻县、地（市）、省（区）检察院可同步推进区域协作，组建跨区域检察官专业团队，实现纵横到边的双边、多边协作，高效化解区域性与经济带整体性，部门职能单一性与生态、文物系统性之间的矛盾，形成跨区域案件办理难题共治一体新格局。如，当前跨区域新型案件高发，仅靠某一个部门、某一个单位力量，难以完成繁重、复杂的检察工作，尤其是在网络犯罪案件、涉众型经济犯罪案件中，需要不同区域检察机关通力合作，并针对案件跨地域实施的特点，建立常态化网络犯罪治理跨区域协作机制，以检察一体化增强惩治网络犯罪的合力。

## （五）构建协作体系

构建丝绸之路经济带（国内西北段）西北六省（区）及新疆生产建设兵团检察协作体系，与技术部门的大力支持和全体检察人员对区域协作的高度认同分不开。在推进多领域、多层级协作机制建设的同时，需要逐步推进陕西、甘肃、宁夏、青海、内蒙古、新疆及新疆生产建设兵团检察机关政治部门、技术部门日常联络沟通机制，如建立数字检察、人才培养协作机制，为构建跨区域检察协作体系提供坚实保障。在巩固完善现有协作机制项目成效的基础上，需要进一步拓宽协作领域，实现跨区域办案难点问题研究、案件办理同步推进，推动形成跨区域、多主体参与的协同治理合力。畅通未成年人检察工作的协作机制，加强异地社会调查、异地帮教考察等协作，积极解决未成年人犯罪案件异地办理难点。加强服务民营企业跨区域检察协作机制，会签服务保障“丝绸之路经济带”民营企业健康发展的检察协作意见，统一区域法律适用标准。依托12309检察服务中心、远程视频系统，打造跨区域资源和信息共享平台，优化对民营经济的司法保护。推进社区矫正检察监督一体化模式，健全跨区域社区矫正监督协作机制，如，针对跨市县从事生产经营活动的社区矫正对象真实性及经营活动期间的监管，建立异地调查核实、异地协助监管等检察协作，确保社区矫正对象“走得出”“管得住”“矫得好”。探索建立《经济类犯罪案件办案协作机制》，通过建立线索情况互通共享机制、委托送达和调查取证机制、舆情处置和新闻宣传协作机制，建立专门的跨区域案件办理专案组，促进区域间法律适用的协调性，合力推动区域社会综合治理。同时，也可以针对西部地区司法鉴定机构资源相对不足且分布不均衡，跨省委托鉴定机构较为普通的问题，探索建立跨区域司法鉴定协作机制，有效防止司法鉴定程序瑕疵影响证据效力，助力实现“高质效办好每一个案件”。

# 互联网语境下侵犯公民个人信息犯罪治理路径

## ——以 Y 市检察院办案实践为例

陈 新 张青辉 朱博涵*

公民个人信息是指以电子或者其他方式记录的能够单独或者与其他信息结合识别特定自然人身份或者反映特定自然人活动情况的各种信息，包括姓名、身份证件号码、通信联络方式、住址、账号密码、财产状况、行踪轨迹等。公民个人信息具有多样性、特定性、隐私性，且与人身、财产安全息息相关。2021 年 11 月 1 日颁布施行的《中华人民共和国个人信息保护法》进一步完善了对公民个人信息的保护。党的二十大明确指出要“加强个人信息保护”。数字经济时代，在大数据、云计算等技术运用过程中往往需要大规模使用公民个人信息，使得公民个人信息安全面临较大风险，公民个人信息保护已成为广大人民群众最关心最直接最现实的利益问题之一。

随着社会发展、科技进步，网络空间虚拟化、支付手段便捷化在给社会民众生活带来益处的同时，不法行为人随意收集、违规获取、过度使用、非法买卖公民个人信息。公民个人信息大量泄露严重侵扰人民群众生活安宁、危害人民群众健康和财产安全。行为人通过线上、线下方式获取公民个人信息，引发了大量的电信网络诈骗等案件。公民个人信息的泄露与买卖“两卡”（银行卡、电话卡）行为叠加，更加助推电信网络诈骗案件高发、多发。侵犯公民个人信息犯罪手段的多样性、新颖性、隐蔽性，为电信网络诈骗犯罪的综合治理带来极大挑战。

Y 市人民检察院聚焦主责主业，不断深化法律监督质效，通过个案办

---

* 陈新，浙江省义乌市人民检察院党组书记、检察长；张青辉，浙江省义乌市人民检察院第一检察部主任；朱博涵，浙江省义乌市人民检察院第一检察部副主任。

理，总结类案问题，促进社会治理。针对侵犯公民个人信息犯罪主体、特征、高发领域、司法执法面临的困惑，以办案数据、案例为基础，以实证分析为视角，总结突出问题，从侧重打击、预防、统一司法执法标准等提出建议对策，探索治理侵犯公民个人信息犯罪有效路径。

## 一、案件基本情况及特点

2021 年至 2024 年上半年，Y 市人民检察院共受理侵犯公民个人信息犯罪案件 64 件 156 人，案件具有以下特点：

### （一）犯罪主体呈现三化

一是作案群体年轻化。其中“80 后”占比 98.5%，“90 后”占比 61.6%，且文化程度偏低，初中及以下占比 58%，部分具有大专以上学历，占比 16.1%。二是职业特殊化。主要集中在房地产、快递、银行、保险、电商等领域，其中又以快递、房地产行业居多，分别占比 15.2%、16.9%。上述内部人员更容易接触到大量公民个人信息。犯罪团伙与掌握公民个人信息的行业“内鬼”形成合作关系，甚至为了倒卖个人信息主动应聘成为公司员工。如陆某某侵犯公民个人信息案，陆某某将在担任快递员期间的快递面单拍照保存，离职后又假借入职各快递公司，在快递运输流水线上安装摄像头偷拍面单信息。又如马某某侵犯公民个人信息案，其利用在某房产公司上班之际，将购房者信息通过微信贩卖给他人进行牟利。三是作案人员团伙化。共同犯罪明显，有 33 件，占比 51.5%，其中三人以上的案件有 20 件，占比 31.2%。如沈某某等人非法获取计算机信息系统数据案，沈某某指使周某、翁某某以求职为名获取电商公司存储快递面单信息多个账号，后在酒店分别登录账户获取公民个人信息贩卖给上家，沈某某又唆使周某开通虚拟币交易账号接受上家转账，再由沈某某在平台进行交易转移违法所得。

### （二）犯罪手段多样、隐蔽，关联犯罪滋生

一是作案手段多样化、网络化、技术化。随着信息网络技术快速发展，行为人的作案手段也随之转型升级，更趋向智能化。主要表现形式为利用职务便利、通过虚假招聘、注册虚假 App、聊天软件或者植入木马病

毒等获取公民个人信息，占比86.7%，其中利用职务便利占比39.6%。如刘某甲案，将在某保险公司上班期间私自保存的保险公司客户资料出售给他人获利。对于利用技术手段获取公民个人信息的，被害人往往没有意识到信息已泄露，同时无法查明获取的具体信息数量，只能依靠违法所得认定。如刘某乙等人案，采用技术手段开锁进入多个电商园，后在电脑里植入木马病毒，只要电脑开机打印快递面单，上家自动远程批量获取公民个人信息。

二是犯罪行为链条化、获利虚拟化。[①] 在共同犯罪中，行为人分工明确，相互配合，上下游行为链条化，非法获利虚拟化。行为人以技术手段获取信息到信息加工者再到信息使用者，犯罪链条环环相扣，上下家建立相对稳定的交易关系，形成犯罪黑灰产业链。如上述沈某某案，所有获利均以USDT虚拟币结算，与上下家之间通过“telegram”（俗称飞机）软件联系，该软件具有信息加密、阅后即焚功能。又如陈某等人案，陈某指使他人通过网络购买个人电话号码、银行卡信息，又指使他人跨区域利用假护照补办电话卡，后在宾馆通过网银转账方式盗窃他人银行卡现金。

三是关联犯罪大量滋生。侵犯公民个人信息罪处于犯罪链条的上游，当前单纯非法获取公民个人信息牟利行为减少，往往是利用公民个人信息实施系列犯罪活动，进而攫取大额非法利益，实践中网络线上和线下行为相互交织，使侵犯公民个人信息犯罪呈现更加复杂的样态，已形成环绕侵犯公民个人信息的犯罪圈，滋生了电信诈骗、盗窃、非法拘禁等大量犯罪，占比最高、危害性最大的就是利用公民个人信息实施电信网络诈骗。如夏某、董某某等7人诈骗、侵犯公民个人信息案，夏某等人利用QQ非法购得涉老年人等信息9.8万余条，用于冒充国家扶贫办、药监局、民政局等部门的工作人员，以办理养老抚恤金、慢性病补贴等名义针对老年人实施电信网络诈骗。如吴某某、王某某案，二人利用在快递公司打零工便利盗取或偷拍快递面单信息贩卖，后信息被诈骗分子用来实施电信诈骗。又如高某等人案，高某通过金某获取被害人冯某轨迹信息，后对冯某实施

---

① 当前通过网络技术手段非法获取公民个人信息渐多，电信网络诈骗团伙通过微信群等招募行为人，为行为人提供木马病毒，由行为人流窜潜入电商园区安装木马病毒或假装应聘获取相关账户，远程批量获取公民个人信息，之后通过虚拟币交易平台交易信息。整个过程作案隐蔽、全程无留痕，反侦查能力极强，追踪打击难度极大，犯罪成本较低，成为不法行为人十分青睐的方式。

非法拘禁，同时造成冯某轻伤一级后果。有些虽未引发犯罪，但可能导致家庭破裂，甚至引发严重刑事犯罪。如葛某某案，其因对工作安排不满心生怨恨，遂在被害人车上安装带录音功能定位器，后将录音交给被害人家属，致二人离婚。

### （三）犯罪涉及面广，社会危害性较大

公民个人信息种类主要集中于快递、房产等领域，其中，快递面单、房产业主信息较多，分别占比20.7%、18.8%，涉房产信息类案件又集中在2022年以后，因城市发展加快，引发房产、装修行业侵犯公民个人信息案件频发。具体而言表现为普通个人信息、轨迹信息、住宿信息、保险信息、社交平台账号、邮箱和密码、护照、营业执照、驾驶证、购物、银行卡等信息，种类繁多，发生领域广泛，侵害人群较多（含外国人、老年人、妇女群体），极易引起舆情、访情，社会危险性较大。如麻某某等人案，麻某某等人以扶贫、互助、高回报投资为噱头，通过事先安装App小程序形式，针对老年人、家庭主妇非法收集个人信息（含姓名、手机号、身份证号、银行卡号、人脸信息等）近百万条，半年时间非法获利百余万元，信息贩卖后又被上游行为人用于实施电信诈骗。又如上述陈某案，在获取电话卡、银行卡、护照等信息后通过技术手段盗刷菲律宾籍被害人银行卡300余万元，后又指使他人利用多张银行卡在ATM上取现。

## 二、案件办理中存在的问题

### （一）法律法规滞后，打击力度疲软

1. 公民个人信息具体认定有待进一步完善，入罪标准有待进一步明确[①]

法律法规及司法解释虽然界定了公民个人信息概念，但司法人员对个

① 根据《刑法修正案（七）》，情节严重是侵犯公民个人信息的入罪标准。2017年最高法、最高检出台了《关于办理侵犯公民个人信息刑事案件适用法律若干问题的解释》，进一步细化了情节严重的标准，将公民个人信息分为三类，并设定了相应的条数，但实践中该标准仍然很难适用，具体什么属于轨迹信息、交易信息、普通信息，难以一一区别分类。

人信息理解、认定存在较大偏差，尤其是对交易信息、轨迹信息、住宿信息、通信信息等信息，如针对快递面单上的信息（包含姓名、电话号码、物品种类、住址）能否认定为交易信息分歧较大。[①] 而此类案件在房地产、快递领域呈高发趋势，不利于对犯罪的打击。

此外，为合法经营非法购买、收受公民个人信息获利认定存在困难。一方面，合法经营活动认定标准不一，如房产中介、装修公司等主管人员购买公民个人信息再转交业务员开展业务能否认定为合法经营活动。根据 2017 年最高法、最高检《关于办理侵犯公民个人信息刑事案件适用法律若干问题的解释》（以下简称《解释》）第 4 条规定，违反国家规定，通过购买、收受、交换等方式获取公民个人信息的，属于刑法第 253 条之一第 3 款规定的“以其他方法非法获取公民个人信息”。业务员仅仅是按照主管的要求进行合法经营活动，其收受个人信息行为不同于购买、交换行为，如将业务员也认定为犯罪行为人，容易造成打击面过大。

另一方面，在缺少客观证据如账本情况下，如何认定获利数额困难重重，一般是凭借行为人供述，一旦翻供直接影响案件定性。《解释》第 6 条将获利 5 万元作为入罪的标准，实践中对获利理解、把握难度较大，是否要刨除购买信息成本、获利是单位获利还是仅指行为人自己提成，以获利多少进行入罪评价，不如以公民个人信息条数具有可操作性。又如其他可能影响人身、财产安全的公民个人信息中“人身、财产安全”理解存在偏差，如房产公司泄露的购房者信息（姓名、电话、房号、面积）能否认定为影响人身、财产安全信息。需要说明的是在“在披露公民个人信息举证责任、信息用途”方面，相关的司法解释需要进一步明确，否则有举证责任倒置嫌疑。此外，从办案实践看，打击的多是下游犯罪行为人，而对指挥、直接非法获取公民个人信息的上游犯罪行为人打击难度较大。由于上游犯罪行为人利用网络空间，采取了非接触手段，案发后又删除了相关信息，故很难通过聊天内容、转账记录等追踪到上游犯罪行为人，致使一段时间后犯罪行为又死灰复燃。

---

① 否定论者认为交易信息应当有完整的交易内容，包括交易双方身份信息、商品名称、交易时间、交易价格等，但是快递面单上交易信息不全，没有交易价格，故快递面单主要暴露的是收寄双方的个人信息，属于普通公民个人信息。

2. 司法协作有待进一步强化

因个人信息界定存在较大分歧，加上行为人利用网络及爬虫远程获取公民个人信息行为增多，致使侦查机关不能及时全面收集客观证据，出现部分案件下行情况，司法机关对类案分析研判、证据收集固定、罪名认定、量刑标准、同案同判沟通协调力度有待进一步加强。司法实践出现的困惑是，行为人在侦查机关如实供述犯罪事实，在检察环节、审判阶段出现辩解，除行为人有罪供述外，客观证据极少甚至没有客观证据，致使案件办理出现极大被动，此外对认罪认罚案件，法院敢于下判，而对存在辩解或始终不认罪案件，法院往往持非常审慎态度。

3. 行刑衔接机制有待进一步完善

从案件最终处理结果及实际刑罚适用来看，侦查机关耗费大量精力抓捕犯罪行为人，部分案件因证据原因出现下行，而被判处刑罚的犯罪分子多数较轻且适用了缓刑，所判处的罚金也可能远未及其收益，对犯罪分子的惩罚未起到预防再犯及警示、阻止犯罪的作用。同时过于依赖对犯罪行为人刑事手段打击，忽视对其运用行政处罚手段规制。主要表现为前期阶段对不起诉的犯罪行为人移送行政机关处理力度不够，行政处罚手段也过于单一，除了行政拘留、罚款外，将其纳入社会诚信惩戒及禁止行业准入强度不够，行刑衔接机制尤其是行刑反向衔接工作有待进一步强化。

### （二）行业主体责任意识不强，相关行业监管缺位，综合治理困难

1. 特殊行业信息频繁泄露，主体责任意识不强

Y 市检察机关经调查发现，涉案企业普遍存在网络数据安全意识不强、安全防护措施不严、内部管理制度不健全、从业人员安全教育培训不全面、用户信息未做脱敏等技术处理共性问题，未依法履行反电诈网络诈骗内部控制机制及网络安全等级保护、数据分类分级保护、个人信息保护等义务，导致犯罪分子利用上述管理漏洞实施违法犯罪。行为人假借求职、利用房产公司、快递点、银行、保险公司工作便利大肆非法获取公民个人信息，案发后涉案单位未向有关部门报告，事后也未积极整改。如上述沈某某案，行为人假借求职，获取电商存储快递信息账号，短时间离职后利用账号大量获取公民个人信息，电商企业在行为人离职后并未及时注销相关账号，直到被害人打电话告知个人信息泄露被电信网络诈骗，才发现公司快递信息账号被盗用。

2. 行业监管缺失

相关行业监管部门未积极主动履行监管职责，存在被动监督、监管漏洞情形。实践中往往是案件发生后，监管部门才介入调查，且对行业后续整改情况监管不到位。同时针对快递、电商、房产等领域存在不同监管部门，导致监管主体不明，存在相互推诿、扯皮情况，多头监管、不愿监管时有发生。

3. 部门联动机制有待进一步完善

非法获取公民个人信息及衍生的犯罪涉及邮政、电信、银行、保险、房地产、银行监管等多个监管部门，部门之间尚未建立信息共享、数据共享、行业准入等机制，各部门内部往往是针对个案分析研判、反馈，跨部门之间配合力度有待进一步强化，公安机关与上述部门信息渠道尚未完全畅通，不能从源头、中转、上下游犯罪实现综合治理。

## 三、治理路径

### （一）强化证据收集能力，统一执法司法标准

一是规范完善客观证据收集。结合类案办理情况，Y 市检察机关及时制发《侵犯公民个人信息犯罪》刑事检察白皮书，对公安机关办案中存在的问题进行深度剖析，引导公安机关在立案之初对通过网络购买、利用爬虫等技术手段获取公民个人信息案件，第一时间全面收集客观证据，避免证据灭失，同时对批量信息甄别、排重，夯实案件移送审查起诉前证据基础。此外，进一步提升检察机关提前介入质效。充分发挥检察机关对重大疑难复杂案件事前监督、提前介入作用。检察机关依托侦查监督与协作配合机制、提前介入制度，积极引导公安机关有效侦查，全面查明情节严重、违法所得等关键内容，进一步强化指控的精准度①。

二是深化司法协作力度，统一法律适用标准。Y 市检察机关联合公安

① 侵犯公民个人信息犯罪中，涉案信息动辄上万乃至数十万条，在海量信息状态下，对信息逐一核实在客观上较难实现，故实践中允许适用推定规则，即根据查获的数量直接认定，对通过技术手段可以去重的，应当排除重复的信息，对批量信息的真实性举证建议以抽样检测的形式加以确定；对信息用途主观明知结合聊天记录、出售或提供信息种类、数量、持续时间、用途等综合判断。

机关、法院出台《侵犯公民个人信息犯罪办案指引》，公安机关、检察机关、法院定期召开联席会议，对案件新情况、新问题进行分析研判，及时共享信息，不断达成共识，进一步统一法律适用及执法司法标准。对公民个人信息的概念、范围、量刑标准等进一步明确，对交易信息[①]、住宿信息、财产信息等进一步细化，明确可能影响人身、财产安全公民个人信息种类，统一执法、司法标准，便于司法实践操作。对采用技术手段非法侵入合法存储公民个人信息的单位数据库窃取公民个人信息的，应结合非法获取信息数量、违法所得，以侵犯公民个人信息罪、非法获取计算机信息系统数据罪择一重罪论处；对非法获取公民个人信息后被拿来实施电信诈骗的，应根据具体案情，结合行为人文化程度、聊天记录、参与时间、是否参与诈骗犯罪分成等综合判断是否为诈骗共犯。量刑方面，针对具有违法获取公民个人信息前科、劣迹人员、涉“两卡”违法犯罪人员，在缓刑适用方面严格把握，在判处罚金时，注重发挥罚金经济惩罚功能。

### （二）强化内外联动，形成打击合力

一是加强各部门协作配合。Y 市检察机关以检察建议为抓手，督促公安、邮政、市场监管、电信、银监等部门通力协作，全面打击上下游犯罪，切实斩断利益链条。对案件办理中发现的问题，以社会治理检察建议形式堵塞漏洞，督促公安机关加大对公民个人信息保护力度的同时，畅通部门之间信息、数据共享渠道，严厉打击“上游获取信息—中间购买加工—下游运营获利”行为，深挖上下游犯罪，彻底斩断犯罪链条；督促监管部门严格落实法定义务，强化对物流快递、电信运营商等信息密集型相关领域监管，由监管部门定期通报违规公司、企业，对多次泄露公民个人信息的予以整改、处罚，强化对电商平台及非法 App 整治，禁止售卖窃听装置等违禁品。此外，进一步强化信息密集型企业主体责任，对存储公民个人信息设备定期开展网络巡查，对发现的病毒、漏洞及时删除、完善，设

---

① 根据 2022 年施行的《中华人民共和国反电信网络诈骗法》，物流信息与交易信息并列，属于同等重要并需被保护的公民个人信息，而 2017 年 6 月 1 日起施行的最高人民法院、最高人民检察院《关于办理侵犯公民个人信息刑事案件适用法律若干问题的解释》中并无物流信息的规定，只规定了交易信息，该司法解释具有滞后性，部分条款已经不符合严厉打击电信网络诈骗的新形势需要。

置公民个人信息外溢自动报警程序。针对行为人犯罪手段迭代升级，在快递、电商等信息易泄露领域，建议行业主体进一步虚化公民个人信息，对涉及公民个人人身、财产安全信息隐匿重要部分或将公民个人信息二维码化，减少公民个人信息泄露渠道①，有效堵塞信息泄露漏洞。

二是深化行刑反向衔接工作。进一步强化刑检部门与行政、公益诉讼部门配合力度，制定《Y市检察机关行刑反向衔接工作机制》，全面完善内部案件移送。对不起诉案件，在作出不起诉决定三日内移送行政、公益诉讼部门建议行政机关进行处罚，同时拓宽行政处罚种类，凸显惩戒类处罚手段，在幅度范围内采取最高数额罚款，运用刑事、行政手段织密公民个人信息防护网，实现治罪与治理闭环。

三是完善行业准入及信用制度。对特殊行业如快递、银行、保险、电信等领域严格入职条件，禁止有侵犯公民个人信息前科、劣迹人员进入，进一步规范公司、企业尤其是网络招录人员程序、流程、条件，对招录人员进行岗前保密培训，同时将相关人员违规情况纳入社会诚信档案。

### （三）加大宣传力度，营造守法氛围

一是以案释法，丰富宣传手段。Y市检察机关积极做好案件办理“后半篇”文章，借助典型案例，依托新媒介、微信公众号、法庭旁听等向社会民众尤其是在校大学生、外来务工人员、老年人等宣传侵犯公民个人信息手段、高发领域、关联犯罪，强化民众遵纪守法和保护个人信息意识。

二是大力开展送法进社区、企业活动。利用宣传手册、短视频、讲座等载体，深入基层，全方位讲解、宣传公民个人信息种类、公民个人信息泄露带来的社会危害性，营造对侵犯公民个人信息行为“打早打小，露头就打”的社会氛围，坚决铲除犯罪滋生土壤。

---

① 目前Y市快递行业通行做法是将收寄人姓名隐藏1个汉字以上，联系电话隐藏6位以上，地址隐藏单元户室号；快递企业、电子商务经营主体采用手机虚拟安全号、电子纸等技术手段，对快递电子运单上的个人信息进行全加密处理，快递电子运单上隐藏、加密的信息内容，仅限于快递企业及授权的第三方、相关管理部门，使用专门设备合法读取。

# 论检察机关刑事类案检索机制的挑战及应对

刘沛宏　马铭遥*

2024年，最高人民检察院发布了《关于全面深化检察改革、进一步加强新时代检察工作的意见》，其中强调了要以科技赋能法律监督，深入实施数字检察战略，积极探索大数据、区块链、人工智能等技术辅助司法办案。与此同时，最高检还将健全新时代案例指导工程、建设人民检察院案例库作为“十四五”时期的重点检察工作。其中，类案检索作为建立人民检察院案例库的重要环节，应当受到重视并丰富完善。随着社会逐渐进入数字化时代，社会民众对正义的诉求更加迫切，他们往往将“同案同办”①奉行为司法公正的最高准则。在科技不发达的“纸质”办案时代，检察官依靠个人办案经验及法学理论积累就可以进行相对合理的裁量和监督。因此在那个时代这种准则虽然存在，但一直处于隐性的“死火山”状态。究其原因在于检察官没有更便捷、更直观的途径及方式去实现对类案的监督和对自由裁量权的规制，也无法判断相同案件是否得到了相同裁量，同案同办在传统办案时代背景下成为一直在“沉睡”的标准。在科技赋能的数字时代背景下，新型、疑难、复杂案件数量激增，仅依靠检察官的个人经验及知识储备将很难对案件作出合理、合法及公正的裁量。但大数据、人工智能等数字技术的发展，打通了类案检索的“任督二脉”，为检察官办

* 刘沛宏，陕西省宝鸡市金台区人民法院刑事审判庭法官；马铭遥，中央民族大学法学院。

① 本文所讨论的同案是指同类案件，而非完全同样的案件，如无特别说明，将交替使用“类案类判”“同案同办”这两个概念，也会交替使用“类似案件”“相同案件”这两个概念。

理上述案件的审判思路提供了有效且全方位多元化的技术支撑，也为“唤醒”民众心中那个隐性的公正标准提供了有力的抓手。检察官利用类案检索机制，能够为待决案件寻找到更多有价值的参考案件，拓展了办案思路，让检察官的裁量从个人经验主义迈向了集体思维逻辑。类案检索机制在未来的司法实践中持续发力，必将会对人民检察院案例库的建设、检察监督、规范检察官自由裁量权、统一法律适用标准等多方面起到至关重要的作用。

在数字化时代背景下，除了检察院案例库的建设，检察机关还应当重视法律监督专业化问题及检察官自由裁量权规制问题。事实上，从目前的司法实践来看，检察机关的法律监督更多地停留在个案层面，对于类案的监督尚不够充分；随着司法责任制改革进入深水区，检察官自由裁量权不断扩大，如不加规制，就会面临权利滥用的风险。因此，有必要以类案检索这一源头问题为抓手，来保障类案监督的有效性及权力规制的可行性。类案检索机制在法院系统内已经开始广泛应用，其应用与推广也为司法实践中同案同判标准践行提供了有效的技术指南。检察机关也应当以此为契机，将类案检索作为人民检察院案例库建设的重要环节，应用于检察监督及检察官自由裁量权规制等多个层面，降低检察官的权力被围猎及滥用的风险。本文将从类案检索的定位出发，总结出类案检索机制面临的三大挑战，探讨类案检索机制发展的未来进路。

## 一、检视：类案检索机制之定位

类案检索是大数据、人工智能在司法审判领域应用场景的集中体现。作为新生事物，必定会面临传统诉讼法原则、规则及理念的诸多挑战。之所以会面临困境，一方面是因为理论上类案检索机制定位不明，另一方面是实践中类案检索运行不畅。因此，对其进行准确的理论定位首当其冲。

类案检索机制是以人民检察院案例库为核心的案例指导制度的有机扩展部分。2011 年最高检建立了案例指导制度，多年以来，共发布了 200 余件检察指导性案例、2000 余件典型案例，很大程度上解决了实践中“同案异办”的现象，推进了法律的统一适用。现阶段，人民检察院案例库的建设将作为检察案例指导制度的核心及未来发展的重心。通过对案件的筛选、编辑、结构化处理，建成人民检察院案例库后，类案检索也会逐渐发挥其应有作用，提升办案质效及检察公信力。[①] 不仅如此，检察机关旨在利用数字化技术，延伸检察职能，从体系性治理的高度，创新履行检察职能的手段。[②]

但是由于现阶段指导性案例数量的限制、内容覆盖面偏窄等因素，其援引率在司法实践中偏低，也没有完全发挥其应有的功能和潜力。[③] 在类案检索机制刚问世时，就有学者对二者的关系提出了质疑，例如左卫民教授就提出能否及在何种程度上取代司法解释与指导性案例的地位。[④] 但是也有诸多学者提出了自己的看法，如“有益补充论”[⑤] “龙首龙身论”[⑥]。实际上，类案检索机制一方面扩展了检察官可以参考案例的来源，增加了可以参考的案例范围；另一方面也对类案检索的方式、范围及规则作出了相对明确的规定，完善了检索流程。从表面上看，案例指导制度已经被类案检索机制收归囊中或者取而代之，但实际上案例指导制度始终处于动态发展的状态之中，在不同的时期呈现不同的特点。[⑦] 我国自确立案例指导制度以来，其经历了多年的发展，要保持其核心思想即统一法律适用不动摇，同时兼顾多元性及开放性，就需要根据司法实践的变化而不断更新迭代，以满足当下及未来日新月异的实践状态。就现阶段而言，以指导性案例为“必须参照”，以其他案例为“可以参考”的类案检索机制，是多元化时代下案例指导制度的表现形式，本质上并没有违背案例指导制度的初

---

① 参见高景峰：《加强检察机关案例工作的重点问题研究》，载《人民检察》2021年第Z1期。

② 参见陈凤超：《检察机关依法能动参与社会治理的理论逻辑与格局构建》，载《人民检察》2023年第17期。

③ 参见林维：《刑事案例指导制度：价值，困境与完善》，载《中外法学》2013年第3期。

④ 参见左卫民：《如何通过人工智能实现类案类判》，载《中国法律评论》2018年第2期。

⑤ 有观点认为将类案检索纳入审判流程，是对现有案例指导制度的有益补充。参见李晓丹等：《类案检索方法指引》，法律出版社2020年版，第57页。

⑥ 有学者将案例指导制度比喻成一条龙，指导性案例就是龙首，其他具有参考意义的案例就是龙身。参见张骐：《论中国案例指导制度想司法判例制度转型的必要性与正当性》，载《比较法研究》2017年第5期。

⑦ 参见汪海燕、陶文婷：《刑事案件类案检索机制研究——由解释学检视展开》，载《山西大学学报（哲学社会科学版）》2021年第5期。

衷，反而对其内容进行了扩展。易言之，案例指导制度与类案检索机制的关系只是从有限的纸质文书迈向海量的电子文书，从层层遴选到规模化检索，从人工提取裁判要点到智能抓取文书核心等方式的转变。因此，笔者认为将其定位为以人民检察院案例库为核心的案例指导制度有机扩展部分较为妥当。

具体而言，类案检索机制对于建设人民检察院案例库及扩展案例指导制度内涵具有重要意义，体现在以下几个方面。第一，可以成为现代社会检察官行使自由裁量权的重要依据。指导性案例的搜集、遴选都需要较长时间，数量有限，虽现在初步建立了检察院案例库，但现阶段案例库还处于相对薄弱的状态，类案检索机制的出现可以有效缓解因指导性案例未覆盖而导致检察官无所适从的状态，为待决案件提供裁判参考，起到了承接的作用。第二，可以为案例指导制度解压。各地经济发展不均，出现的案情也不尽相同，东部经济发达地区，经济类犯罪较多。但指导性案例往往需要考虑全国范围内的案件情况，无法针对性地精准指引，在此情况下，将各省检察院、各市检察院的案例纳入检索的范围内，可以有效消解指导性案例无法覆盖的劣势及压力。第三，可以填补指导性案例与待决案件之间的缝隙。人工智能、大数据的出现成为类案检索赖以生存的基础，体量巨大、质量参差不齐是类案检索机制相较于案例指导制度的最大特点。指导性案例是最高人民检察院经过严格程序筛选出来的具有权威性之案例，但如遇到待决案件与指导性案例无法匹配或仅部分匹配时，相对较多的省院、市院或是基层院案例会填补指导性案例与待决案例之间的缝隙。第四，有助于人民检察院案例库的建设。作为人民检察院案例库建设的重要环节及未来应用的关键，类案检索机制的成熟发展，有助于案例库的健全和完善，在案例库待完成时，类案检索可以充分发挥其替代作用，弥补案例库还未成型的漏洞。总而言之，案例指导制度与类案检索互不排斥，应当形成“一体两翼、并行发展”的全面格局，[①] 充分发挥指导二者的作用，使二者相得益彰，形成合力，为统一法律适用及同案同判提供重要的手段。

---

① 参见张杰：《建构指导性案例与典型案例“一体两翼”工作格局》，载《检察日报》2019年8月8日。

## 二、挑战：类案检索机制的理论与实践困境

类案检索机制作为数字化时代背景下人工智能、大数据与司法实践结合之产物，契合了当下人民检察院案例库建设的时代需求，也在很大程度上支持了检察官的监督工作，同时对规制检察官的自由裁量权具有很强的现实意义。从长远的角度看，该机制的蓬勃发展势必在未来对检察监督及自由裁量权规制问题起到更大的作用。但类案检索机制同时也会面临诸多挑战及困境，例如数量庞大的类案造成检察官甄别的困难，人工与智能之间效率差别等问题，[①] 明显看出类案检索机制在实践中还存在较大的不足。

### （一）溯本正源：对类案识别的困境

1. 识别标准众多，增加操作成本

对于两起案件是否可以被认定为同案在理论界提出了众多的解决方案。比如张骐教授提出判断类似案件所使用的类比推理方法是一种“类型的思维方式”，判断案件是否相似需要确定案件的比较点，以保证案件的类似性具有相关性。[②] 除此之外，也有学者提出了判断类似案件的主要标准是争议点相似和关键事实相似，辅助标准是案由和行为后果相似。[③] 还有类似点、相似点等标准。包括对案件事实、法律适用及争议焦点等方面进行比对，来形成具体的评判标准。[④] 总体上来看，理论界对类案标准的研究有着丰富案件事实的成果，为检察官在司法实践中的判断提供了多重理论支撑。但检察官在认定两个案件是否是同案时需要较强的可操作性标准，因此，理论上标准的多元化在实践中反而会呈现出认定标准重叠的现象，造成检察官的操作成本不断增加。学术理论上已经非常“丰满”的识别标准，但实践中的应用却显得“骨感”十足。是否可以构建出一套行之

---

① 参见左卫民：《如何通过人工智能实现类案类判》，载《中国法律评论》2018 年第 2 期。

② 张骐：《论类似案件的判断》，载《中外法学》2014 年第 2 期。

③ 高尚：《司法类案的判断标准及其运用》，载《法律科学》2020 年第 1 期。

④ 参见张骐：《再论类似案件的判断与指导性案例的适用——以当代中国法官对指导性案例的使用经验为契口》，载《法制与社会发展》2015 年第 5 期；孟祥磊、徐平：《论类比推理在案例指导制度中的适用》，载《法律适用》2015 年第 8 期。

有效的判断体系成为关键。

2. 轻罪案件欠监督，复杂案件缺参考

如何利用类案检索机制对轻罪案件进行类案监督，成为当下所要面临的问题。还有例如新类型案件，或是法律没有明确规定的案件，比如冷冻胚胎案件、盗窃虚拟货币案件等，显然这类案件在系统中很难找到类似案件，或即便有也只是少数，参考性大大降低，如此一来，根本无法达到类案检索机制设置的初衷。如果针对疑难案件或是案件的疑难部分进行类案检索，并将待决案件事实强行既定要素化，就会出现“削足适履”的形式主义。从这个角度上看，类案检索机制会面临轻罪案件“缺监督”，复杂案件“不能用”的尴尬境遇，尤其在后者中更无法从类似案件的“镜像”中得到满意的回复。

3. 一旦矫枉过正，会出现“异案同办”

如果将类案检索作为一项义务强行附着在检察官的身上，就会引起检察官采取风险转移的方式来进行卸责，从而带来过拟合的“异案同判”现象。从类案检索机制的初衷及核心来看，是为了给予检察官在证据审查、类案监督及权力规制等多方面带来帮助。但实践中则异化成为检察官检验其裁量结果的依据，换言之，类案检索为检察官裁量结论的合理性寻找到了一种华丽的“包装”，从而造成类案检索成为检察官证明裁量结果合法性的注脚，检索的案件随时可以被替换只为寻找到与自己办案思路匹配的“同案”。[①] 由于类案检索机制在实践中出现异化及功能越位，在比对的过程中，牵强附会、生搬硬套的风险陡增，同时也会造成法官的“规则依赖”倾向。[②]

### （二）主体忧思：类案检索机制对检察官的挑战

1. 检察官优势地位的消解

检察官在办理刑事案件的过程中从始至终都具有决定性的作用。但事实上检察官在类案检索机制的适用中并没有利用或发挥自己主体的优势地

---

① 参见高童非：《警惕“异案同判”——类案裁判机制的功能越位与归位》，载《南通大学学报（社会科学版）》2022 年第 1 期。

② 参见侣化强：《事实认定“难题”与法官独立审判责任落实》，载《中国法学》2015 年第 6 期。

位。表现在主动适用率低、缺乏激励机制方面。检察官的年龄、学历、经验等各方面因素都在对适用类案检索产生着巨大的影响。例如办案经验较少的检察官更愿意将类案检索作为辅助自身办案的有效工具，理由是从类案的判决中可以汲取更多的经验来为待决案件提供支持；办案经验丰富的检察官更愿意从自身办案的经验中寻找出路，他们认为类案检索的手段还没有达到足够便捷的程度，自身的积累足以让他们能够应付未来面对的新类型案件，他们或者认为将案件提交检委会或专业委员会是替代类案检索更好的途径。[①] 再如，年轻检察官对新事物的接受程度更高、更快，因此对智能化的类案检索更容易接受；年长的检察官对于类案检索的操作就会显出畏难情绪。除此之外，我国系成文法国家，演绎推理一直以来是遵循的闭合逻辑，类比推理在法官的思维中难以达成最终的共识。类案检索机制的原理正是一种类比推理逻辑，检察官本应是类案检索最重要的主体，但其思维的抵触会造成该机制的运行不畅，在类案检索的优势地位就会逐渐丧失。

2. 检察官在适用类案检索机制的过程中缺乏有效的激励

检察官很难通过类案检索得到有效、积极的反馈，造成事倍功半的效果。例如检察官在遇到疑难复杂案件时，无法针对有疑问的细节难点进行准确检索，大规模的检索结果需要其进行进一步的筛选和甄别。通过简单法律标签比对找寻类似案件的方法会造成即便是出现标签相同的案件，也很难抓取到可以对待决案件具有指导意义的类案细节，当无法让检察官获得预期的结果时，类案检索对检察官而言就失去了价值和意义。[②]

### （三）应用困境：类案检索机制应用的技术障碍

1. 案例标签化混乱，数据供给不全面

人工智能进行检索的过程依赖于文书的标签化、信息的结构化。且类案检索结果的精确度很大程度上取决于文书标签化及结构化的质量。但现实是标签化和结构化严重不足，造成的连锁反应就是类案检索的粗线条

---

① 参见魏新璋、方帅：《类案检索机制的检视与完善》，载《中国应用法学》2018年第5期。

② 参见左卫民：《如何通过人工智能实现类案类判》，载《中国法律评论》2018年第2期。

化、检索“无的放矢”以及与待决案件进行比对的重重障碍。

2. 检索方法有限，检索结果粗糙

合适的检索方法能够获得更精准的结果，也能够充分体现出类案检索机制的技术性、科技性。但是检索方法过于单一，带来的直接结果就是检索的结果也显得粗糙失准。具体来看，表现为杂质过多，数据清洗不彻底。由于检索方法的不同、争议焦点归纳与标签的差异性，会造成检索结果的模糊性，且增加数据的杂质。结果的粗糙及模糊会造成检察官需要花费更多的时间成本进行筛选，拖累了诉讼的效率。

## 三、应对：类案检索机制在司法实践中的未来面向

类案检索机制在我国的发展时间并不长，但是通过对其准确的基础定位可以发现，未来司法实践中继续扩大应用具有很大的必要性。因此，如何克服上述困境、规避风险是理论界和实务界要共同面对的问题。

### （一）源头治理：同案的识别路径及运用的风险化解

如上所述，对于同案识别的标准众多，据此，应当建立实体及程序双重识别标准，处理好简案与难案适用关系问题。

1. 探索建立实体程序双重识别标准

第一，实体标准。实际上判断两个案件是否相似要通过选取准确的比较点进行比对，以便确定在什么意义上具有相似性。比如火车和飞机，将比较点定位交通工具的使用上，才会具有相似性。比较点应当是穿梭于法律规范与案件事实两个维度的，能有效衔接法律与事实。[①] 实践中复杂疑难案件众多，如何选取比较点成为关键，理论上学者提出了如法律适用、

---

① 参见赵英男：《类似案件判断中比较点的确定：原则、路径与运用》，载《法律适用》2020 年第 6 期。

事实认定、争议焦点、法律特征、裁判结果等各个维度作为比较点[①]。笔者认为，并非上述所有要素都可以作为比较点来进行比对，应以争议焦点来作为核心确定比较维度，确定关键事实，二者结合进行类案识别。正如张骐教授提出判断类似案件的主要标准是争议点相似和关键事实相似，辅助标准是案由和行为后果相似。[②] 争议焦点主要是指在案件事实归属到法律规范过程中产生的难点，[③] 同时也是控辩双方在法庭上争辩的核心内容。从这个概念来看，争议焦点包括了事实及法律两个方面。争议焦点的总结和归纳就是法官对审理对象的固定，将案件事实及法律适用化繁为简、化整为零的过程。[④] 因此，通过确定争议焦点就能够排除那些其他可以被替换且不影响实质的要素，这种实质性要素被学者认为是具有法律上的相似性的关键事实或者实质性事实。[⑤] 换言之，那种能够被构成要件或规范要件所辐射到的事实基本上都是关键或必要事实。[⑥] 正如张骐教授所言，关键事实就是与案件争议焦点直接相关的事实，可以通过裁判理由中关于类似性判断部分提炼出来。[⑦]

在明确了争议焦点及关键事实的基本概念后，下一步就是如何锁定关键事实，并通过关键事实及争议焦点进行类案识别（见图 1）。首先是关

---

① 王利明教授提出类似性应当包括案件的关键事实、法律关系、案例的争议点、案件所争议的法律问题四个方面，参见王利明：《成文法传统中的创新——怎么看案例指导制度》，载《人民法院报》2012 年 2 月 20 日。张骐教授认为比较维度包括争议点、案情、关键事实和是否属于狭义的指导性案例，其中基本的比较点是争议问题和关键事实。参见张骐：《再论类似案件的判断与指导性案例的适用——以当代中国法官对指导性案例的使用经验为契口》，载《法制与社会发展》2015 年第 5 期；张骐：《论类似案件的判断》，载《中外法学》2014 年第 2 期。张继成教授认为，需要了解事实特征、法律特征、判决结果和制约因素 4 要素。参见黄泽敏、张继成：《案例指导制度下的法律推理及其规则》，载《法学研究》2013 年第 2 期。

② 高尚：《司法类案的判断标准及其运用》，载《法律科学》2020 年第 1 期。

③ 邹碧华：《要件审判九部法》，法律出版社 2010 年版，第 26—27 页。

④ 参见冯文生：《争点整理程序研究》，载《法律适用》2005 年第 2 期。

⑤ 参见于同志：《论指导性案例的参照适用》，载《人民司法》2013 年第 7 期。

⑥ 孙海波：《重新发现“同案”：构建案件相似性的判断标准》，载《中国法学》2020 年第 6 期。

⑦ 参见张骐：《再论类似案件的判断与指导性案例的适用——以当代中国法官对指导性案例的使用经验为契口》，载《法制与社会发展》2015 年第 5 期。

键事实的判断，一方面以法律规范的要件事实作为判断的基础，另一方面检察官需要结合争议焦点对关键事实进行淬炼，二者结合总结出关键事实。其次是形式上的相似性判断。运用“提取公因式”及价值判断的方式将两个案件中共同点或者相似点及不同点进行提取比较，剔除不同点，这是求同存异之过程。再次是实质上的相似性判断。在争议焦点及规范的要件事实的指引下深耕出本案与二者相关的相似性和相关的不同性。以相关相似性与相关不同性的分量比例来判断两个案件是否为类案。唯独具有相关意义的相似点或不同点才有比较意义。[①] 最后是综合判断是否属于类案。要明确案件的相似性本身就是相对于法律而言的，以刑事案件为例，刑法为某一类犯罪案件的事实提供了判断的模型及标准，而这集中体现于规范的要件事实中，因此，相关相似性与相关不同性的分量判断不是仅依靠个人意志及经验，而且还取决于法律的供给及一般原则、政策等价值判断的方面。法律的供给能够体现出立法者的价值判断、方向和旨意，而这种指引就是规范的目的。总结而言就是要以规范目的及刑法中的一般原则、当下的刑事政策等方面来对两个案件是否构成类案进行实质性判断。

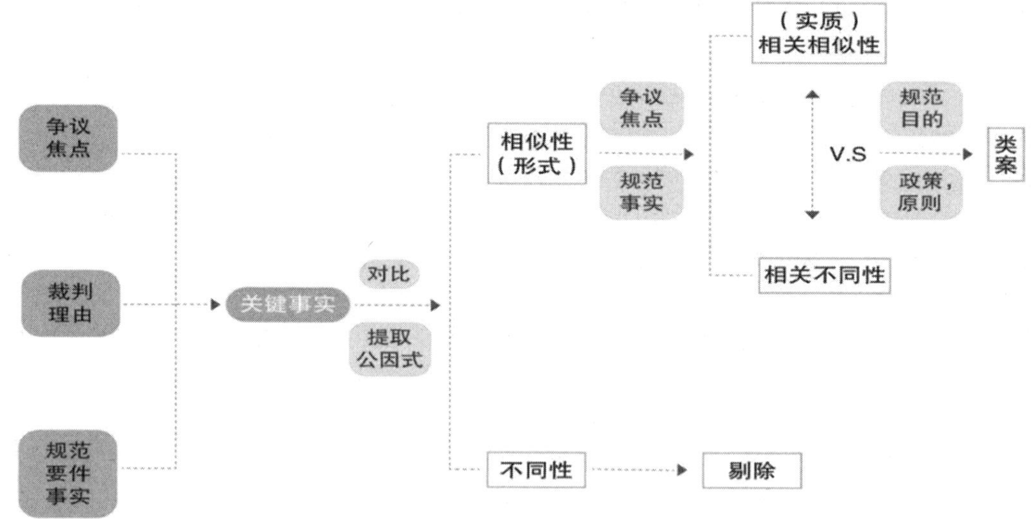


**图1　关键事实及类案的识别示意图**

---

① 孙海波：《指导性案例的参照难点及克服》，载《国家检察官学院学报》2022年第3期。

从上述分析可以看出，争议焦点和关键事实的凝练和选择都是需要依靠检察官个体进行判断的。因此在司法实践中人工智能无法完全取代检察官完成此项评判工作。

第二，程序标准。上述实体认定标准很有可能因为法官个体的差异带来不确定性，因此可以借助程序标准对实体标准予以辅助判断。借助专业委员会或检委会对检察官应用类案检索机制的结果进行认定，这种方式就是通过程序标准来辅助实体标准的认定。这样的方式体现了认定标准的清晰化，可操作性也相对较强，同时使法官个体的经验识别受制于法院集体认定的“多数理解”，可以有效避免本院内的裁判冲突。[①] 至少能够在形式上保持裁判结果的一致性，有利于本级检察院司法公信力的提升。

2. 处理好检索结果供需之间的张力

检察类案检索机制设立之初衷就是为了建设人民检察院案例库、统一法律适用、限制自由裁量权、进行类案监督。刑事案件不同于民事案件，更强调程序的完整性。因此类案检索的实践作用不仅应当定位于服务检察官对疑难案件、新类型案件的办理，还应当服务于当下的法律监督。检察机关的类案监督目的在于发现办案中的共性问题，从而解决问题，最终达到可以批量化监督，区域性治理的目的。发现共性问题的传统做法就是从个案中发现问题，再进行类案的排查。类案检索的出现改变了这种传统的方式，运用相关关系，找到变量与结果直接的关系和影响因素，依据大数据的规则，进行排查，发现相关线索。这样的监督就由事后被动监督转向了事前主动监督，因此可以看出类案检索有助于类案监督的推进。

3. 避免“过拟合”或“欠拟合”状态的出现

人工智能领域专家认为，当算法把训练样本学习“太好”的时候，很可能已经把训练样本自身的一些特点当作了所有潜在样本都会具有的一般性质，这样就会导致泛化性能的下降。[②] 与过拟合相对的就是“欠拟合”，这说明人工智能的算法还没有达到训练要求。两种状态都是非常态，因此，在机器学习中要允许合理的经验误差存在。在类案检索机制中，一旦对同案同判矫枉过正，就会面临过拟合状态，体现在实践中就是“异案同

---

① 参见吴颖超、吴光侠：《法律统一适用体系研究》，载《法律适用》2020 年第 11 期。

② 周志华：《机器学习》，清华大学出版社 2016 年版，第 23 页。

判”，如果没有做到位或者检索质量过低，就会出现欠拟合情形。原因在于即便是类案，也会有差异性，也会受到其他法外因素的影响，不可能做到毫无差别的重合。要避免过拟合或欠拟合状态的发生，就要从结论的参照转向对过程的参照，也就是要提高对说理过程及事实认定过程的重视。这是检察官智慧的集中体现，也是避免过拟合或欠拟合状态的最好说明书。

### （二）主体范围：检察官优势地位的发挥

司法经验与审查技术是法官审理案件的核心手段，如果能有科技的加持，必然会呈现出更加饱满的司法智慧样态。针对逻辑思维模式的固化及个体经验的差别，在数字化时代背景下，首先应当树立人机协同办案的工作理念。传统的演绎推理逻辑思维固然重要且有效，但是在数字化时代背景下，面对海量的大数据及算法主导的人工智能，仅凭纸质化的呈现方式无法满足时代需求。思维理念的转变是类案检索机制得以发挥作用的前提之一。人机协同强调将人工智能技术理性和人类思维的实质理性相结合。[①]人类还处于弱人工智能时代，要想使得类案检索机制充分发挥功效，检察官和机器就必须互相理解，方能展开工作。人工智能的算法需要技术人员事先预设，必须将检察官的思考过程以计算机语言输入智能系统。为了让人机互相理解，机器要充分了解和认知法官办案的逻辑思维。对于类案的判断，检察官更注重于“质”，而人工智能则是将万物量化后，通过计算产生的“量”的判断。[②] 无论是类案的识别抑或裁判结果的形成，都不能仅凭人工智能量化后的数据而做出，还要结合检察官对案件价值、法外因素、刑事政策等方面的衡量，也就是要将质与量二者结合起来。因此，不论经验是否缺乏、年龄是否正当，检察官都应当在当下树立人机协同办案的工作理念，促进类案检索机制功能的发挥。

其次，利用人工智能技术勾勒用户画像。现阶段我国检察工作是以团队为单位进行的，在一个团队中检察官是绝对的主角，每个检察官的思维

---

① 参见魏斌：《司法人工智能融入司法改革的难题与路径》，载《现代法学》2021年第3期。

② 参见孙光宁：《案例指导与人工智能结合的前景》，载陈金钊、斜晖主编：《法律方法》（第25卷），中国法制出版社2018年版，第243页。

逻辑、个人性格、办案经验、处理风格等各方面均有所不同，因此会形成各种团队特色。人工智能算法可以根据不同的检察官风格量身定制个性化的类案检索方式。通过对检察官用户画像的不断完善，可以充分挖掘检察官及该团队的需求，有效提升类案检索的精准度、个性度及智能度。第一步要进行检察官团队信息的采集及分析，包括性别、所在法院的层级、承办案件类型、办案年限、检索需求等各方面，生成初步的检察官及团队信息。信息承载量越大，检索的精准匹配度就相对较高。第二步进行数据挖掘及偏好度调试，形成团队特色的训练子集。在这个步骤中最重要的就是经过大量训练，形成具有明显团队及个人风格的偏好度，可以从检察官曾经办理过的案件及撰写的裁判文书入手，包括检察官在查明事实、证据审查、说理论证、文书表述、法条引用等各方面的具体信息，提取法官平时撰写文书的风格及重点偏好。在进行检索的过程中，算法可以根据“个人偏好+案件标签”的模式形成训练子集，换言之，在真实处理案件的过程中，只要该检察官或团队成员进行检索，呈现的结果一定是与其各项偏好匹配度较高的类案。第三步进行类案比对匹配形成结果子集。依据检察官的用户信息分析结果及个人偏好训练结果，将结构化的案件与待决案件，利用上述识别标准进行比对，人工智能就可以计算出两个案件的相似度，并在训练子集中从而进一步挑选生成更为精准匹配的结果子集。结果子集的出现为类案检索迈向类案推送打下了坚实的基础，在未来利用神经网络进行建模后，只要检察官将标签化的案件输入系统，在个性化算法的计算下，系统就可以自动推送结果子集中与待决案件相似度较高的类案。

再次，制定正向激励机制，促进检察官主动使用类案检索机制。尽管部分地区法院系统已经将强制检索纳入了案件质量考评和法官绩效考核，成为了正向激励机制的代表。但是设置常态化的考核机制或指标来对检察官使用类案检索进行评价，这种量化的考评机制带有强烈的行政化色彩，使检察官长期处于双重结构化的角色紧张中。[①] 甚至会造成检察官在类案检索机制适用中的形式主义。因此在这种科层的法院体系中，不能仅以问责的形式来要求检察官主动使用类案检索，而应转向正激励机制，方可在激励与惩戒之间达到一定的平衡。故要将论证说理部分作为考核的核心，真正应当被消极评价的是检察官在类案检索时不加任何论证的行为。第

① 参见黄维智：《业务考评制度与刑事法治》，载《社会科学研究》2006年第2期。

一，构建起类案检索报告奖励机制。从物质上可以对撰写类案检索报告的检察官予以奖励，这是提升法官继续运用类案检索撰写报告有效途径；第二，对未参照类案检索到的案例作出的裁判进行谨慎处理。

最后，从隐性援引迈向明示援引。在大力推行类案检索机制的未来，检察官逐渐接受并主动使用后，会发现即便是隐性援引也不能免除其论证的义务，反而明示援引可以省略由指导性案例提供背书的推理过程，实际上有利于检察官的“减负”。[①] 具体而言，在实践中应当做到以下两点：第一，增强主动检索能力，规定在裁判文书中明示援引。检察官选择隐性援引一则出于卸责考虑，二则没有主动援引之动力，因此，应当在激励的同时规定检察官应积极、主动地检索指导性案例，并要制作相应的类案检报告，将检索的结果记载于裁判文书中，检察官如此积极回应才是司法责任制的集中体现之一。第二，明确审查要点为参考指南。如果检索结果案件的要点存在问题时，应当赋予检察官足够的裁量权，而非原封不动地照搬照抄，否则就会沦为“快餐式”的参考，使裁判要点僵化为教条主义的奉行。[②] 因此仍要坚持具体问题具体分析，检察官在面对具体案件时，在有足够理由的情况下仍可以选择拒绝参考。

### （三）衔接之道：类案检索机制的技术支持

从技术角度来看，人工智能可以通过大量的模拟训练及计算，形成可量化的参考结论。具体来说就要对案件标签精细化，系统数据优质化。对案件进行“贴标签”、结构化的工作是类案检索的第一步。目前多数类案检索系统都是法律科技公司联合各地的司法机关研发，其中对案件进行标签化的工作人员多数是具有技术背景但缺乏法律知识的储备，或者还没有专门的人员负责案件的标签化处理，其他人员必须具有专业的法律背景知识才能完成此项工作。案件标签化对类案检索数据匹配度的高低具有关键性作用，这也决定了未来需要有更多具有法学背景的工作人员加入基础数据的处理当中。这是一项庞大而复杂的工作，同时会受到法律工作者的质疑，认为此项工作只是机械性地重复劳动。但事实上，此项工作完成的好

---

① 参见参见高童非：《警惕“异案同判”——类案裁判机制的功能越位与归位》，载《南通大学学报（社会科学版）》2022 年第 1 期。

② 参见吴英姿：《谨防案例指导制度可能的“瓶颈”》，载《法学》2011 年第 9 期。

坏优劣，直接决定了类案检索系统运行的是否顺畅。因此需要转变法律人传统的思想观念，更加重视案例标签化工作，吸引更多具有法学背景的人加入到其中，解决好标签模糊化的问题，确保类案检索或者未来类案推送产生结果的准确性。与此同时，要对进入检索库的数据进行优质化处理。未来类案检索或者类案推送系统必将是人工智能多重算法的有序组合，如果没有清洁的数据，即便系统再先进，也是无源之水、无本之木。因此要加强基础数据库的建设工作，要统一全国文书撰写范式及标准，要注意文书中用语的规范性，法条引用的准确性等，为案件结构化分析打下基础。还要剔除冗余信息，抓取文书中的关键信息，利用人工智能进行建模，设置抓取信息的名称，对文书统一结构化处理，完成数据的深度加工，为塑造用户画像及知识图谱提供依据。仍要及时更新数据库的文书，促进文书符合规定的应上尽上。

## 四、结语：人工智能进入司法的谨慎探索

数字化时代，检察官及民众都会对类案检索机制极为关注，一方面是因为类案检索机制是人民检察院案例库建设的关键环节，另一方面是因为类案检索机制也对类案监督及检察官裁量权的规制有所助益。民众对实质正义及形式正义的追求，促使检察官在裁量案件的过程中要参照先例；人工智能及大数据等数字化技术的发展也为检察官获得更多的先例提供了空前未有的便利条件，为类案检索机制打下了坚实的技术基础。类案检索机制也随着科技的突飞猛进在司法实践中日益升温。在此机制助力下，全国各地区检察院的判决都有可能具有“可以参照”的效力，尤其是在数字化时代，大数据为法律人找到了寻找更多案例的方式，甚至突破了法律人适用的藩篱，打造出以“案例群”为参考依据的供给新模式，该机制具有的友好性可以让每个普通民众享受指尖上的预测和监督权利。

与此同时，作为新生事物难免会遇到应用的困境。尤其是技术与司法的结合，更应该具备深厚的理论来支撑。实际上，检察官也在不断探索适合我国类案检索机制的发展路径。不论是类案的识别、适用主体的权利保障，还是技术迭代，都在向社会宣示着，类案检索机制即便会面临“阿克琉斯之踵”，但仍会不断完善、提升及精进，成为撬动检察工作现代化的阿基米德支点。最高人民检察院《关于全面深化检察改革、进一步加强新

时代检察工作的意见》的出台顺应了时代的潮流和趋势，在肯定类案检索机制的同时，也采取了相对谨慎和保守的态度。类案检索机制的出现是必要的，基于大数据和人工智能在数据搜集、检索、分析方面具有无可比拟的优势；但不可否认其也确有局限性，都或多或少影响着类案检索机制的发展。随着时间的推移、技术的更新迭代，类案检索机制也会越加完善，在司法实践中发挥更大的作用，为建成更加完善的人民检察院案例库创造了条件。人民检察事业是所有检察人与法律人共同的使命与责任，唯有全国检察院的齐心协力、社会各界的关心支持，检察类案检索机制才会继续发展，以此为核心的人民检察案例库的推进完善才能更加蹄疾步稳，在推进新时代法治国家、法治政府、法治社会一体化建设中发挥更大效用。①

---

① 参见陈灿平：《数字时代检察案例指导制度的再完善：以推进“人民检察院案例库”为核心》，载《河北法学》2024 年第 12 期。

# 轻微犯罪记录封存制度推进之路径*

黄祖旺**

党的二十届三中全会提出，建立轻微犯罪记录封存制度。应该说，对轻微犯罪记录进行封存，回应了我国随着犯罪结构变化，犯罪附属后果与刑事责任倒挂的现象，是建构“严而不厉”刑法体系的重要一环，标志着我国犯罪治理体系的完善。“占犯罪结构主导地位的大量轻微犯罪的治理，是实现犯罪治理现代化的关键。”① 但是，由于我国法律并未明确轻、重罪区分，对实践中如何更好地推进轻微犯罪记录封存制度还存在诸多挑战。

## 一、何为“轻微犯罪”

轻微犯罪应是相对不严重的犯罪，但我国法律并未有轻微犯罪的概念，建立轻微犯罪记录封存制度的前提必须解决什么是轻微犯罪的问题，明确其内涵和外延。

### （一）轻微犯罪的内涵

与我国没有对犯罪进行分层不同，国外不少国家都有对犯罪按严重程度进行纵向分层的传统，如法国对刑事犯罪分为重罪、轻罪、违警罪，德国按重罪和轻罪进行区分，意大利明确将犯罪分为重罪和违警罪等。那

---

* 本文系 2024 年度安徽省检察理论研究重点课题“中国推进轻罪治理现代化的检察进路”（WJ2024A10）的阶段性成果。

** 黄祖旺，安徽省池州市九华山风景区人民检察院分党组书记、检察长，安徽省检察业务专家，安徽省法学法律专家库成员。

① 孙春雨：《因应犯罪结构变化协力推动轻罪治理》，载《人民检察》2023 年第 11 期。

么，在我国，怎么理解轻微犯罪呢？目前法律上没有明确规定，这是一个较大的范围指称并且具有不确定性，理解我国轻微犯罪范围必须结合我国实际进行探讨。

一方面，随着社会的发展，人们在享受更好生活条件的同时，也面临着一些不确定的风险，并且在现代社会条件下，人民对公平、正义、法治等也具有更高的要求，作为社会治理的重要手段，刑法也越来越前置化，以预防社会风险对人们造成的严重后果。这体现为积极的刑法观，实践中表现为这十余年来刑法修正案中越来越多的以法定犯形式的轻罪罪名的出现，犯罪圈不断扩大，是刑法在风险社会积极作用的彰显。另一方面，自2013 年劳动教养制度废除后，作为治安处罚和犯罪惩治的中间地带，其调整和规范的行为无论是作为治安处罚的对象还是作为传统犯罪打击的内容，都有放纵或过度化之嫌，因此，因应劳动教养制度的承接而入刑的行为，无疑较传统犯罪更轻。所以说，无论是为了防范社会风险的罪名还是因劳动教养制度废除后产生的罪名，其根本的目的并不在于刑法的报应性功能，更在于其预防性，也就决定了我国新增的轻微犯罪只能是短期的监禁刑、缓刑、管制、拘役、罚金等。

### （二）轻微犯罪的范围

轻微犯罪是不严重的犯罪，但具体轻微到什么程度，这不仅是理论上需要探讨的内容，而且是立法上需要解决的问题。国外重罪、轻罪的划分标准，有的以 10 年有期徒刑为界，如法国；有的以 1 年自由刑（监禁刑）作为重、轻罪的界限，如德国、美国等。我国法律上虽然没有重、轻罪之分，但学术界在论及犯罪分层之时，学者争论大多集中在 5 年或 3 年有期徒刑。而我国刑法学界对于轻罪与重罪的划分，也没有达成共识，主要存在“微罪说”（1 年以下自由刑为微罪）、“3 年说”、“5 年说”等不同的划分标准。[①]

实际上，无论是 1 年、3 年或 5 年，抑或其他分界线来区分重、轻罪，都要符合一国的法治传统和司法现状，其本身并没有优劣对错之分。划分的尺度也和重罪、轻罪相配套的刑事司法体系相关，如对轻罪有一套专门

---

① 陈卫东：《论中国式轻罪治理体系现代化的程序法供给》，载《中国法治》2023 年第 9 期。

的出罪机制，或者对轻罪有明显区别于重罪的“宽宥”，为轻罪限定一定的范围更为妥当，否则对犯罪有打击不力的嫌疑。从我国刑法关于域外管辖、缓刑适用条件以及刑事诉讼法关于简易程序的有关规定看，目前以3年有期徒刑来区分轻、重罪似乎更有利于与其他法律的衔接，同时，最高司法机关在对外通报情况时，也大多将3年以下有期徒刑作为轻微犯罪或轻刑案件。问题是，我们要建构的犯罪分层体系是重罪、轻罪两分法，还是重罪、轻罪、（轻）微犯罪三分法？有学者认为，轻微犯罪的概念可以将轻罪和微罪都包含在内。[①] 但从犯罪记录封存角度看，如果我们有了（轻）微犯罪的刑罚层级，再直接到重罪跨度未免过大，并且封存的覆盖面过大。如此，可在（轻）微犯罪和重罪之间架构一个轻罪，将轻罪确定为3年以下有期徒刑，（轻）微犯罪确定为1年以下层次似乎更加分明，并且，从犯罪预防的角度看，建立轻微犯罪记录封存制度，让1年以上有期徒刑的犯罪记录无条件进行封存，也增加了有一定恶性、有一定后果的犯罪有再犯的风险，未必达到封存犯罪记录的效果。因此作为封存犯罪记录的轻微犯罪，以1年以下的有期徒刑、管制、拘役或单处罚金等范围为宜，以兼顾轻微犯罪当事人的保护和社会整体预防之效果，这也是轻罪治理体系的应有之义。

### （三）轻微犯罪的刑期确定

确定了轻微犯罪的刑期界限后，需要明确的是，所谓1年以下的有期徒刑、管制、拘役或单处罚金的确定是最高法定刑还是宣告刑，理论界不无争议，有的认为法定最高刑具有确定性，不受法官根据犯罪性质、情节、犯罪分子的表现而做出的裁判的影响，相似的案件经过法官的自由裁量权可能会造成不同的结果，影响轻罪刑事政策的运用，如德国刑法“总则中对加重处罚或减轻处罚的规定，或者针对情节特别严重或情节较轻而作出的加重处罚或减轻处罚的规定，在（重罪和轻罪）分类时不予考虑”。[②] 有的认为要以宣告刑为依据，认为法定刑是预判，宣告刑才是最终确定的。应该说，两种观点都无可厚非，如果是区分重罪和轻罪，从犯罪分层的角度上审视刑法的结构体系，从应然意义上分析我国刑法体系的合

---

① 陈兴良：《轻罪治理的理论思考》，载《中国刑事法杂志》2023年第3期。

② 郝冠揆：《论轻罪化的三大认识转变》，载《兰州学刊》2022年第11期。

理性，并明确有区别的犯罪治理体系，以相应罪名的法定最高刑更为妥当；但如果对轻微犯罪适用具体的刑事政策，也不得不兼顾具体罪名的宣告刑，虽然两者在多数情况下是统一的，前者是立法上的静态设定，后者是司法过程中的具体运用，比如普通盗窃罪，是按轻罪还是重罪处遇，宣告刑似乎更为合理，而且，我国未成年人领域目前适用犯罪记录封存制度也是按宣告刑来适用的。总而言之，轻罪关乎刑事政策的设定，轻刑是司法过程中的运用，作为犯罪记录封存的轻微犯罪，应以宣告刑为主体，同时兼顾法定刑，如在法定刑上是轻微犯罪，但宣告刑不在轻微犯罪包括的刑期里，不能适用轻微犯罪记录封存制度。

法定最高刑是刑法所给予的某罪最大的惩罚程度，宣告刑则是体现具体人具体罪主客观相统一的结果，一般情况下法定最高刑属“轻微犯罪”的经宣告刑后也是轻微犯罪，但法定最高刑是重罪的经犯罪构成的综合考量也可能是轻微犯罪，这就要评价主观恶性、客观行为等。作为我国轻微犯罪记录封存制度，必定要重点考虑以法定最高刑为标准的轻（微）罪，这是其发挥作用的重要场域，同时也不得不考虑虽整体上不是轻（微）罪的罪名，但按行为人的犯罪情节实际上获得相当于轻微犯罪的“轻微刑罚”，这依然为轻微犯罪记录封存的制度价值所涵摄。

## 二、轻微犯罪记录封存的限度

一般情况下，对符合条件的轻微犯罪都要进行封存，但涉及司法实践中具体犯罪形态各异，在一般情况下也要有例外，这是轻微犯罪记录封存制度之必要路径。

### （一）在实体上，要判断具体犯罪的性质和形态

犯罪记录封存的对象是轻微犯罪，主要在于轻微犯罪一般具有当事人恶性不大、情节不恶劣、后果不严重，总体危害性不大的特点，正是因为这种犯罪比较轻微，甚至跟治安违法行为不相上下，对其进行“一过性”的刑罚评价基本能达到刑法的预防目的，其再次犯罪的概率也比较小，相反，如果不对该犯罪记录进行封存，让其经历更多的社会性评价，影响他们就业、入学等，被社会边缘化，反而有可能再次犯罪。“从刑法治理的

全局视角上看，犯罪附属后果引发的‘惩罚过剩’阻却着轻罪化的实现。”[①] 轻微犯罪记录封存制度的价值在于，即使是轻微犯罪也要进行刑法否认评价，同时，对于轻微犯罪要淡化刑法的报应功能，突出其预防教育功能，从这个理念出发，就需要我们在司法实践中把握好案件的实质法律关系，充分彰显轻微犯罪记录封存制度的法治精神。

一方面，从案件情况看，如危害国家安全、恐怖活动等犯罪，虽然个案中因引起实际后果不严重而轻判，但其性质非常严重，对国家安全危害很大，应不予封存犯罪记录；在数罪的情形下，包括发现漏罪、犯新罪、累犯等，一定程度上反映了当事人主观恶性较大，有犯罪的“惯性”，无论实际刑期多长，从犯罪预防的角度看，不宜进行犯罪记录封存，但过失犯罪的除外；另一方面，从当事人情况看，虽然是轻微犯罪，但当事人拒不认罪，扬言报复社会（当事人），一般也没有封存的必要，这可以从当事人是否签订认罪认罚具结书、是否积极退赃退赔等进行综合判断。此外，轻微犯罪记录封存制度的立足点是保护当事人重新回归社会，如果当事人不愿意对犯罪记录进行封存，如认为其行为不构成犯罪，主动放弃封存的“待遇”，也可不进行犯罪记录封存。

### （二）在程序上，依职权封存和依申请封存相结合

按照未成年人犯罪记录封存的有关规定，一般情况下由办案机关和执行机关依职权主动对犯罪记录进行封存，这应该同样适用轻微犯罪记录的封存。从封存的目的看，这是在兼顾刑法的打击和保护功能，是效果最大化的体现，符合刑法严而不厉的要求。从效率上看，如果对犯罪记录进行封存一律由当事人申请，由办案机关审核，也将消耗大量的司法资源，而且也没有必要。从效果上看，对办案机关科以封存的责任，能够将封存的要求落实到办案全流程，确保在每个办案机关每个环节都及时进行封存，提高封存的效果。从当事人角度看，对犯罪记录进行封存并不侵害其权益。所以说，办案机关和执行机关在案件结束之后，对符合封存的刑期等条件的，直接对犯罪记录进行封存。并且，还要对参与案件办理的其他机关、因工作原因知悉案情的其他人员告知犯罪记录封存的情况，从而实现

① 邹子铭：《轻罪扩张背景下的犯罪附随后果研究》，载《法学杂志》2023 年第 6 期。

真正封存的效果。

依职权进行封存应是一般原则。但正如轻微犯罪包括轻（微）罪和轻（微）刑一样，对于法定刑是轻微犯罪产生的轻微刑罚，办案和执行机关可直接进行封存，但对于法定刑是重罪或轻罪产生的轻微刑罚，是否要进行封存则要区别对待。对于法定刑是轻罪的，该类犯罪的社会危害性总体相对不大，通过对罪的惩罚一般能实现预防的目的，因此，办案和执行机关对此可直接封存，特殊情况下，也可以决定不封存；对于法定刑是重罪而言，因为重罪在应然状态上还是“重”，刑法之所以给予重罪的评价，是考量相关领域的危害性、行为性质的严重性、可能造成后果的破坏性等，所以重罪与轻罪特别是轻微犯罪还是有明显的区别，需要不同对待。司法实践中有的重罪因为从轻、减轻情节或者不同的量刑档次最终判为轻微刑罚也是可能的，这种情况并不能一概而论，需要当事人主动申请，由办案或执行机关根据具体罪名、犯罪情节、人身危险、再犯可能等统筹确定是否封存，兼顾当事人意志和封存必要性。

与犯罪记录封存制度相提并论的是，理论界提出前科消灭制度，这是比封存更进一步的探索，行为人的犯罪记录经一定程序后就不复存在，不仅在社会意义上行为人不再受曾经之“罪”的任何影响，如果他人传播其消灭的犯罪事实，还会被追究相应的责任，而且在规范意义上，司法机关也不得以此考虑其累犯、前科之情节，如果立法上确立前科消灭制度，那必然要明确一定的条件和期限，就要由当事人申请才能依法启动。

## 三、轻微犯罪记录封存之配套

轻微犯罪记录封存是一项重大改革内容，在轻微犯罪领域进行犯罪记录封存是一个从无到有的过程，必须做到于法有据，于事周延，才能发挥更大作用，为此，必须进行周密设计，统筹安排。

### （一）立法之配套

作为刑事诉讼过程中的一项重要内容，需要法律上有明确的规定，这样才有施行的可能性和落实的可操作性。从未成年人犯罪记录封存的规定来看，一方面由刑法作出原则性规定，另一方面最高人民法院、最高人民检察院、公安部、司法部以“实施办法”的形式对由谁封存、封存什么、怎么封存、封存效果作出具体规定，既解决了合法性问题，也解决了操作性问题。由于轻微犯罪记录封存制度涉及面广，关涉的案件多且影响大，已超过特定领域（未成年人）而成为一般制度，应作为刑事诉讼立案、侦查、审查起诉、审判、执行之后的一个独立程序，成为完善我国刑事司法结构的一块独立“拼图”，应由刑法对犯罪记录封存制度作出明确规定，刑事诉讼法对封存程序进行规范，对司法实践中的具体操作可由相关司法解释予以明确。在改革初期，这不失为一种稳妥的立法模式，且比较成熟。参照美国有的州实施“既往不咎法”（*Clean Slate Law*）以淡化犯罪标签[①]，未来，在轻微犯罪记录封存制度积累丰富经验的基础上，可制定《轻微犯罪记录封存法》，或者制定《轻微犯罪法》，系统规定轻微犯罪记录封存工作。

### （二）效果之配套

轻微犯罪记录封存制度，让行为人不因轻微犯罪承担过重附随后果，体现了罪责刑相一致。问题是，犯罪附随后果的存在，本来的意义是犯罪特殊预防的需要，随着轻微犯罪记录的封存或消灭，其预防的作用也基本消失。那么，对轻微犯罪的特殊预防，就在于对行为人的刑罚及其震慑力，然而，之所以是轻微犯罪，是因为刑期较短，有的甚至是不起诉、免予刑事处罚，其震慑效果是有限的，如何在缺少了犯罪附随后果这一预防手段时，达到特殊预防的效果，这也考验着轻微犯罪记录封存制度的实效。这就要建立多元化的刑事处罚手段，比如，不少侵财类的犯罪，被告人追求的大多是获得不正当利益，这类当事人如给予更重的金钱方面的惩罚后果，效果更好，“实践中，较多轻罪行为人实施犯罪的出发点是为谋取经济利益，加大罚金刑的适用既有助于较好地惩戒和警示作用，限制行为人的再犯罪经济能力，也不至于产生‘以钱买刑’的不良影响”。[②] 还有的其他当事人，与短期自由刑、不起诉相比，所受到的经济惩罚让其压力更大，因此，对于轻微犯罪，可在法律上明确更多的单处罚金的立法形式，并且在司法实践中强化罚金刑的适用频度，让当事人因刑本身真正受

---

① 冀莹：《美国轻罪治理体系的现状、困境及反思》，载《政治与法律》2022 年第 1 期。

② 梅传强、王心一：《轻罪治理的制度构建》，载《人民检察》2023 年第 15 期。

到震慑。从犯罪附随后果所具有的直接功能——避免再犯来看，有的犯罪具有一定的职业背景，鉴于此，可将原来的犯罪附随后果替换成禁止一定期限从事特定职务或者职业，设立刑法中的资格刑，可附加适用，也可以独立适用，并可以有期限适用。[①] 这在一定程度上避免了刑法特殊预防功能的落空。

### （三）效力之配套

犯罪记录封存的目的在于减少或消除前科对当事人的消极影响，从而能“轻装上阵”融入社会，轻微犯罪记录封存制度实施以后，对发生的符合条件的轻微犯罪应封尽封，这是制度效力之使然，也应是轻微犯罪治理的必然要求。而对于制度实施以前，特别是最近十多年产生的大量轻微犯罪，虽然对犯罪的审判早已尘埃落定，但犯罪记录仍然处于持续状态，继续承受着规范性或社会性的评价，对犯罪预防带来负面的影响，对社会治理造成潜在的隐患，需要正确对待和处理。由于轻微犯罪记录封存制度实施前后轻微犯罪性质相同、危害相似，并且封存犯罪记录有利于当事人，故对制度实施前的轻微犯罪记录进行封存具有必要性和可行性。在操作层面上，由于制度实施之前轻微犯罪数量庞大，没有必要将这些案件重新专门纳入封存程序，但在实质上，对轻微犯罪可按封存的效果来处理，当事人免除报告的义务，有关机关在应申请查询时可出具无犯罪记录证明，通过溯及既往的效力最大化释放轻微犯罪记录封存制度。

① 张明楷：《轻罪立法的推进与附随后果的变更》，载《比较法研究》2023 年第 4 期。

# 民事支持起诉在基层民事检察实践中的运用

## ——以陕西省F院民事支持起诉工作为视角

潘振洲　王　婧　雷　蓓*

民事支持起诉作为中国特色社会主义法治建设进程中的本土资源，是检察机关进一步加强民生司法保障、参与社会治理、化解社会矛盾、维护社会公平正义的重要途径，在贯彻“以人民为中心”的发展理念、助力特殊群体权益保护、增强人民群众司法获得感方面具有重要意义。但在司法实践中，法律依据不足、案件类型单一、线索渠道匮乏、办案人员专业素养不高等因素在一定程度上影响和制约了支持起诉工作的进程。本文结合F院民事支持起诉工作实践，对民事支持起诉工作的现状、特点及存在问题予以探索思考，以期不断完善和丰富民事检察支持起诉工作基层实践。

## 一、基层检察院开展民事支持起诉工作现状

陕西省F院民事支持起诉工作起步较晚，但经过不断探索实践，案件数量和质量逐年提升。近三年来受理民事支持起诉26件，向法院提出支持起诉23件，支持起诉和解3件。从案件类型来看，主要集中在健康权纠纷、劳务合同纠纷、机动车交通事故责任纠纷；从案件来源看，民事支持起诉案件均为依当事人申请而受理；从案件主体上来看，农民工为最常见的受帮助主体，其次为老年人、妇女和未成年人以及因权利受到侵害而

* 潘振洲，陕西省延安市富县人民检察院党组书记、检察长；王婧，陕西省延安市富县人民检察院第二检察部副主任；雷蓓，陕西省延安市富县人民检察院第二检察部书记员。

行动不便的伤者等。在司法实践中，F 院主要做法有以下三个方面：

一是开通绿色通道，搭建支持起诉平台。在全省率先成立了“保护弱势群体支持起诉中心”，与 12309 检察服务中心合署办公，通过专门窗口、指派专人为特殊群体进行“一站式”诉讼服务，将支持起诉、协调法律援助、公开听证、调解磋商、司法救助等工作串联起来，共同建立高效的便民服务渠道，充分保障当事人合法权益，打通检察服务群众“最后一公里”。

二是会签协作机制，汇聚支持起诉力量。与法院、妇联、残联、民政、教育等行政单位会签了《关于开展民事支持起诉工作协作机制的意见》，建立了联系机制，对支持起诉案件线索移送、办理结果反馈等方面作出具体规定。各单位确定联络员，定期召开支持起诉工作座谈会，强化职能部门协作配合，形成多元保护合力，共同维护弱势群体合法权益。如 F 院办理的残疾人耿某某借款纠纷支持起诉案，该案系残联工作人员在慰问残疾人时发现的线索，遂向 F 院进行了移送，在后期案件办理过程中，残联还派员积极协助 F 院办案人员对申请人进行调查走访。

三是丰富基层实践，增强民事支持起诉效应。检察机关通过支持起诉，对诉讼能力缺失的特殊群体予以支持帮助，为申请人提供法律咨询，向申请人告知人身损害赔偿标准，引导申请人收集相关证据，指导申请人书写民事起诉状。如 F 院在办理某残障妇女离婚支持起诉一案中，由于当事人不能提供婚姻证明，向 F 院申请协助其调取此证据，F 院向民政局调取婚姻登记表，帮助其完善诉讼证据。加强民事检察与刑事检察双向衔接，形成内部履职合力，实现最优办案效果，最大限度地化解社会矛盾。如，F 院在办理某刑事案件中，向民事检察部门移送受害人撤销监护权案件线索，民事检察部门及时受理，为其提供法律帮助并助其起诉，维护其自身权益。引入和解、调解机制，实现矛盾纠纷的“初次化解”，推动综合治理。如 F 院办理的贺某某劳务合同纠纷案件支持起诉案，邀请了人大代表、人民监督员、律师等担任听证员召开听证会，通过对案件当事人释法说理，引导当事人达成和解，现场兑付了拖欠贺某某的劳务款，取得了较好的办案效果。

支持起诉的案件属于典型的“群众身边的小案”，诉讼标的额小、侵权恶意较小、矛盾积怨不深，法律关系相对简单。在办理的案件中，大部分案件经审查后支持提起诉讼，部分案件能够在提起诉讼前达成和解终结案件。在法院已结案的案件中，检察机关的意见均被采纳，采纳形式为判决、裁定或者调解及当事人自愿撤回起诉，该类案件办结后被告履行义务的情况总体较好。

## 二、开展民事支持起诉工作存在的问题

在基层司法实践中，受立法不健全、工作做法地域差异较大、检察官对支持起诉定位把握不准等因素制约影响，检察机关难以主动开展工作，进而实现民事支持起诉的制度优势。

### （一）线索来源困难

从近几年检察机关办案数据来看，民事支持起诉案件类型逐渐多样化，但仍以农民工劳资纠纷为主，农民工劳资纠纷案件中，系列案件居多，不少案件高度同质，使得支持起诉工作形式化的痕迹较为明显。案件线索来源主要为检察机关在依法履职过程中自行发现或相关部门、社会团体在处理弱势群体权益受损相关工作时向检察机关进行线索移送，线索渠道不畅。检察机关在走访中发现，大多数单位人员表示不了解民事支持起诉的含义，也不知道检察机关有民事支持起诉的职能。由于公众知晓度低，相关部门也不了解，导致民事支持起诉的线索来源渠道不畅，同时与其他部门建立的协作机制还没有完全发挥作用，一些部门对于线索筛查和移送较为被动，日常工作中推动机制运行落地生效不力。

### （二）缺乏统一的实施规则

党和国家对于检察机关通过法律监督工作实现对弱势群体权益的维护与保障寄予厚望。民事支持起诉工作作为一项与民生紧密联系的法律制度，是检察机关依法行使法律监督职责的重要体现。然而我国目前关于个人民事利益受损支持起诉制度仅在民事诉讼法第 15 条做了概括性规定，这一规定显然过于单薄，尚未建立起完整且独立的支持起诉制度体系，也导致支持起诉的制度定位难以明确。检察机关作为民事支持起诉的主体，法律法规、司法解释未对检察机关支持起诉的方式、程序作出明确规定，制度运行的边界也不甚明朗，导致检察机关在支持起诉时难以把握自身定位，也造成了实践中各地对于支持起诉制度的运用存在差异。

对于支持起诉程序的启动，除最高检统一规定出具《支持起诉意见

书》外，申请人应当提交哪些材料、检察机关选择何种方式支持起诉、支持起诉中有哪些注意事项、是否应当出庭等方面没有明确规定。实践中，各地检察机关在民事支持起诉中的履职程序和具体做法存在差异，有的基层检察院仅向法院递交《支持起诉意见书》，有的则派员出席庭审，当庭发表支持起诉意见，有的还参与调查取证等，导致“同案不同为”等情况，很容易造成过度干预当事人权益，进而引发新的诉权不平衡。例如，F院办理的支持起诉案件中仅在当事人存在客观原因无法取得证据的情况下依职权调查取证，非重大案件只向人民法院递交《支持起诉意见书》而不参与庭审，而周边基层检察院对于离婚等支持起诉案件有派员出席庭审的情况。

### （三）保护力量难以有效整合

维护特殊群体合法权益，不能也难以仅仅靠检察机关完成，需要各级各职能部门相互配合，能否建立高效合理的联动机制将直接影响支持起诉制度的运行效率和运行效果。实践中，各部门尚未形成保护特殊群体合法权益的工作合力。根据民事诉讼法第15条的规定，机关、社会团体、企业事业单位对损害国家、集体或者个人民事权益的行为，可以支持受损害的单位或者个人向人民法院起诉。例如，妇女组织、残疾人组织、工会等，对于合法权益受到损害的妇女、残疾人、劳动者等，有权支持其向人民法院起诉。通常来说，民事权益受到侵害的单位或者个人，经有关行政机关、社会团体等履职后仍未实现最低维权目标的，检察机关作为“兜底”的主体支持其提起诉讼较为适宜。从实践情况来看，近年来，尚未有检察机关以外的其他机关、社会团体或者企业事业单位支持起诉的情况，民事私益领域的支持起诉几乎成为检察机关的“独角戏”。一方面，妇女组织、残疾人组织等单位对于其各自领域的情况较为熟知，依照民事诉讼法也有支持起诉的权利，支持起诉制度想要进一步丰富和发展，就离不开各单位的共同参与；另一方面，起诉只是一种维权的最后手段而非目的，当事人的诉求在未经有关行政机关、社会团体等部门依职权处理的情况下，直接向检察机关申请支持起诉并不利于矛盾化解。

### （四）检察和解率较低

最高检强调，要坚持和发展新时代“枫桥经验”，促进民事支持起诉案件在检察环节实现和解，以减少诉累，节约司法资源。但在实践中，真正实现检察和解的案件很少，近三年F院办理的26件案件中只有3件达成检察和解，当事人当场对诉求标的予以给付。原因在于，一是法院对案件争议具有最终裁判权，有些案件的双方当事人对事实或证据存在争议，需要法院运用裁判权对案件争议一锤定音；二是申请人渴望获得具有强制执行力的法律文书，检察机关推动达成的和解协议不具有强制执行力，事后一旦一方当事人反悔或者不履行和解协议约定的义务，另一方当事人的权益将难以保障。正因如此，除去当场予以履行的案件，有些案件在检察机关的调解下，尽管双方当事人已经对权利义务进行确认，但申请人依然希望检察机关支持其向法院提起诉讼，以获得法院的生效裁判，如在权利义务关系明确的民间借贷纠纷、劳务纠纷案件中此种情况较为明显。

### （五）支持起诉职能发挥不够充分

目前，检察机关民事支持起诉主要是维护特殊群体的合法权益，但法律并未明确界定特殊群体的范围。对于支持起诉中“弱势群体”的范畴，实践中，农民工、特殊群体中有智力残疾人、老年人、进城务工人员、受家暴妇女等，这些群体法律认知较低、诉讼能力较弱，被认定为弱势群体毫无异议。现实中，许多群体对检察机关支持起诉的愿望是强烈的、需求是多样的，但是因检察机关支持起诉的范围、权限、介入程度尚不明确，办案人员只能根据上级检察机关发布的相关指导意见开展工作，民事支持起诉职能发挥还不够充分。

## 三、完善民事支持起诉工作的对策建议

### （一）内外联动，拓展案源线索

一是内挖潜力。对内强化检察机关业务部门间的协作配合，充分发挥检察一体化办案机制，加强与刑事、民事、控申、未检、刑执等部门协作沟通，畅通部门间常态化信息共享渠道。刑事检察部门办理涉及特殊群体刑事案件时，发现存在申请撤销监护权、被家暴妇女离婚诉讼等支持起诉案件线索的，积极移送民事检察部门，构建民刑无缝衔接的工作机制。制定线索移送登记表、线索移交办理反馈工作台账等，准确记录线索移交办

理与反馈情况，不断优化内部移送，依法及时受理各类支持起诉申请。二是向外借力。坚持“走出去”“请进来”的工作方式，加强与妇联、残联、民政、法律援助中心及相关部门的沟通联系，多渠道了解特殊群体维权需求，宣传民事支持起诉价值功能，鼓励相关单位积极向检察机关移送案件线索，引导特殊群体依法维权。

### （二）有限介入，统一办案标准

民事支持起诉并不是检察机关代表或代替当事人行使诉讼权利，而是检察机关支持诉讼能力处于弱势的一方当事人通过民事诉讼的方式维权，是对诉权的平衡，确保双方当事人能够实质上平等地参加民事诉讼活动的重要举措，但不是保证当事人胜诉的手段。受支持的当事人一方是否胜诉由法院审理后依法独立作出裁决，起诉主体是当事人而非检察机关，检察人员也不是当事人的诉讼代理人。因此，检察机关应当保持谦抑审慎的态度，以有限介入、诉前支持为基本遵循和履职要求，维护诉权的实质平等，充分尊重当事人的处分权，案件一般应依当事人申请而受理。由于特殊群体通常欠缺诉讼能力、法律知识，检察机关可以依当事人申请开展调查核实工作，帮助调取证据，提供法律咨询。检察机关应当主动履职，以更好地维护特殊群体诉讼权益，但不应以原告胜诉为目的，应当保持客观公正立场，避免诉权平衡的修复过当。

### （三）健全机制，多元化解矛盾

发现支持起诉线索后，检察机关可以自行调解，或联系司法行政机关、基层群众自治组织、人民调解委员会等开展诉前调节，践行新时代“枫桥经验”，积极释法说理，切实化解矛盾纠纷。一是建立“支持起诉＋机制协作”机制。拓展案件线索，定期召开座谈会，通报支持起诉相关工作情况，相关单位结合自身业务领域情况，及时向检察机关移送符合条件的案件线索。二是建立“支持起诉＋公开听证”机制。针对疑难复杂的案件，组织公开听证，充分听取案件当事人意见，在明确争议焦点的基础上，找准矛盾化解着力点，组织公开听证，引入第三方听证员意见，促进争议实质性化解。三是建立“支持起诉＋调解”机制。将F院创新推行的《检察版“两说一联”预防纠纷工作方法》贯穿于民事支持起诉工作始终，邀请律师、法官、行政机关等共同参与支持起诉诉前和解、调解工作，加强释法说理，促使双方达成和解，努力将矛盾化解在诉前，促进社会治理。四是建立“支持起诉 + 司法救助”机制。对于涉及弱势群体或者因纠纷导致生活困难的案件，在办理过程中积极与控申检察部门沟通，通过走访调查，核实情况，对符合国家司法救助条件的，及时启动司法救助程序，发放司法救助金，以解燃眉之急。五是建立“支持起诉 + 跟进监督”机制。积极协调法院对支持起诉案件依法快审快结，对以民事判决书或民事调解书形式审结的尚未履行的案件，引导弱势群体依法申请强制执行，持续跟进、回访案件执行情况，确保案件办理取得实效。

### （四）加强宣传，服务基层群众

充分运用网络、广播、报刊、“两微一端”等多种媒介载体，采取送法进社区、进校园、进企业、进农村等形式，大力宣传检察机关支持起诉职能。深化检察“双进”工作，将支持起诉服务中心与 12309 检察服务中心相融合，通过 12309 检察服务“线下进驻综治中心，线上进入城乡社区”面对面接访、宣传、服务基层群众。强化对矛盾纠纷产生的根源深入分析，针对发现倾向性问题或监管漏洞，制发社会治理类检察建议，推进综合治理。

### （五）规范程序，完善工作指引

在立法或司法解释尚未完善之前，上级检察机关可以制定更为详细的工作指引和操作规范，为下级检察机关开展民事支持起诉工作提供明确的指导。这些指引和规范应涵盖支持起诉案件筛选标准、证据收集方法、出庭支持程序、法律文书制作等多方面，以及明确检察机关介入案件的时间和程度，确保办案人员在开展民事支持起诉工作中有章可循、有据可依。同时，应鼓励各地区检察机关结合本地实际情况，积极探索、创新具有地方特色的民事支持起诉工作模式。

# 试论检察机关重构审查起诉阶段追赃挽损机制探索

胡丽萍　李小峰*

审查起诉阶段的追赃挽损是指检察机关刑事检察部门对犯罪行为及其相关行为所联系的赃款、赃物进行查找、控制、处理等一系列活动。追赃挽损不仅是检察机关获取犯罪证据的过程，也是为被害人及无辜第三人挽回经济损失的过程，体现检察工作社会效果和法律效果相统一的过程。因此，审查起诉阶段的追赃挽损是刑事检察工作不可或缺的一项重要内容。然而司法实践中，由于各种主客观因素的存在，追赃挽损并未达到诉讼程序设计目的。因此，对审查起诉阶段追赃挽损存在的问题、实现路径进行进一步探讨，有助于对审查起诉阶段追赃挽损的完善和规范。

## 一、审查起诉阶段开展追赃挽损的必要性分析

### （一）审查起诉阶段开展追赃挽损是保证案件起诉质量的需要

实践中，案件起诉质量的关键在于证据。从追赃过程来看，审查起诉阶段的追赃挽损具有刑事证据固定属性，其本质是公诉人获取犯罪证据、处理案件的强制措施。追赃挽损的开展一方面是公诉人通过对赃款赃物的固定来达到佐证犯罪嫌疑人犯罪行为及案件事实的目的，另一方面是公诉人获取犯罪嫌疑人案后认罪态度，证实其是否具有从轻情节的有效途径。因此，审查起诉阶段开展追赃挽损有利于保证案件起诉质量。

* 胡丽萍，陕西省宝鸡市陈仓区人民检察院党组书记、检察长；李小峰，陕西省宝鸡市陈仓区人民检察院综合业务部主任。

### （二）审查起诉阶段开展追赃挽损是维护被害人合法权益的需要

审查起诉阶段开展追赃挽损的最终目的就是维护被害人的合法权益。刑事诉讼法规定，在整个刑事诉讼过程中，公安机关、检察机关以及人民法院都有职责依法予以追赃，而事实上，审查起诉阶段之所以要开展追赃挽损，是因为侦查阶段追赃挽损的缺失，这种缺失使得被害人权益的保护错失了最佳的时期和最有利的条件。因此，审查起诉阶段追赃挽损的开展其实质是对公安机关追赃挽损缺失的有效弥补，是司法机关保护被害人合法权益的第二道屏障，也是对人民法院继续开展被害人保护工作的铺垫和准备，更是被害人要求其合法权益继续被保护的迫切希望。

### （三）审查起诉阶段开展追赃挽损是提升执法公信力的需要

执法公信力是指社会公众在对执法行为及执法结果信服和尊重的基础上建立起来的对执法机关的信任度和影响力。事实上，审查起诉阶段追赃挽损的开展是检察机关提升执法公信力的有效途径。一方面通过开展追赃挽损，及时维护了被害人的合法权益，赢得了被害人及其家属的尊重，提升了其对检察机关执法办案行为的信服度。另一方面通过开展追赃挽损，切实维护了被追赃人争取从轻的诉讼权利和愿望，赢得了被追赃人及其家属的信任，同样也会提升其对检察机关执法办案行为的信服度。因此，审查起诉阶段开展追赃挽损是提升执法公信力的需要。

## 二、审查起诉阶段开展追赃挽损的可行性分析

### （一）犯罪嫌疑人的心理变化为追赃挽损提供最佳时机

案件进入审查起诉阶段后，犯罪嫌疑人开始面临可能的法律制裁，这种压力会促使其重新审视自己的行为。许多犯罪嫌疑人会经历从最初的抗拒、否认到逐渐接受现实的心理转变过程。这种心理的变化为开展追赃挽损工作提供了有利条件。一方面，犯罪嫌疑人鉴于侦查阶段退赃工作的缺失，出于急切减轻罪责的考虑，愿意主动退赃；另一方面，犯罪嫌疑人也希望通过就退赃而获得确切的从轻处罚的结果。此时，办案人员应当充分利用犯罪嫌疑人的心理变化历程，紧抓退赃挽损的最佳时机，做实做细相

关工作，严格按照法律规定，以精准的从轻处罚建议换取退赃工作的有效落实，使退赃工作既有利于犯罪嫌疑人，又有利于被害人，更有利于审查起诉工作，真正使退赃挽损工作达到“三赢”的最佳效果。

### （二）审查起诉工作的职能定位为追赃挽损提供制度保障

审查起诉工作作为刑事诉讼活动中的中间一环，具有承接侦查工作与审判工作的制度优势。在退赃挽损工作中，检察人员可以提前介入公安机关的侦查活动，通过审查案件材料、提出侦查建议等方式，引导公安机关依法、全面、客观地收集证据，对追赃挽损工作提出指导性意见。也可以依法采取查封、扣押、冻结等措施，有效防止犯罪嫌疑人转移、隐匿财产。并通过对案件材料的深入分析，准确判断赃款的去向和犯罪嫌疑人财产状况，从而制定有针对性的追赃策略。还可以根据退赃情况加大与法院的沟通协作，明确犯罪嫌疑人退赃后的精准法律评价，消除退赃人的“后顾之忧”。因此，审查起诉阶段开展追赃挽损工作具有制度上的天然优势。

### （三）审查起诉工作有利于对犯罪嫌疑人退赃提供政策引导

追赃挽损涉及人民群众的切身利益，对于化解社会矛盾，维护社会稳定意义重大，审查起诉阶段开展追赃挽损不仅是提升审查起诉法律效果的重要体现，更是提升审查起诉社会效果的重要途径。在办理涉及追赃挽损的刑事案件过程中，办案人员在全面掌握案情的基础上，可以对犯罪嫌疑人释法说理，从法理、情理等方面向犯罪嫌疑人释明其中利害关系，并将退赃退赔作为追究刑事责任和提出量刑建议的情节予以考量，不断强化正确政策引导，鼓励犯罪嫌疑人真诚认罪悔罪，积极退赃获取较轻处理结果。同时，能减轻被害人的损失，修复社会关系，化解社会矛盾，以期达到稳定社会之目的。

## 三、审查起诉阶段追赃挽损存在的问题

### （一）重办案、轻追赃的观念，导致追赃挽损发展不平衡

审查起诉阶段开展追赃挽损的前提是公安机关在侦查阶段未将赃款及时追回并随案移送，审查起诉阶段的再追赃实际上是对侦查行为的补充和

侦查结果的修正。然而，司法实践中，赃款是否追回大多数情况下不会影响案件事实的认定和案件的起诉率以及有罪判决率。因此，在面对日益繁重的公诉工作，长期以来，公诉部门工作侧重于查明犯罪事实、情节是否清楚，证据是否确实充分，以及承担相应的诉讼监督任务，对于追赃挽损往往抱着能追则追，追不成则不追的消极追赃态度，认为追赃挽损既然在侦查阶段无法完成，就必然无法在审查起诉阶段进一步开展。考虑到追赃挽损会带来追赃、收赃、发赃等一些复杂的程序性问题以及这些程序性的问题与审查起诉期限的矛盾，部分办案人员往往重办案、轻追赃，对于审查起诉阶段的追赃挽损一笔带过、一问带过，疏于切实履行公诉权之追赃的职能。

### （二）侦查阶段追赃不及时，导致追赃挽损开展难度大

我们知道，当犯罪嫌疑人被首次采取强制措施的时候，其内心的反差和矛盾达到了最大化，这个时期恰是侦查人员开展追赃挽损的最佳时期，侦查人员则有权力根据案情的需要将与案件事实有关的犯罪嫌疑人的一部分财产予以扣押并随案移送。如果侦查人员未及时开展追赃挽损，一旦案子到了审查起诉阶段，犯罪嫌疑人就有可能利用案件程序时间而通过挥霍、转让、隐匿等方式有意识地转移财产而规避退赃。这个时候，承办人再次在审查起诉阶段开展追赃挽损明显已经错过了追赃的黄金时期。因此，侦查阶段侦查人员未及时追赃是导致审查起诉阶段追赃挽损开展难度大的主要原因。

### （三）追赃方式被动化，导致追赃挽损缺乏主动性

审查起诉阶段承办人现有的追赃方式有三种：一是案件承办人通过向被追赃人及家属、律师、亲戚朋友进行有关退赃方面的法律政策宣传，鼓励其主动积极退还赃款，退赔被害人损失，以期达到对被追赃人从轻处理和维护被害人合法权益的目的；二是案件承办人通过被害人同被追赃人直接做工作达到追赃的目的；三是案件承办人通过中间第三人或者单位做被追赃人工作达到追赃的目的。不难看出，现行的三种追赃方式无疑都是建立在被追赃人主动愿意退赃的基础之上，而针对被追赃人有钱不赔、恶意隐匿财产等情形，现行的追赃方式则明显被动化，追赃挽损则缺乏相应的主动性来保障。

### （四）现行退赃方式单一，导致追赃挽损开展不充分

由于相关法律法规并没有明确规定刑事诉讼中“赃”的概念和范围，这就导致司法实践中退赃的方式仅限于退还赃款、赃物。而实践中，相当一部分犯罪嫌疑人在审查起诉阶段虽已明确表示其退赃的主观愿望，但是由于其自身的经济条件或者其他问题而无法满足追赃挽损退还赃款、赃物的条件。因此，由于法律并没有规定除退还赃款、赃物之外的其他退赃方式，无经济偿还能力的被追赃人通过退赃获取从轻处理的权利则无法得到实现，被害人的合法权益也无法得到应有的保护，审查起诉阶段对于其追赃挽损的开展则无法进一步进行。

### （五）追赃效果不明显，导致追赃挽损开展不科学

对于被追赃人而言，被追赃人所看重的是退赃之后从轻的量刑程度和司法机关对于其犯罪行为所产生不良社会影响的修正，因此，追赃的效果应为追赃的社会效果和法律效果。审查起诉阶段，承办人为了鼓励犯罪嫌疑人退赃，会对其加大相关退赃政策的宣传力度，并承诺依照刑事诉讼法和《人民检察院刑事诉讼规则》相关规定，对于犯罪嫌疑人退赃的案件，依法可以酌情从轻处罚。一种情况下，对于逮捕类已退赃案件，公诉人会通过量刑建议明确被追赃人可以从轻处罚的情节，但是由于个案案情的复杂程度不一，法院最后作出从轻处理的判决结果往往会与被追赃人“前顾之忧”——内心期望差距较大，这就会导致被追赃人认为自己被办案人员欺骗，追赃的法律效果无法得到切实地体现。另一种情况下，对于取保候审类已退赃案件，退赃虽达到了被退赃人预期的判决结果，但是对于其所顾忌的“后顾之忧”——因犯罪行为所产生的不良社会影响的修正，司法机关则无后续工作，追赃的社会效果得不到应有的体现。

## 四、完善审查起诉阶段追赃挽损的路径选择

### （一）加强追赃意识，确保追赃挽损平衡发展

追赃意识的强化不仅要求案件承办人改变“重办案、轻追赃”的执法理念，而且要求检察机关从制度设计上对审查起诉阶段的追赃挽损加以重

视。从案件承办人层面来讲，要求承办人树立审查起诉阶段追赃挽损与案件事实认定和证据审查、起诉工作同等重要的执法理念和原则，将追赃挽损作为审查起诉阶段检察工作的一项重要内容和任务，坚持办案不忘追赃，办案、追赃齐头并进，确保案件承办人在审查起诉过程中充分、及时、有效追赃。从制度设计层面来讲，这就要求检察机关要把特定范围内的侵财类、财产性犯罪的追赃挽损纳入考核的范畴，同时将其纳入年度案件评查硬性质量标准。鼓励办案人员将更多的精力投入在追赃挽损中，针对审查起诉阶段追赃挽损的开展，做到有奖有罚，从而推动追赃挽损的平衡发展。

### （二）提高追赃能力，夯实办案人员追赃素能

基层检察机关只有不断强化审查起诉阶段执法办案人员追赃的业务能力，夯实办案人员的追赃素能，才能不断探索追赃挽损的新途径和新方法，不断完善追赃挽损机制和工作制度，从而推动审查起诉阶段追赃挽损的开展。

一是提高办案人员涉案财物控制能力。要积极通过提前介入，督促公安机关全面收集证据，确定涉案金额，查清资金流向，充分掌握涉案财物动态，根据犯罪嫌疑人具体责任划分，结合案情依法对涉案财物予以查封、扣押和冻结，全力减少资金流失。

二是提高办案人员涉案赃款分析能力。检察人员在控制涉案财物的基础上，还应进一步提高退赃能力的研判力。案件承办人在严把案件事实证据关，精准认定被害人损失的基础上，广泛开展犯罪嫌疑人家庭背景、经济情况、社会表现等方面社会调查，重点研判分析犯罪嫌疑人退赃能力，对其提供具有可操作性的退赃措施建议。

三是提高办案人员涉案赃款追讨能力。持续深化“在办案中解决群众问题”的工作思路，从严落实宽严相济刑事政策，在办案中加大搜查、冻结、扣押力度，积极做好与犯罪嫌疑人、家属及辩护人思想疏导和政策宣传工作，引导犯罪嫌疑人认罪悔罪，配合司法机关主动退赃，最大限度弥补被害人损失。

### （三）强化追赃力度，确保追赃挽损主动有力

审查起诉阶段追赃挽损的开展，不仅关系着案件当事人的合法权益，也直接影响着检察机关司法为民的良好检察形象，因此，检察机关要不断

强化审查起诉阶段追赃的工作力度，积极作为、主动作为，让人民群众在每一起案件中切实感受到公平正义。

一是政策攻心与情理攻心并用，加强退赃政策宣传。案件承办人不仅要加大对犯罪嫌疑人及家属、亲朋好友的政策宣传力度，而且要注重与犯罪嫌疑人所在地的居委会、村委会以及与犯罪嫌疑人熟识的其他人联系，在政策攻心的基础上，通过被害人及家属与犯罪嫌疑人协调共同的方式以情理说事，积极做好犯罪嫌疑人退赃心理疏导工作。

二是设立有条件退赃制度。这里的有条件退赃制度是指对于无退赃能力却有明确退赃意思表示的犯罪嫌疑人，承办人应当在犯罪嫌疑人、被害人自愿的基础上，通过签订三方协议确定犯罪嫌疑人劳务退赃的方式，进而获得退赃情节的认定。即在检察机关的主持和监督下，经被害人同意，犯罪嫌疑人或者其指定的亲属可以在其羁押、服刑期间以及刑满释放之后，在一定期限内通过其劳务报酬向检察机关退赃，检察机关可通过签订的双方协议认定其退赃情节。

三是设立疑赃现行扣押制。对于恶意不退赃的犯罪嫌疑人，案件承办人应当要求公安机关对犯罪嫌疑人的主观恶意进行调查，在确定其“恶意”的基础上通过对案件事实的审查对涉案的赃款赃物进行价格计算，在不影响犯罪嫌疑人正常日常生活的前提下，以涉案赃款赃物的价值确定犯罪嫌疑人疑赃财物的价格，在此价值的范围内要求公安机关依法对疑赃财物进行扣押并随案移送，案件承办人则依据案件事实认定的赃款数额依法向被害人予以发放。

### （四）突出追赃效果，消除退赃人前后之忧

审查起诉阶段要突出追赃的效果，就要从犯罪嫌疑人退赃的法律效果和社会效果着手。一方面，承办人要在要求、鼓励犯罪嫌疑人退赃之前，在确定犯罪嫌疑人案件事实的基础之上加强与法院的沟通，就退赃多少与法院就此情节从轻量刑的程度听取法院意见，以此再允诺犯罪嫌疑人退赃的从轻结果，确保犯罪嫌疑人退赃所关心的法律效果，消除退赃人的前顾之忧；另一方面，对于已退赃的案件，承办人要加强与退赃人所在地的村委会、居委会、所在单位等联系，积极消除犯罪嫌疑人因犯罪行为对其产生的不良影响，通过检察建议等形式要求村委会、居委会、所在单位注意对犯罪嫌疑人社会舆论的保护，消除退赃人的后顾之忧。

# 区域法治文化助推检察工作发展：价值、功能与实现路径

## ——以粤港澳大湾区为例证

林伟忠　褚　韵*

马克思主义认为，文化离不开人的实践，区域法治是现代国家“构建理性主义法治建设历程”的现实动力①。党的二十大报告将“创造人类文明新形态”写入“中国式现代化的本质要求”。特定法治文化所产生的“软实力”影响，可以打破因制度差异、政治偏见等因素导致的误解乃至指责，于当代中国法治实践中，破除“现代化等于西方化”的迷思。区域法治文化既对检察工作产生着诸多影响，又能够作为检察事业发展的重要力量，其所发挥的示范引领作用，除了促进一定区域内的社会成员尊重法治、遵守法律，提升治理成效，还能够争取心理认同和认知接纳，进而在国际合作与竞争关系中产生更积极的内驱作用，扩大检察影响力，更好地促进检察实践的创新性发展。

## 一、区域法治文化影响检察实践的价值分析

实质法治观认为，法律规范应当体现“良法之治”的价值，这也是法律与法治文化的重要差别，即法治文化为价值概念而法律文化则是中性的。从法治的实现路径而言，无论是国家还是地区，都不仅会根据国家颁布的成文法进行调整，往往会通过国家法、地方法和民间习俗等的结合来

* 林伟忠，广东省广州市越秀区人民检察院党组书记、检察长；褚韵，广东省广州市越秀区人民检察院第一检察部三级检察官。

① 吴丹梅：《法治的文化解析》，黑龙江大学2003年博士学位论文。

构造。这些因素以不同的形式和方法发挥作用，从而形成了复杂的法治文化网络。法治文化真实地反映了一国或一个地区内法治建设现状、公民对本辖区内法治理念的理解与接纳，以及该辖区内法治建设的前景。基于现代国家结构的特点，法治文化必然既富有区域本土特色，又彰显现代法治精神，国家法治统一与区域法治个性不断磨合，[①] 不断推进法治文化的形成、丰富与发展。

对于检察机关而言，要有效运用区域法治文化的协同优势，促进检察工作高质量发展，首先需要立足于现代检察制度基础，观测区域内法治文化的特点及其所产生的影响。学界有观点认为，法治文化可区分为显性法治文化与隐性法治文化，显性法治文化一般又侧重制度性文化，隐性法治文化强调观念性文化，[②] 前者主宰于现实，指法律规范等看得见的内容；后者隐藏于人性，强调法律意识等深层结构。粤港澳三地在司法体制特别是检察制度有较明显的差异，但守护法治和代表公共利益的价值取向是统一的，因此在法治文化层面上进行研究和梳理有合理基础。

基于职能配置和组织架构特点，我国检察机关对在特定区域中，法治文化与检察工作的融合发展已具有一定经验，并逐渐延伸为构建社会治理体系的新动能。但与常见的区域内“检察一体化发展”实践相比，粤港澳大湾区还要面临“一国两制三法系”特质影响下，迥然不同的法律渊源、司法机制及组织架构等产生的碰撞，需要应对的问题更加复杂多样。这也使得这一实践过程具有更加宏大和开放的价值，即不仅是特定地域客观现实的检察工作发展需求，更是运用法治方式推动建设更高水平的对外开放，以建设性态度积极参与国际规则制定的重要“试验窗口”。在这一背景下，如何立足粤港澳大湾区区域法治文化协同效应优势，增强检察机关不同法域背景下融合发展的能力建设，以解决高质量发展中所面临的挑战与冲突，助力提升治理体系和治理能力现代化，具有理论意义与实践价值。

---

① 夏锦文、陈小洁：《区域法治文化：意义阐释、运行机理与发展路径》，载《法律科学（西北政法大学学报）》2015 年第 1 期。

② 刘作翔：《法治文化的几个理论问题》，载《法学论坛》2012 年第 1 期。

## 二、粤港澳大湾区区域法治文化在检察实践中的功能特征

一般而言，同属一个国家范围内，区域间法制体系具有相当高的同一性。以世界知名湾区为例，东京湾区处于单一制国家体系下，社会制度统一，区域内施行大陆法系的法律制度；而纽约湾区虽然横跨纽约州、康涅狄格州、新泽西州等不同州的行政区划，各州法律体系有所不同，但基于美国联邦制的特点，跨州际区域法律协调具有相当完善的制度体系，比如非正式途径有相似法律有选择地颁布、出台示范法等，正式途径有州际协定、行政协议和有关州际冲突的司法裁决等。[①] 这也使得各知名湾区区域法治文化对司法实践的特异性影响并不明显。

但是，在粤港澳大湾区，“一国两制三法系”是其在法律制度层面最显著的特征。依照“一国两制”和港澳基本法，区域内既有实行中国特色社会主义法系的广东省内城市，也有保持原有社会制度不变，分别归属英美法系和大陆法系的港澳特别行政区，使得大湾区内三个平行的法域差异明显，法治建设“步调”不一致的特点突出，[②] 因此区域法治文化情况更为复杂。这也必然对检察工作产生独特的作用和影响。

### （一）制度性文化差异明显

基于法律职能和权责范围的差异，实践中，内地与港澳受区域法治制度性文化影响下的交流、冲突与互动相当复杂。

1. 职能权责差异

在检察职能的运行方面，由于《香港特别行政区基本法》第 63 条规定，“律政司主管刑事检察工作，不受任何干涉”，因此过往很多资料中将律政司等同于香港的检察机关。但实际上，律政司作为特区政府下辖的部门之一，除了“坚守其独立的刑事检察职能”，还承担“为政府提供独立和专业的法律意见”“担任公众利益维护者”等众多复杂的职能，具有相

---

① 何渊：《美国的区域法治协调——从州际协定到行政协议的制度变迁》，载《环球法律评论》2009 年第 6 期。

② 王成义：《建设粤港澳大湾区应当着力削减法制壁垒》，载深圳政府法制信息网，http：//fzb. sz. gov. cn/ztzl/yfxz/fzyj/201804/t20180423_11778461. htm。

当明确的行政权属性。而内地检察机关在国家体制中则具有独立的宪法地位，即属“国家法律监督机关”。同时，随着社会主义检察制度的不断发展和完善，检察职能也不再限于“刑事指控”的内容，法律监督权的运行领域更加丰富。

对比澳门特别行政区，基于澳门特别行政区《司法组织纲要法》第56条及后续条文等规定，澳门检察院在职权与内地颇为相似，但司法组织架构上却采取“一院建制、三级派任”的方式，并设立“检察长办公室”,[①] 这种特殊设置在管理上“扁平化”趋势更强，与内地有所区别。

即便同属社会主义司法制度下的检察体系，粤港澳大湾区内剩余7市的各基层检察机关建设也各有特点。以前海、横琴及南沙三地为代表，横琴地区的“广东省横琴港澳深度合作区人民检察院”在2021年底经过广东省人大常委会决议批准成立，并撤销了原成立于2013年的“珠海横琴新区人民检察院”；前海地区的“深圳前海蛇口自贸区人民检察院”则是在2016年前海蛇口自贸区成立一周年之际成立的；而广州市南沙区人民检察院则与广东自由贸易区南沙片区检察院属“一个机构，两块牌子”，与大湾区其他非特区及自贸区的基层检察机关相比，这三地的检察机关在检察工作领域和协作探索方面也有一定的差异，突出表现在海洋公益诉讼、未成年人检察保护协作等领域。在不同的组织结构和工作领域侧重的影响下，粤港澳大湾区检察事业的发展一方面呈现更多元和丰富的态势，另一方面也因此面临着制度性的差异所导致区际司法协作的复杂性，对区域“检察一体化”职能的发挥产生了影响。

2. 运行机制差异

基于权责范围的区别，三地间的检察职能部门在法律适用、管辖归属、司法程序、证据标准等多方面都具有差异，比如，由于网络犯罪的跨地域和分工合作等特点，司法管辖权“缺失与交叠”现象常常并存，而其中涉及妨害社会经济秩序及管理秩序类的犯罪（以“法定犯”为代表），还涉及不同社会背景下犯罪认知和司法尺度问题，容易发生管辖权冲突。

同时，基于一国两制的政治前提，三地之间的司法机关的确会更多地强调互相协调与合作，以现实地面对共同的司法问题。在粤港澳大湾区持续发展背景下，三地之间对解决司法冲突的探索也在不断加强，但相比在

---

① 何超明：《澳门检察：与时俱进的十五年》，载《人民检察》2015年第2期。

婚姻家庭民事判决互认、仲裁程序（保全制度）及执行以及破产程序试点，包括虽然尚未生效但已有明确规范的民商事判决互认安排等，其他司法领域的协助规范和合作章程，甚至是相比侦查机关（警方）在有组织犯罪等特定类型的深度合作，检察工作尤其是刑事检察领域的共性制度设计的步伐速度相对落后。尤其是虽然经过长期的磋商，但至今没有一份明确的区际刑事司法协助协议签订，实践中大多数合作以个案协查为主，依据还停留在二十年前出台的有关文件（最高人民检察院发布的《关于同港澳地区司法机关进行案件协助调查取证工作程序的规定》《关于进一步规范涉港澳个案协查工作的通知》等），对解决典型性的制度冲突作用有限。三地的检察“显性文化”制度性相异仍然非常突出。

### （二）观念性文化交融共生

与制度间存在差异显著不同，粤港澳大湾区检察实践的主要参与者，包括如检察官、律师等法律职业共同体、案件当事人，以及一般的民众，却有着相对一致的文化认知，即具有相当高度的法治观念性文化“趋同性”。从秦朝开始，粤港澳三地始终处于同一行政区域，有着不可分割的地缘、血缘和史缘关系，尤其是在文化的基石——语言上具有高度一致性，粤语均是三地固定居民最常用的语言类型。①

更重要的是，粤港澳大湾区内法治文化的观众基础是文化认同，民众对区域内文化的主流认知是建立在共享世系、共同祖先的主观情感下，属于原生性的“归属”感。粤港澳大湾区民众的法律意识，具有强烈的民族认同感。以粤港大学生国家认同感的调查结果对比为例，两地学生普遍都展示出较高的国家认同感，特别是在民族文化（国家历史、传统文化等）认同方面，与美国等以国家共同体认同为中心的国家认同感偏低存在显著差异。②

除了传统观念的因素外，粤港澳也都是受到西方法律思想、市场经济文化影响最早的区域，广东从近代以来一直是引领中国新文化潮流的地

---

① 香港特别行政区政府统计处：《常用语言分布》，载香港特别行政区政府统计处官网，https：//www. censtatd. gov. hk/home/index_tc. jsp。

② 庞琴、蒋帆：《“他者”在香港青年大学生国家认同感中的作用》，载《中山大学学报（社会科学版）》2015年第6期。

方，“敢为人先”的创新意识始终存在，特别是近年来在民众法治意识的培育、公益法律服务等方面的首创，在商事登记“五证合一”及自贸区条例试行机制等方面的突破等种种努力，进一步使粤港澳大湾区整体法治文化认知始终具有相对稳定性和共通点。

当然，基于粤港澳法律规范及体系上的冲突，文化意识必然存在不同。虽然存在差别，但一是如上文所述的文化传统的延续导向影响；二是在港澳回归后，大湾区内部文化的交流与互动不断增强；三是在世界主要法系间抛弃固守壁垒、不断取长补短的大背景下，文化思想中的差别在不断融合，司法活动参与者的法治观念也在相互影响。

对检察机关而言，借助“隐性法治文化共识”增强司法协助的动机十分强烈，在实践中也进行了许多有效探索。在广东省检察院印发的《关于充分发挥检察职能服务保障粤港澳大湾区建设的意见》《广东省检察机关服务保障粤港澳大湾区建设行动计划》两份重要文件中，都明确了司法理念上要有所更新，要“进一步加强和拓展司法交流协作、增进司法共识、提升服务大湾区发展法治化水平”。各地机关也纷纷探索从法治理念、普法宣传等角度入手，形成由区域“文化共同意识”向“检察交流协作”迈进的转变。例如，广州南沙区人民检察院创设了“涉外中英葡三语告权服务”，对文书中的权利告知要素进行专门翻译，通过增强语言文化的便利沟通，加强涉外诉讼监督和丰富法律服务方式，并积极参与打造大湾区暨“一带一路”（广州·南沙）法律服务集聚区的建设。又如深圳、珠海等地检察机关根据涉港澳未成年人案件特点，在积极探索开展跨境未成年人帮教的过程中，专门结合港澳民间社团在该领域的活跃性特点，组织开展合作，[1] 为加深刑事司法“公私联动”进行有效探索。

此外，在企业营商环境构建、聘任港澳人士担任人民监督员以及组织面向港澳青年、学生的检察开放日活动等方面，都在持续加强合作交流，这些探索不仅密切了大湾区内部的司法活动交往，也由此搭建了司法协作与合作交流的良好平台，在人员互通的基础上，推动运用观念性文化的潜在作用，向促进制度性文化在规则衔接、案件合作等方面的落实，着力化解三个不同法系和不同组织架构下的法治认同差异问题，提升大湾区检察

---

① 郭洪平、高燕艳：《护航大湾区，如何找到最大“同心圆”》，载《方圆》2021年第19期。

合作的协同性和一致性。

## 三、粤港澳大湾区法治文化助推检察工作发展的路径思考

立足本地特征，继续发挥法治文化作为“软实力”的引领作用，既是大湾区检察机关日常工作发展中的必然选择，也是今后增强以法治思维和法治方式构建权威有效的治理机制，通过融合创新规范来保障法律秩序有效运作的应有之义。

为此，检察机关需要持续发挥区域内共性法治文化的作用优势，既要完善“文化软实力”在促进检察业务高质量发展中的有效探索，也要促进粤港澳三地的规则衔接、要素流动等机制构建，积极培育能够促进区域法治文化与检察工作协同发展的人才力量，构建粤港澳大湾区检察业务迈向“制度型开放”的新阶段，培育形成具有极强示范性效果的国际法治合作交流平台，为社会主义法治建设提供有力支撑。

### （一）加强大湾区法治文化助推检察工作高质量发展的认知互动

积极运用粤港澳大湾区的法治文化协同促进检察工作高质量发展，首先应当着眼于推进扫清制度障碍，努力推进经济、社会合作和法律合作的齐头并进，积极服务于国家战略。在粤港澳大湾区司法文化趋同化的过程中，广东检察机关应当也已经表现得更为积极和主动。近年来，以法律意识和司法理念为代表的“软法”在基层治理实践中发挥着主导性作用，其主要策略在于强调对社会多元主体的充分尊重，强调多元主体自我决策，强调平等协商、自律互律，推动社会自我治理、自我规制，逐步形成软法开展公共治理，而这恰恰与粤港澳大湾区所面临的“制度多元性”特征相匹配，[①] 因此，加强软法治理可以成为消解两制阻碍，推动大湾区检察发展的一种必然现实选择。

要加强软法治理，核心是建立健全多元沟通机制。大湾区要获得持续健康发展，必须解决粤港澳大湾区的区域合作合法性难题，克服“良性违法”，增强区域法治观念。为此，在强调国家统一、中央权威的基础上，

① 陈洪超、张春杨、王琳：《软法视野下粤港澳大湾区合作治理机制研究》，载《特区经济》2018 年第 3 期。

建议通过完善制度设计，进一步拓展相关区域检察合作权能范围，消除大湾区间司法机构合作的权源疑问，增强民众的法治信仰，并持续完善大湾区检察合作信息公开及交流机制，促使大湾区的制度安排真正契合现实需要，得到广大民众的理解与支持，从而形成软法实施的压力机制，促进大湾区法治文化的内生协同成长。同时，考虑到现代人类迁移与信息流动的影响，这种协作机制需要兼顾线上对接与线下互动，以在更大程度保障交流与沟通的稳定性。

### （二）加强大湾区法治文化助推检察工作高质量发展的制度构造

成熟的制度设计，需要根植于司法现实，并充分考虑司法实践的需要。粤港澳大湾区内三地的检察文化尤其是制度性文化具有明显的差异性，这既是检察司法实践中面临的挑战，也是发展和丰富检察工作职能内容的“资源”。一方面，通过解决三地不同法系下的司法流程规范冲突问题，构建制度性对接桥梁，这实际上也为检察机关在参与涉外案件和国际司法协助中构建了良好的观察视角和解决思维；另一方面，结合当前粤港澳大湾区检察协作领域中的实务经验，尤其是将个案协查的方案逐步归纳总结为规范性文件乃至法律制度，这将为内地与港澳加强司法合作与交流，共同打击犯罪、维护社会秩序方面提供强有力的保障。以《香港国安法》为代表，就吸收了指定管辖、采取强制措施后的辩护保障以及违法所得追缴等一系列的实践经验，同时又充分考虑了特区司法执法活动的特性[①]。

因此，需要进一步发挥制度性文化在检察业务中的作用，很重要的一点在于收集和整理现有的三地制度性规范资源，既要相互协作做好法律查明工作，为此可以参考民商事领域中的“域外法查明平台”，探索进行“粤港澳检察制度文件规范数据库”的建设完善，对检察工作的流程差异和规范区别进行梳理。今后在三地更新和制定有关规范性文件时，也应当充分考虑是否存在与其他地区文件的冲突问题，为粤港澳大湾区内检察机关构建和完善能够直接对接、快速组织协作的程序机制，提高司法协作和协商决策效率打好基础。

例如，在海洋资源保护等独具湾区特色的公益诉讼等检察新领域，可

① 广东省人民检察院第十一检察部课题组：《粤港澳大湾区区际刑事司法冲突问题立法解决路径研究》，载《法治论坛》2021 年第 4 期。

以充分发挥港澳融入国家一体化秩序的思路，创新构建专门性的内部规则，逐步将检察实务经验上升为统一规范；如刑事检察工作衔接方面，针对电信网络诈骗等三地居民具有相当共识的类型，可在管辖及证据采集等方面做出专门性衔接规范。待各个试点领域的探索逐渐深化，有助于形成“由点到面”的检察整体性规范性文件，由此将不同区际法律制度之间的适用衔接“堵点”逐一疏通。同时，要进一步完善检察合作交流平台，推动粤港澳三地在司法管辖与法律适用协议、跨境文书送达、调查取证等程序性流程优化，以及通过协商合作或者借助案例主动适用，在更大范围内相互承认与执行生效判决、裁定、仲裁裁决等。

### （三）加强大湾区法治文化助推检察工作高质量发展的案例示范

“法律的经验在于实施”，解决纠纷需要引用被普遍接受的法律价值，而法律价值往往正体现于个案之中。香港属于英美法系，澳门属于大陆法系，内地是社会主义法系，三地的法治文化交融发展下，尤其在尚未建立统一的区际实体法、冲突法规范时，具体判例的呈现对于本地的司法活动有“填补空白”和在一定程度上细化、发展成文法规范的意义①。虽然判例法是英美法系的法律渊源，但它们目前也在加强成文法的立法工作，普遍适用成文法的大陆法系也在尝试创设判例，双方的文化是有趋同性的。内地近年来日益成熟发展的最高法、最高检指导性案例机制，巡回法庭机制等，这为充分运用判例文化中的积极因素，引导检察工作发展奠定了可行性的基础。而从法理角度，有效运用判例，能够在区际冲突方面实现便捷的突破和创新，具备较快回应社会需求的优势，又避免了成文法的滞后性。②

因此，建议可以在粤港澳大湾区重视检察典型案例作用的发挥，通过建立三方共同参与的案例遴选、判例汇编等模式，为立法空白、程序惯例等提供参照。而在具体个案处置过程中，也可以通过有效援引这种特定法域影响下的判决规范，来优化处理法律与事实问题的方式。包括在刑事检

---

① 姚舜：《粤港澳大湾区区际法律冲突解决机制研究——以区际判例制度为视角》，载《广东技术师范大学学报》2020 年第 5 期。

② 刘贵祥：《前海民商事案件选择适用法律问题研究》，载《法律适用》2016 年第 4 期。

察过程中，通过对比三地司法规范的异同，进一步释法说理、明确定罪标准和处罚要旨，有助于使得人们在诉讼过程中达成共识，并形成规范效力，从而在提高司法裁判合法性的同时，增强裁判的可接受性，并运用判例发挥“法律续造”功能，使可能频繁发生的跨境司法争议有例可循，促进区际检察职能的有序发展。

## （四）加强大湾区法治文化助推检察工作高质量发展的人才保障

在粤港澳大湾区协调发展中，人的意识发展和情感交流是具有重要意义的。特别是对于内地检察机关与港澳地区的律政司和检察院而言，相较于规范更新、制度对接所需要考虑的司法成本投入、人员的相互交流和学习不仅可以结合办案实务，分享三地间在打击犯罪和保护人权的工作经验，创作资源共享和利益共赢的局面，更有利于三地检察人员提高自身业务能力和素养，推动从人力资源整合向社会资源流动，持续拓展粤港澳大湾区法治文化发展的社会基础。例如，围绕环境公益诉讼、反腐败制度建设等方面的内容，粤港澳大湾区的检察院和律政司之间，可通过制定合作计划、引入人才共建模式等，加强各层面人员交流往来、司法协助、培训发展等，并以此为契机，通过人员在认知上的普及，进一步延伸业务交流互鉴，深化执法司法合作，寻求共赢互利之道。共同开展大湾区检察研究工作，通过设置调研专题，联合举办检察合作交流等方式，加强内地和港澳法律规则衔接研究。

同时，要进一步强化检察职能在社会治理中的作用，以文化协同和人文参与促进检察工作高质量发展，拓展开放交流的群体面，带动形成粤港澳司法联系互动的良好局面。针对涉及地区公众利益的案件，考虑到关联行业与部门众多、难以协调统筹的问题，粤港澳大湾区检察职能部门之间可考虑建立联席会议制度，成员单位由粤港澳三地司法机关及相关行政部门组成，定期组织交流办案经验，讨论突出问题，明晰协作规程，统一监督尺度。内地检察机关尤其需要持续主动作为，要利用目前“四大检察”均衡发展的有利机遇，重视港澳长期发展的社群志愿团队、专业界别等民间力量，邀请相关智库成员及公众力量积极参与粤港澳大湾区检察建设，积极开展检察文化宣讲活动，由三地检察机关联动开展基层活动，结合官方网站互联、意见征询等方式，定期收集大湾区居民、企业对检察工作的意见和建议，方便他们了解两地检察信息、促进交流互动。

# 基层检察机关数字化建设中的数据安全问题研究*

陕西省宝鸡市人民检察院课题组**

党的十九大以来，检察机关积极利用大数据和人工智能的科技成果，实施由“电子检务”建设至“数字检察”建构的高层次设计和基础创新的整体调整，取得了良好效果。2022 年 6 月，全国数字检察大会要求，唤醒检察工作中沉睡着的各类数据资源，通过关联分析、深度挖掘，达到强化法律监督、深化综合履职的目的。[①] 基层检察机关在数字化浪潮之下，只能适应并且跟上数字检察的新要求。然而作为数字检察整体架构的基石，基层检察机关除了要提供准确翔实的样本数据，积极开展数字检察创新实践，更加需要从一开始就落实数据安全有关要求，在推动数字检察的进程中，既抓提升，更守底线。

## 一、基层检察机关数字化建设中的数据安全保护

### （一）以浙江检察为代表的数字检察实践及数据安全保护

近年来，数字检察工作在最高检的大力推动下发展迅猛。关于什么是

---

* 本文系最高人民检察院 2023 年检察应用课题“基层检察机关数字化建设中的数据安全问题研究”成果。

** 陕西省宝鸡市人民检察院课题组负责人：李恩林，陕西省宝鸡市人民检察院党组副书记、副检察长。课题组成员：杨凯歌，陕西省宝鸡市人民检察院法律政策研究室主任，一级检察官；李媛，陕西省宝鸡市人民检察院法律政策研究室三级主任科员。

① 范跃红、陈开腾：《浙江杭州滨江区：数字检察推动法院终本执行问题专项治理》，载 https：//www. spp. gov. cn/zdgz/202209/t20220907_576726. shtml。

数字检察，目前还没有一个精确的概念或者定义。但是，关于数字检察要求技术与检察业务需求有机融合，这一点是明确的。与应用检务、网络检务和智慧检务不同，数字检察的探索摆脱了技术的束缚，更加关注数据对监督工作的放大、叠加、倍增作用。基层检察机关积极探索建立数据算法模型，创新法律监督模式，探索数据驱动检察工作高质量发展之路。2022年，全国检察机关第一届大数据法律监督模型竞赛上，有5个模型进行现场展示，很多参赛模型还停留在创意和设想阶段。展示的5个模型中，浙江3个，湖北1个，江苏1个，浙江数字检察优势凸显。短短一年时间，全国各地大批优秀模型不断涌现。其中，浙江省检察机关利用浙江数字经济、数字社会的先发优势，建成了一批有特色、有成效的智慧监督系统平台，数字赋能法律监督贡献率已超过50%，检察工作现代化成果不断显现。[①]

在数据安全保护方面，浙江省院于2012年出台了《浙江省检察机关电子数据技术工作规则》，对检察机关内部数据资源的应用和管理予以规范；2020年出台《浙江省人民检察院关于服务保障数字浙江建设的意见》，提出12条措施，推动全省检察机关依法履行法律监督职能，保障数字经济健康发展，有效助力数字领域的社会治理现代化；2022年《浙江省公共数据条例》出台，作为全国首部公共数据领域地方性法规，聚焦破解部门间信息孤岛、提升数据质量、赋能基层、保障安全等共性难题，为推动浙江打造全球数字变革高地奠定了良好的法律基础。

优势分析：浙江省检察机关数字检察工作的成功，得益于党委统一领导和各级检察机关的不懈探索实践。2003年，习近平总书记在浙江工作期间率先提出了“数字浙江”的战略部署。近年来，浙江省检察机关深入贯彻落实习近平总书记“数字浙江”战略部署，大力推进政法一体化办案应用系统建设。浙江检察机关聚焦“数字赋能监督、监督促进治理”的法律监督模式重塑性变革，同步构建了深度融入数字技术、覆盖全场景的“检察大数据法律监督”平台，实现法律监督从个案办理向类案监督、系统治理深化。

---

① 戴佳、赵晓明：《检察机关推进数字检察战略提升法律监督质效纪实》，载《检察日报》2023年2月13日。

### （二）以 B 市为代表的西北地区基层检察机关数字化建设实践及数据安全保护

与数字检察工作发达的东部地区相比，西北地区基层检察机关数字检察工作尚处于单打独斗、零星探索阶段。以笔者所在 B 市为例，数字检察的实践，一方面，是通过档案数字化建设、办公 OA 系统应用、检察听证一体化建设、认罪认罚数据平台建设等，逐步构建检察机关内部数据资源采集系统；另一方面，是通过充分开发、整合、运用检察机关内部办案数据资源，逐步唤醒激活沉睡的数据，将之应用到分析研判中，从中发现监督线索，深研监督办案规律，探索实现类案监督。

在数据安全保护方面，由于西北地区检察机关数字化建设规模尚未达到相对体量，外部数据获取相对较少，因此主要依托于检察机关涉密信息系统分级保护和非涉密信息系统等级保护系统，加强硬件保护，同时，对内部数据遵循“谁管业务，谁管业务数据，谁管数据安全”原则；对外部获取的数据遵循“谁使用，谁管理，谁负责”的原则。

困难分析：一是传统观念的禁锢。有些地方囿于传统的办案思维和办案方式，对数据的挖掘与分析重视程度不够。二是外部数据共享难。这是数字检察推进过程中普遍存在的问题。基于观念、技术等原因，西北地区普遍没有建立起跨部门的信息共享平台，直接制约了数字检察工作的发展。三是复合型人才匮乏。由于传统的教育模式倾向于采用单科教育模式，检察官大多来自法律专业，往往难以获得人工智能、计算机科学和电子信息技术领域的知识。

## 二、基层检察机关数字化建设中的安全隐患

近年来，全国检察机关开展了丰富多彩的数字检察实践，有成功的经验，也有尚待改进之处。然而，检察信息资源，尤其是案件信息，通常涉及严格保密的制度。安全意识淡薄、数据管理不当、审批程序不严谨、操作流程不合规等，都可能导致失密泄密的问题发生。实践证明，在数据安全体系建设方面，仅依赖于基础保密设施建设已明显不足以防范数据风险。数字检察建设中强调数据的安全应是数据全生命周期的安全。基层检察机关作为数字检察工作的前沿阵地，确保数据安全责无旁贷。

### （一）数据采集阶段的安全风险

数据采集是数字检察建设过程的第一个环节，后面环节中可能产生的数据安全问题多是由这个阶段衍生出来的。[①] 目前，检察机关数据采集的方式主要有两种，一是依赖于检察业务应用系统，二是依赖于外部数据的输入。数据采集阶段的安全风险自然也源于这两个方面。

1. 基于检察业务应用系统的安全风险

全国检察机关检察业务应用系统于 2013 年正式上线运行，至今检察业务应用系统 2.0（以下简称办案系统），已基本满足了全国检察机关执法办案信息网上录入、流程网上管理、活动网上监督和质量网上考评等现实需要，实现了及时、全面、实时、动态交换数据，有效推动了检察工作科学发展。然而，办案系统在数据填录的真实性、分类统计的智能性、模块更新的及时性和融合性方面，还略显不足。

具体来说主要表现在：一是案卡填录不规范导致原始数据真实性、完整性不足。办案系统 2.0 自 2021 年 11 月全面推广使用，而从 B 市检察机关案卡填录情况统计可见，2022 年案卡填录问题共计 504 项，2023 年 695 项，其中“错填”问题比例在案卡填录问题中占比在 50% 以上（见图 1）。统计中所谓的“错填”，仅是系统通过逻辑关系识别出错填问题，如果存在人为错填或者符合逻辑关系但与真实情况不符的错填问题，系统是无法智能识别的。

二是在智能分类统计及模块更新方面存在滞后性。“技术革新与改进是为了满足生产和管理发展的需要。”检察工作的发展和需要是数字检察革新的原动力。就办案系统而言，每一次更新都是为了满足检察工作现实需要。然而，系统更新升级的速度永远落后于社会形势和刑事司法政策的变化。例如，新冠疫情期间，最高检根据防疫需要，发布了数批涉新冠疫情典型案例，指导各级检察机关发挥检察职能，以法治手段维护社会防疫秩序。为了及时准确找出符合要求的案例，必然需要从检察案件中快速筛选出涉疫情案件。然而办案系统无法预设相关模块，因而不能精准地抓取所需个案，各级检察机关只能通过逐案人工排查的传统方式进行案件筛选

① 林焱、周志峰：《基于数据生命周期模型的数据资源管理剖析》，载《图书馆学研究》2016 年第 14 期。

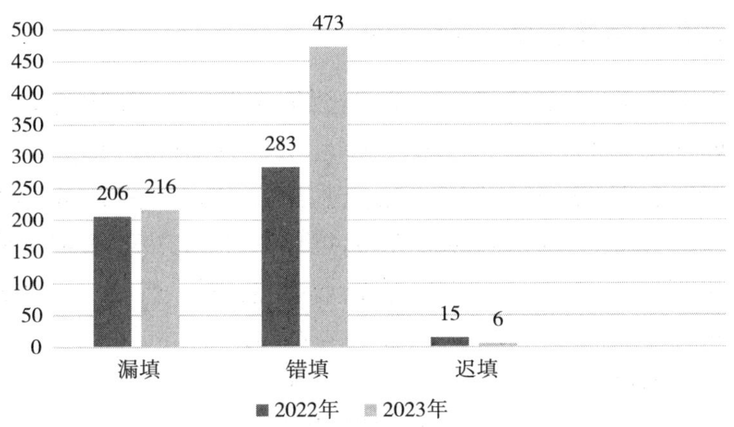


**图1　B市检察机关案卡填录问题统计**

和数据统计。再比如，随着全国打击整治养老诈骗、电信诈骗专项行动部署启动后，检察机关需要定期统计、筛选相关案例，然而办案系统仅设置了刑法规定的诈骗罪，对于诈骗的具体方式和对象并没有明确区分，在一定程度上造成了数据统计困难。

三是办案系统的融合性不够。2012年中央政法委就部署了全国“政法跨部门网上协同办案”试点工作，即将办案系统接入政法统一协同办案平台，实现政法单位办案信息共享。然而，截至目前仍有大量省市尚未建成，数据采集平台各自为政，各部门也自成系统，导致部门间数据固化，服务协作效能低，形成“信息孤岛”。

2. 基于外部数据输入的安全风险

外部数据输入主要依靠与相关单位建立信息共享机制，其风险主要表现在两个方面：一是对外部数据本身的安全保障不足。这是制约司法行政单位信息共享机制建设最重要的因素。以B市为例，由于尚未建立政法跨部门办案平台，外部数据的输入主要依靠定期批量传输或人工录入数据。基于数据采集者的主观能动性、现阶段技术设施不合理规避设置以及数据存储环境安全隐患等因素，数据的及时性、完整性、安全性都无法得到有效保证。二是检察数据因与外部数据碰撞所产生的安全问题。依托大数据技术对非结构化数据、孤立数据进行碰撞比对、分析处理等过程，容易导致部分敏感数据成为海量数据当中极具价值中介数据，中介数据大量堆积可能降低算法交叉分析难度，严重危及数据安全。长此以往，会对领导决策和检察办案带来不利的影响，降低检察监督效果。

### （二）数据处理阶段的安全风险

数据处理是数字检察的核心，也是数据生命周期的重要环节。数据被处理后，被赋予了新的生命，是数字检察所要达到的价值目标。在数据处理过程中，确保数据被合适的用户访问是重要前提。目前检察机关数字检察建设虽说已经基本摆脱了技术发展的束缚，但是对于数据的分类汇总和分析研判，仍然需要依靠第三方科技企业搭建的模型平台来实现。与第三方合作，不可避免地会产生合作风险和技术风险。

1. 关于合作风险

合作风险主要表现为对于业务数据的控制权稀释。一般而言，检察机关采集数据时，不会作一般数据和敏感数据的区分，敏感数据一般指涉及公民个人隐私的信息。敏感数据一旦在合作中泄露或者滥用，不仅容易危及公民人身、财产安全，还可能导致公民人格权受损。因此，在建设合同中设置保密条款和数据安全性要求是最基本的保障。在第三方科技企业的选择以及项目运行的监督方面，要坚持严格的把关和合理的注意义务。对于涉及国家秘密的检察数据，严格按照《中华人民共和国保守国家秘密法》《检察工作国家秘密范围的规定》等规定进行管理。对于不涉及国家秘密的统计数据和案件信息数据，按照项目所需数据的安全等级，提前对拟合作的第三方科技企业进行涉密资质审核。其实，平台的运行效果和稳定性最终取决于检察人员对于业务需求及规则设置的精准输出以及合作第三方企业技术水平，因此，不可避免存在合作失败的风险。

2. 关于技术风险

一方面，基层检察人员对于数字检察所要实现的目标以及数据平台的有效应用，在认知上存在较大差异，容易导致搭建的平台运行效果不理想；另一方面，由于第三方企业技术水平参差不齐，在平台搭建或运行中可能产生数据丢失或泄露等问题。同时，科技企业之间不可避免存在竞争关系，核心技术不可能公开，这也使得不同科技企业搭建的平台在后期交互融合操作方面，变得更加困难。

### （三）数据传输和共享阶段的安全风险

经过处理的数据能够有效传输并实现共享，是数字检察所要实现的基本目标。数据的传输共享一般分为三种模式：一是在某一检察机关内部各部门之间的传输共享；二是在各级检察机关之间的传输共享；三是在检察机关和其他机关单位之间的传输共享。其中，数据在检察机关和其他机关单位之间的传输共享中存在的安全风险，是制约数字检察发展的重要原因。

检察数据资源特别是案件信息，是检察机关的核心机密。与此相对应，其他司法机关、行政执法单位的执法办案信息也是其内部核心机密。审批流程不完善、平台管理不善、用户安全意识低，都可能导致隐私和信息泄露风险。另外，数据逆向分析等技术给数据脱敏清洗带来更大的挑战，即便是经过脱敏、匿名化处理后可视化的数据商品，依然存在被关联分析得到原始数据信息的可能性。

在数字检察建设过程中，只有有效落实数据管理政策和安全措施，才能保证数据安全。然而，为了数据安全，不愿共享或减少数据难免会有因噎废食之嫌，也与数字检察促进有序开放数据交换的要求背道而驰。检察机关作为法律监督机关，一直高度重视并且积极推进数据开放和信息系统集成，但囿于顶层设计和职能定位的差别，其他执法司法机关对于数据信息共享仍持保守态度，特别是西北地区，检察机关的“数据孤岛”问题仍然普遍存在。执法办案数据只能在一个系统内部流转，资源整合不足，管理体系不健全，数据深度分析能力不足，数据应用潜能不能充分挖掘。数据分析在服务决策、服务治理方面的作用发挥不够充分。

## 三、基层检察机关加强数据安全保护的有效路径

信息社会推动了大数据技术的不断创新，同时也推动了检察机关法律监督模式的转型升级。基层检察机关必须清晰地认识到数字检察工作带来的机遇与挑战，及时调整数据安全的监督管理机制，通过加强对外部数据的安全保障，在内部建立程序和规则，加快建立数据分析系统和分类保护机制，大力培养复合型人才等方式，不断探索数字驱动和数据安全之间的最佳平衡，推动实现检察工作现代化。

### （一）加强对外部数据的安全保障

检察机关作为法律监督机关，更多地占有政法单位的数据资源对于全面履行法律监督职能具有至关重要的作用。这也是目前各级各地政法机关

跨部门统一办案平台大多由检察机关为主导推动实现的原因。保障其他政法单位的数据安全，消除数据供给顾虑，才能有效实现信息共享。

1. 加强数据备份与恢复能力

大到自然灾害、小到病毒系统故障，甚至操作员意外操作事故，都有可能影响系统的正常运行，甚至造成系统瘫痪。数据备份的任务和意义就在于，当灾害发生后，通过备份的数据完整、快速、简洁、可靠地恢复原有系统。对于数据备份，部分检察人员可能存在误解，认为备份就是复制。其实，单纯复制数据无法使数据留下历史记录，也无法留下系统的 NDS 和 Registry 等信息。完整的备份应当包括自动化的数据管理与系统的全面恢复。因此，从这个意义上说，备份 = 辅助 + 管理。

首先，明确数据备份需求，确定备份的数据类型、频率等。具体来说，就是根据业务需求和数据获取的难易程度，确定需要备份的数据类型；根据数据的重要性和变化程度，确定每日、每周或每月的备份频率。其次，制定备份策略，分类采取完整备份、增量备份、差异备份①等。在平台建设过程当中，要充分考虑不同项目、不同数据的具体情况，采用单一备份方式或多种备份方式组合。再次，选择符合需求的备份工具，可以是硬件设备（如磁带库、硬盘阵列）或软件工具（如备份软件、云备份服务、远程数据中心等）。最后，进行数据恢复测试。定期测试备份数据的恢复过程，以确保备份数据的完整性和可用性。

2. 对存储的敏感数据进行加密处理

首先，要明确数据分类。首要任务是明确哪些数据属于敏感数据。2022 年，最高检下发关于《不涉及国家秘密的检察业务数据分类分级指引》和检察业务数据分类分级表，对于检察机关核心数据、重要数据、一般数据的识别规则进行了明确规定。对于在实践中确定外部数据分类分级，也具有一定的指引作用。其次，选择适合数据类型和存储介质的加密方法。对于数据存储，可以采用全盘加密、文件级加密或对象级加密。全

① 完整备份是指对指定数据集全部进行备份，优点在于恢复简单快速，缺点在于耗时长，占用存储空间大。增量备份是指只备份上次备份以来发生变化的数据，优点在于耗时短，占用存储空间小，缺点在于恢复复杂，需要多个备份文件。差异备份是指备份上次完全备份以来发生变化的数据，优点在于恢复相对简单，只需要两个备份文件，缺点在于耗时和占用存储空间介于完整备份和增量备份之间。

盘加密可以保护整个存储设备，而文件级加密和对象级加密可以选择性对特定文件或数据对象进行加密。再次，设立管理密钥和访问控制。要确保密钥管理的安全性，因为密钥是解密数据的关键。密钥管理应包括密钥生成、存储、分发和轮换。最后，定期监控和审计。建立监控系统来检测不正常的数据访问或解密尝试。监控可以帮助及时发现潜在的数据泄露风险。定期审计加密策略，确保它们符合最新的安全标准和法规。

### （二）建立检察机关内部全流程数据安全规制

对于数据安全司法保护，是遵循隐私权的保护路径展开的。隐私权作为一种消极防御性的权利，只有在遭到实际侵害的时候，才能请求侵权损害赔偿。然而对于数字检察来说，仅靠这种事后救济性质的侵权保护，显然已无法满足数据安全的现实需要。数据安全保护应当贯穿数据全生命周期，落实事前、事中以及事后全流程保护。

1. 事前精准预防

事前通过严格的审批程序和制度安排来实现精准预防。与对外部数据的保护原则一致，通过数据备份与加密实现事前预防，在此不再赘述。

2. 事中实时监督

事中应当对数据处理使用行为进行实时监管。目前，合规导向和事件驱动的数据安全体系主要基于数据存储层提出数据库或终端的数据安全解决方案。但随着数据应用的发展，在数据利用环节，数据安全风险依然存在。这也是各级各层面不断加大数据安全投入，但网络攻击、数据泄露事件依然频发的原因所在。因此，在数字检察推动过程中，要注重加强事中实时监管。首先，明确数据的权责归属。即只有经过严格认证的人员才能访问检察机关的数据，且需根据身份配置相应的权限，处理使用过程全程留痕。其次，严把平台建设质量关。大数据应用平台不仅要具备符合建设需求的数据关联分析能力，也要能够有效识别敏感数据，避免非法用户越权访问。最后，强化数据监控和数据审计。在系统平台运行阶段，网络安全性监测也要相伴展开，不但要对平台运行设备的安全性监测，还需要对平台产品的运行进行监测，定期对平台运行情况进行安全检查和评估，对于发现的安全漏洞及时通报，并进行系统升级和补丁发布。

3. 事后实体救济

事后特别是对于数据被动公开后，应赋予相关当事人实体救济的权利。

一方面，赋予其知情权。相关当事人应当有个人信息被采集的知情权，并明确告知其个人信息被司法机关获取的目的和用途，同时，也应赋予其查询数据信息流向、要求更正不准确信息以及删除过时数据信息的权利，以便切实保障海量数据的安全和准确。另一方面，赋予其救济权。针对《个人信息保护法》制定具体实施方案，明确在发生或者可能发生个人信息泄露、篡改、丢失的情况下，个人信息处理者应当采取的补救措施。同时，赋予被侵权人主张停止侵害、排除妨害、消除危险、赔礼道歉、消除影响、恢复名誉的权利。

### （三）优化数据安全基础设施建设总体布局

面对日益严峻的网络安全形势，最高检进一步深化安全战略要求，将网络安全建设作为科技强检“五个体系”建设目标之一，组织建设了省级涉密信息系统分级保护和非涉密信息系统等级保护系统。为进一步优化数据安全基础设施方面，笔者认为可以从以下方面着手：

1. 加速检察机关内部数据资源整合和数据中心升级改造

全面开发、整合并利用检察机关的数据资源，唤醒和激活检察机关的静态数据，并将其应用于分析研究。同时，迁移整合目前已经建成的小型的分散式数据中心，根据网络条件、业务需求等分批分类新建数据中心，并配备适度先进的基础设施系统，提高现有数据中心的资源效率，为未来的技术革新提供算力储备。

2. 加强网络安全措施

硬件安全是数据安全的基石，软件安全是数据安全的保障。现阶段网络安全技术主要包括防火墙、加密、安全行为分析技术和网络安全态势感知技术等。从现阶段数字检察的发展而言，防火墙、加密、安全行为分析技术已经基本能够实现，但作为适用于大规模网络环境的安全态势感知技术尚未普遍实现。安全态势感知的基础是安全大数据，在安全大数据的基础上进行数据整合、特征提取，应用一系列的态势评估算法生成网络安全整体态势状况，应用态势预测算法预测态势发展状况，并可以使用可视化技术将安全态势状况和态势预测展示给安全管理员，方便安全管理员便捷了解当前状态和预测的安全风险，及时做出相应的网络安全应对。[①] 积极建设数据安全监测平台，提高数据资源在采集、存储、处理、共享、开发和处置等方面的安全管理水平。

3. 鼓励有条件的市级检察机关建立网络安全监控服务

网络安全监控是持续观察用户网络中所发生事情的过程，目的在于监测潜在的网络威胁和及早发现系统被入侵的风险。安全监控可以理解为网络安全界的“吹哨人”，它在检测到网络攻击时发出报警，并在造成严重损害之前帮助用户做出响应，及时检测和管理潜在威胁。市县两级检察机关业务交流频繁，监测数据体量适中，由市级检察机关部署网络安全人员对大数据平台、云端等漏洞进行监控，是实现资源最优管理，提高数据资源整体安全性的有效路径。

## （四）加快复合型人才的培养

人才是改革的关键，也是实现检察工作现代化的重要因素。鉴于数字技术的专业性和复杂性，检察机关特别是基层检察机关想在数字检察工作中有所突破，必须着力培养一批既懂技术又懂法律的专业型、复合型人才，在经费有限的条件下，准确输出业务需求并能够自主保障平台系统日常运维。具体而言，可以从以下三个方面完善检察技术人才培养机制：

1. 大力推进多学科人才培养计划

深入了解数字检察工作的要求，不仅要开展全方位的数字应用技能培训，还可以将法律监督培训与数字知识、数字思维和数字技术、监督实践、监督推广大数据管理相结合。[②] 完善具有信息技术背景的复合型人才定向引进机制。优化特殊人才的引进程序，通过设置科学合理的业务考核标准，吸引具有跨学科经验的高素质人才进入检察系统。

2. 整合并用好现有技术人员

在实践中，基层检察机关已经有一定数量的技术人员，但目前分散在后勤保障部门或已转岗从事其他工作。通过有针对性地开展业务培训，及时整合并用好这批人，使其快速适应数字检察工作要求，以便专门应对日

---

① 赵姗、黄娜：《政府数字治理下的信息安全体系构建》，载《网络安全技术与应用》2024 年第 4 期。

② 贾宇：《论数字检察》，载《中国法学》2023 年第 1 期。

常数据存储、数据共享、平台运维中出现的相关问题。

3. 加强信息网络安全保密教育与培训

根据信息安全保密工作出现的新情况和新特点，将信息网络安全纳入检察机关安全保密教育范畴。结合国内外发生的典型案例，通过视频、图片的形式，以案说教，加强干警信息网络安全防范意识，真正做到安全保密工作与时俱进。同时，要加强对检察干警的信息网络安全保密业务培训，使每位检察干警都能掌握信息网络安全保密常识和防失泄密技能。

## 四、结语

实践中，检察机关90%以上的案件都在基层，检察官在一线亲历案件办理，更容易发现问题。在办案中对可能存在的深层次问题和机制性漏洞进行思考，总结提炼规则，研发监督模型，这与“业务主导、数据整合、技术支撑、重在应用”的数字检察工作模式高度契合。因此，基层检察机关在数字检察工作中大有可为。然而，作为负有信息保障职责的国家机关，在推进数字检察的过程中，要坚持“既抓提升，又守底线”的工作原则，这个底线就是数据安全。做好数据全生命周期的安全风险治理，不仅需要检察机关内部加强数据安全保护，也需要从制度设计层面，进一步明确司法行政机关协同参与数据安全保护的责任，为稳步推动数字检察工作打下坚实的数据安全基础，进一步推动检察工作现代化。

# 检察侦查新属性辩证研究*

王运海**

检察侦查新属性，是指检察机关为深入贯彻习近平法治思想，主动融入监察体制改革和反腐败大局，自觉重塑检察侦查体制机制，辩证分析其立足于“维护公平正义”的价值定位、服务于高质效实施法律监督的职能定位、平衡总体侦查权配置格局的现代化定位，辩证认识其助力优化法治体系和法治能力的现代化内涵。简言之，检察侦查属性之“新”，即现代化。具言之，检察侦查新属性内涵时代性和政治性、对抗性和风险性、协同性和独立性、职务性和专业性四组辩证关系。

## 一、检察侦查的时代性和政治性

实践中，检察侦查兼具时代性和政治性。一方面，从时代性看，检察侦查区别于转隶前的检察侦查工作。转隶前，检察侦查工作是检察职能的核心业务，负责职务犯罪侦查工作，在检察工作格局中居重要地位。新形势下，检察侦查是职务犯罪“监察全覆盖”背景下的侦查工作，只负责特定人员、特定类型、特定条件下部分犯罪的侦查工作，处于总体侦查权配置格局的补充地位。① 另一方面，从政治性看，检察侦查工作是政治性很强的业务工作，是司法领域反腐败的重要力量，同时又是国家监督体系的重要组成部分，应当接受党委的领导、党委反腐败协调小组的协调和党委政法委的指导。因此，要自觉将检察侦查融入国家反腐败工作大局和国家

* 本文系河北省社会科学基金项目“习近平依宪执政的新理念、新战略、新实践”（HB19MK010）的阶段性研究成果。

** 王运海，河北省人民检察院检察员。

① 王祺国：《试论检察侦查》，载《法治研究》2021 年第 6 期。

监督体系之中。

### （一）“侦查”系现代检察应有之义

“侦查”系现代检察应有之义，是指现代检察制度自创立之初即有侦查职责，以侦查权支撑保障检察权有效运行是现代社会的普遍做法。从国际上看，检察侦查制度成型于法国的1808年《刑事诉讼法典》。

### （二）绝对忠诚系检察侦查应有之魂

绝对忠诚系检察侦查应有之魂，是指党的绝对领导和人民群众的广泛支持是我国检察侦查制度的根本政治保证，始终坚持对党和人民的绝对忠诚系检察侦查应有之魂。《中共中央关于加强新时代检察机关法律监督工作的意见》充分体现了党中央对检察侦查工作的高度重视。无论是从政治层面，还是从法律层面来说，检察侦查权都具有存在和发展的必要性。党委政法委开展党内监督，同样离不开检察侦查这个“利器”，如在处理涉法涉诉信访案件、案件评查、执法监督中，往往表面看没有问题的案件，但经检察侦查介入后就发现了问题，彰显了检察侦查的穿透性和可靠性。

### （三）维护公正系检察侦查永恒主题

维护公正系检察侦查永恒主题，是指检察侦查应始终围绕“维护公平正义”的价值定位，不断强化其对实施法律监督的刚性支撑作用，使维护公正成为检察侦查实现新发展永恒的主题。一是从源头上维护公正，通过行使检察侦查职能将法律监督关口前移，从源头上防范冤假错案发生。二是在诉讼中维护公正，将检察侦查的刚性监督作用，辐射到诉讼活动的各方面、各环节、全过程，嵌入“四大检察”的法律监督和党委政法委的执法监督，以检察侦查之力坚守诉讼公正底线。三是从结果上维护公正，如河北“亮剑2024”检察侦查专项行动以群众反映强烈、社会效果不好的“六类重点案件”为切入点，以是否实现“三个效果”的有机统一作为检验是否公正的最终标准。四是从机制上维护公正，进一步完善检察侦查与“四大检察”的法律监督，及其与执法监督衔接机制，使检察侦查的专业性、法律监督的全面性和执法监督的权威性有机统一，形成合力。

## 二、检察侦查的对抗性和风险性

实践中，检察侦查兼具对抗性和风险性。一方面，检察侦查的对抗性，是指涉嫌犯罪的司法工作人员为掩盖犯罪行为、逃避侦查和法律的制裁，妄图使侦查活动无法进行或者误入歧途，而对侦查机关、侦查人员正在或即将进行的侦查活动采取的一系列对抗活动的总和。司法工作人员职务犯罪的职务犯特征使其对抗活动更具隐蔽性、迷惑性、误导性，导致其对抗性相较于其他犯罪更为突出。另一方面，检察侦查的风险性，是指检察人员在开展侦查工作过程中面临的决策风险、执行风险、泄密风险、廉政风险等各种职业风险的总和。司法工作人员职务犯罪的高对抗性，使检察侦查具有高风险性，检察侦查应对高风险性的专业化能力直接影响成案率的高低。

### （一）检察侦查的对抗性

检察侦查的对抗性，既有积极对抗，也有消极逃避，侦查司法工作人员职务犯罪对抗性更强，因为司法工作人员职务犯罪建立在能够支配一定程度“司法资源”基础之上，其对抗性要高于普通犯罪。

1. 检察侦查对抗性的特征

（1）预谋性

预谋性，是指涉案司法工作人员在实施职务犯罪的同时就已经对涉案细节进行细致谋划并做好相关对抗侦查准备。因职业关系，涉案司法工作人员普遍精通法律、熟悉侦查谋略，作案前往往已经深思熟虑，一旦案发，便立即实施串供、毁证等对抗活动。尤其执法司法领域一些涉案领导干部，影响范围广、对抗力量大、逃避手段多。实践中，随着经济社会的发展，司法工作人员职务犯罪手段也随之发生变化，对抗的预谋性也不断增强，给检察侦查的开展制造了很多障碍。比如，在徇私类犯罪中，涉案人员一言不发或者在会议表决时发表相反意见而在幕后推动交易完成即可实现其徇私目的。

（2）伴生性

伴生性，是指检察侦查对抗性与司法工作人员涉嫌职务犯罪的原案有着天然伴生关系。与普通犯罪主体相比，司法工作人员的专业化程度、受教育程度、办案经验更为丰富，更善于利用与原案相伴生的各种信息，逃避侦查。

（3）欺骗性

欺骗性，是指涉案人员为逃避侦查，常采用虚构事实、隐瞒真相等欺骗性手段对抗检察侦查活动。一方面，虚构事实的对抗性手段，常见有假自首、假立功、虚假诉讼、假书证等。比如，有的涉案人员到案后先假装配合，然后在讯问交流中设法套取情报，采取故意说错时间、地点、数额等涉案情节的手段，试探其全部犯罪事实是否已被侦查人员全部掌握，同时借此拖延时间、寻找机会。另一方面，隐瞒真相的对抗性手段，常见有攻守同盟、避重就轻、以小瞒大、以借款瞒贿款等。为隐瞒真相，涉案人员经常拒绝供述、推卸责任或者翻供。

（4）矛盾性

矛盾性，是指检察侦查对抗性具有矛盾的可转化性特点，涉案人员的对抗性活动往往阻碍检察侦查顺利进行，但在一定条件下也可以转化为突破案件的切入点。矛盾性的根源在于对抗性活动的自身局限性，“欲盖弥彰”的对抗性活动，经过深入侦查，反而会成为查明案情的突破口。比如，某些玩忽职守案中，为反证自己履职到位而篡改会议记录。又如，检察侦查一经启动，对抗性活动也会随之开展，涉案人员通过社会关系探听情况进行对抗的过程，也是自我暴露的过程。

2. 检察侦查对抗性的表现

（1）研究法律漏洞

研究法律漏洞，是指涉案人员为逃避侦查，深入研究法律政策漏洞，研究检察侦查常用策略，研究罪与非罪、罪轻罪重、此罪彼罪的区别。比如，向相关办案人员打听案情，寻找不法律师研究对抗方法，请托社会关系“拆案”、“拆数”、避重就轻，从而为对抗侦查制造条件。

（2）非法获取案情

非法获取案情，是指涉案人员为干扰侦查，采取跟踪、套话、窃密等非法手段获取案情。一是跟踪，即涉案人员探明办案人员外貌及办案车辆号牌后，跟踪办案人员及车辆进出场所，分析侦查动向。二是套话，即涉案人员为刺探侦查虚实，设置语言逻辑圈套，通过试探性提问，在与办案人员的对话中套取有价值信息，进而分析检察侦查实际取证情况和案情查明情况。三是窃密，即涉案人员为获知侦查意图，利用互联网、办公设备窃取侦查秘密。窃密与泄密相伴而生，防窃密首先要防泄密。实践中，泄密多因办案人员使用非涉密机传输涉密资料、擅自复印涉密资料、未销毁涉密资料等。需要从增强办案人员保密意识和完善保密设施两个方面发力，防止窃密行为发生。

（3）围猎办案人员

围猎办案人员，是指涉案人员为逃避侦查，或者采用利诱、色诱等手段拉拢，或者采用报复陷害、借势威胁等手段胁迫，软硬兼施使得办案人员能侦查而不想或不敢侦查。涉案人员往往一有觉察，便以事假、病假、出逃等方式暂避锋芒，为围猎办案人员争取时间。实践中，一些办案人员被围猎后经常跑风漏气、打招呼、批条子、干预司法，甚至帮助涉案人员通知外围、配合实施对抗活动。尤其一些领导干部被围猎后，甘当涉案人员保护伞，不惜利用职权对检察侦查进行干扰、阻挠、打压。报复陷害办案人员，经常表现为涉案人员面对正常讯问反而愤怒自伤，或者使用语言或肢体暴力激怒办案人员，反诬办案人员刑讯逼供、暴力取证等违法办案，其外围社会关系同时通过投诉、上访等配合涉案人员阻碍侦查活动。

（4）制造干扰假象

制造干扰假象，是指涉案人员为干扰侦查，采用虚假供述、伪造证据、转移财产等手段制造假象误导侦查方向。假象，既能干扰侦查，也是突破切口，关键在于侦破。制造假象，反而证明检察侦查初查方向的正确性，一经识别侦查人员就应采取措施，并通过假象反击涉案人员心理防线。常见的行为方式有，提前准备虚假供述并熟记以应对讯问，伪造公文自圆其说，伪造事故销毁凭证，收买证人作有利于自己的伪证，指使其他同案犯主动替罪，转移违法犯罪所得或洗钱等。

（5）自伤逃避侦查

自伤逃避侦查，是指涉案人员为逃避侦查，利用检察侦查确保办案安全的相关规定，通过自残、自杀等自伤活动倒逼检察侦查人员停止侦查活动并为其医治，借此为进一步开展对抗性活动争取空间和时间。根据检察侦查相关办案程序规定，检察侦查工作应确保办案安全、防止发生事故，一旦发生人员伤亡，应及时救治。据此规定，一些狡猾的涉案人员常常为逃避审讯，故意表现出胃痛、心悸、头晕、呼吸困难等，甚至伺机自伤。涉案人员自伤，一方面，借住院治疗之机逃避讯问、看守、羁押；另一方面，借住院治疗之机与社会关系网取得联系，为对抗侦查、逃避制裁，争取时间、制造条件。同时，也应将其与人的正常反应相区分，基于人的自我保护本能，面对审讯时表现出一定程度的焦虑和恐慌，属于正常现象。

3. 检察侦查对抗性的化解

检察侦查对抗性的化解，是指办案人员基于对抗性行为发生根源、遵循对抗性意识变化规律，最大限度化解涉案人员的对抗性干扰，从而保障检察侦查顺利进行的侦查策略。检察侦查对抗性源于涉案人员对抗性意识。对抗性意识，系涉案人员自我保护意识和犯罪意识的共同作用。特定类别涉案人员的对抗性意识，其变化过程具有规律性。趋利避害，系涉案人员最基本的对抗性规律。化解涉案司法人员的对抗性，更要善于总结规律、分类施策。分类施策，要立足于涉案人员的对抗心理、结合所处对抗阶段、分析未来对抗趋势，进行靶向疏导，最大限度消化、解除涉案人员的对抗性倾向。

（1）严明纪律

严明纪律，是化解检察侦查对抗性的根本前提，是增强检察侦查战斗力的根本保证。如果检察侦查队伍纪律严明，无论涉案人员怎么对抗都会徒劳无功；如果纪律松弛，稍遇对抗，便会导致侦查失败。所以，严明纪律是化解对抗性的首要举措。首先，要提高认识，检察侦查队伍充分认识遵守纪律对防范化解检察侦查对抗性的重要意义，把遵规守纪贯彻到检察侦查办案的各方面、各环节、全过程。其次，要提高站位，以服务大局的高度服从上级领导的安排部署，若遇突发情况及时启动应急预案，并依规依纪向领导请示汇报。再次，要加强学习，坚持在办案中学习，研究总结侦查与对抗、犯罪与规避的内在规律，复盘办案薄弱环节，明确纪律建设重点。最后，要严格按照办案安全防范制度开展侦查，使确保安全成为贯穿检察侦查办案始终的纪律主线。

（2）换位思考

换位思考，系化解检察侦查对抗性的根本方法。本文中的换位思考，是指办案人员通过辩证切换侦查思维和对抗思维，换位于涉案人员的处境思考对方的感受、心理和可能采取的对抗措施。首先，要读其心。深入研究犯罪心理学，在检察侦查实践中形成侦查与对抗的辩证思维，重点提升侦查人员对涉案人员对抗心理的识别、分析和化解能力。其次，要换其位。既要善于站在侦查人员的角度想问题，又要善于站在涉案人员的角度想问题。只有先站在涉案人员的角度，才能从人性的深度理解对方的所思、所为，才能对涉案人员对抗心理和对抗行为作出精准预判。再次，要移其情。善于体会对方的感受，见其所见、闻其所闻，从而灵活调整侦查策略。最后，要思其术。前面一系列准备工作的最终目的是要思其术，思考涉案人员会如何对抗侦查、会采取哪些对抗措施。结合讯问程序、证据材料调取程序、侦查终结条件等及时调整侦查策略，有效化解检察侦查的对抗性。

（3）出其不意

出其不意，系保证检察侦查实际成效的基本原则。本文中的出其不意，是指在检察侦查的初查中，避免暴露侦查意图，使涉案人员保持无“害”错觉，防止其产生“避害”心理。检察侦查初查，是指检察侦查部门对线索可查性的初步审查和必要调查。根据检察侦查相关办案规则，初查不得采取限制人身、财产权利的措施，但是可以依法查询、调取证据材料、询问等。实践中，要求办案人员在掌握确实证据之前防止涉案人员对侦查活动有所察觉，对涉案人员有效控制后依然要防止暴露下一步侦查计划。出其不意，有四个要点：一要隐藏身份，二要隐藏意图，三要避免接触，四要依法取证。必要时，经依法审批可进行秘密初查。秘密初查，是指办案人员依法经过严格审批程序，在严密控制下进行秘密调查核实，从而有效揭露犯罪的合法侦查活动。一方面，可以优化侦查策略。比如，以小案掩大案，以彼案掩此案，运用“特情”侦查手段，秘密录音、录像等；另一方面，可以借助外力协查。比如，商请涉案人员所在单位或纪检、监察部门协查，商请审计、税务、工商等部门协查，协调举报人和有关单位协查。

（4）科技赋能

科技赋能，本文中是指运用数智化侦查手段、现代化侦查装备，提升检察侦查化解对抗性的办案能力。科技赋能，是新形势下侦查与对抗的斗争日益智能化的必然选择，但同时也要注意做好互联网防泄密工作。比如，探索运用AI技术，遵循类案侦查规律，对特定类型案件涉案对象的对抗心理和对抗活动进行数智化分析，辅助办案人员把握涉案人员对抗动向；又如，借助测谎技术、同步录音转写设备和相关信息查询系统分析口供真实性，辅助确定侦查突破方向。

（5）及时布控

及时布控，本文中是指检察侦查立案后对涉案人员依法及时采取强制措施，最大限度控制其对抗性活动，从而保障检察侦查顺利进行。及时布控的前提，是初查后有确实证据证明涉案人员有犯罪事实且可能被判处徒刑以上刑罚。除有不适于羁押的特殊原因外，检察侦查部门应及时对其采取强制措施，一般而言，对涉案司法人员采取异地羁押更为妥当，以便及时阻断其实施串供、毁灭或伪造证据的可能性。

（6）以证促供

以证促供，本文中是指以客观证明体系化解对抗心理，切实提升取证客观性和口供稳定性的检察侦查策略。为适应以审判为中心的刑事诉讼改革，检察侦查应及时转变以口供为中心的侦查理念，加强涉案人员类案讯问策略研究，既注重以客观证据突破口供、深挖再生证据，又不完全依赖口供、暴露侦查意图。首先，要一人一策，即提高检察侦查讯问的针对性，针对涉案人员不同智商、不同性格、不同价值观、不同阶段、不同心态，采取不同的以证促供讯问策略和保密要点。一人一策，要保持讯问连贯性，避免不同办案人员讯问出现矛盾，让涉案人员借机套取侦查进度。其次，要即认即录，针对认罪口供，要坚持“承认一点，全面审讯、立即记录、防止翻供”的同步原则，并使其与其他客观证据形成证据链条，从而加强有罪供述稳定性。最后，要将计就计，即办案人员在审讯中识别涉案人员的试探性对话后，运用逆向侦查思维对其进行反试探，从而分析案件真实情况。

（7）完善机制

完善机制，本文中是指检察侦查为化解对抗性而完善防止涉案人员潜逃、防止涉案资金外流等相关配套机制。一方面，完善防止涉案人员潜逃联动机制。进一步完善检察侦查部门与公安、边防、安全、海关、交通、通讯等部门的防潜逃情报联系机制，完善涉案人员可能潜逃境外预报备制度，重点阻断涉案人员立案前潜逃路径。另一方面，完善涉案证据数智化协查机制。进一步完善检察侦查部门与通信、金融、不动产登记、市场监管等相关部门的涉案关联数据协查机制，通过数智化提高检察侦查取证效率，确保证据固定于涉案人员实施对抗性活动之前。

### （二）检察侦查的风险性

检察侦查风险性，从全过程看可以分为决策风险、执行风险、泄密风险和廉政风险。

1. 决策风险

检察侦查决策，是指检察侦查主体为侦破案件而对侦查方案的分析抉择。检察侦查决策风险，是指在检察侦查办案中，虽然符合刑事立案条件，但是涉案人员未到案或到案后未供认，此时为保障刑事诉讼顺利进行决定立案或决定对涉案人员采取强制措施，需要承担的涉案人员被撤案、不起诉或宣告无罪，以及由此导致的相应司法责任和国家赔偿的风险。确定型决策，是指决策基础条件充分，能够得出确定结果。与之相比，风险型决策，是指决策基础条件不充分，不能得出确定结果，无论如何决策都存在风险。因检察侦查处于刑事诉讼活动的起点，本质属于犯罪事实和刑事证据的形成过程，与审查起诉和审判活动的确定型决策相比，属于风险型决策。决定立案或决定对涉案人员采取强制措施，系主要决策风险节点。评估检察侦查决策风险，应遵循客观合法、权责统一、服务大局、持续跟进等原则。

2. 执行风险

检察侦查执行风险，是指办案人员在执行检察侦查任务过程中存在的风险。比如，办案用车使用风险，经常表现为被涉案人员安装监听设备、跟踪、被制造故障而无法正常使用和趁机窃取车上案卷材料等，预防化解这种风险，平时应注意用车前维修保养、使用中检查车况路况、停车后注意防盗和防跟踪。要从“安全”“规范”两个方面防范化解检察侦查执行风险：一方面，是强化办案安全，进一步强化理性、平和、文明、安全的检察侦查理念，进一步完善看审分离制度、办案安全预案制度、办案安全责任人制度、全程录音录像制度等办案安全制度机制；另一方面，是强化办案规范，进一步推进检察侦查办案规范完备化、检察侦查队伍专业化、检察侦查机制一体化、检察侦查手段数智化、检察侦查办案区建设规范化。

3. 泄密风险

检察侦查泄密风险，是指办案人员在检察侦查过程中因故意或者过失泄露侦查秘密的风险。比如，办案人员在日常聊天中，未尽保密义务，谈及案情，被别有用心的人利用，造成泄密事故。防范化解检察侦查泄密风险，一是要严格执行线索集中管理制度，定期开展线索分析评估，从源头上降低泄密风险。二是要强化办案人员保密意识，防范办案中涉密法律文书的编辑、校对、审批、印发、使用中的泄密，同时防范涉密法律文书丢失、被盗、被抢、被窃听等泄密事件发生，不给涉案人员的对抗性活动以可乘之机。三是要注意防范涉密移动存储介质的互联网泄密，一方面，要对涉密与非涉密的存储介质进行物理隔离，涉密与非涉密电脑分别使用；另一方面，要严格对涉密移动存储介质使用的管理，规范内部传输控制流程，严格涉密电子文档的发送、下载、复制、打印、阅览的程序和范围。

4. 廉政风险

检察侦查廉政风险，是指办案人员在检察侦查办案过程中被涉案人员及其利害关系人诱惑、贿赂、收买的风险。防范化解检察侦查廉政风险，要从强化检察侦查队伍廉政风险意识着手，要将《中国共产党领导干部廉洁从政若干准则》《检察人员职业道德基本准则》《检察人员廉洁从政十个规定》等全面从严治党治检的铁规禁令内化于心、外化于行、形成自觉，从主观认识到制度机制、由内到外构筑坚决抵制对抗性活动渗透腐蚀的铁一般的双重防线。

## 三、检察侦查协同性和独立性

检察侦查协同性和独立性，是指基于上下级领导关系检察侦查部门协同性和独立性的有机统一。一方面，检察侦查协同性，是指检察侦查必须坚持党的绝对领导，主动融入法律监督工作全局、主动融入国家反腐败工作大局，以检察侦查与“四大检察”、监察调查协同发力，形成法律监督工作合力、形成国家反腐败工作合力。另一方面，检察侦查独立性，是指检察侦查立足于惩治司法腐败、维护司法公正的相对独立价值，整体上与“四大检察”、监察调查相对独立，遵循侦查权运行的保密性规律，从立案到侦查终结上下一体相对独立运行。实践中，检察侦查协同性和独立性，是由检察侦查案件的成案规律决定的。因为，检察侦查案件线索大多形成于对民事、行政和刑事等具体诉讼活动的法律监督过程之中，一方面要求检察侦查部门应自觉增强与“四大检察”各业务部门的协同配合；另一方面还要处理好与监委协同配合的关系。同时，基于检察侦查权运行的高度保密性，检察侦查程序启动后，从立案到侦查终结，必须独立自主开展。检察侦查与检察监督数智一体化机制，是实现检察侦查协同性和独立性有机统一的重要载体。

### （一）优化协同性和独立性的“三个维度”

优化协同性和独立性的“三个维度”，是指围绕检察侦查所辖罪名的主体、主观方面、客体、客观方面、因果关系等犯罪构成要件复杂，及其发现难、定性难、处理难的问题，从司法工作人员相关职务犯罪侦查、机动侦查和自行补充侦查“三个维度”优化其协同性和独立性。

一是优化检察侦查线索协同发现机制。以案件管理部门为纽带完善“四大检察”业务部门与检察侦查部门的线索移送衔接机制，完善检察侦查与公安侦查、监察调查互涉案件的协同配合机制，畅通检察侦查案件线索协同发现渠道。二是优化检察侦查独立办案保密运行机制。一方面，完善检察侦查案件线索集中保密管理责任制，对于检察侦查案件线索由专人集中统一管理，其他业务部门发现后要及时经案件管理部门移交侦查部门统一管理，建立线索移送管理保密责任制；另一方面，完善检察侦查独立办案配套机制，包括完善交办和指定管辖制度、组建跨层级专案侦查办案组、建设数智化检察侦查指挥中心。三是优化检察侦查案件质量保障机制。首先，要围绕案件事实构建以客观证据为中心的证明体系，把客观证据作为案件事实的切入点、突破点、支撑点。其次，要严格遵守取证程序及相关办案程序，杜绝证据形成的程序瑕疵，尤其注意运用数智化侦查手段取证程序的规范性。最后，要强化案件事实相关证据链条的稳固性，理性把握侦查方向，确保侦查终结时形成各类型证据相互印证、各构成要件相关证据确实充分的证据体系，为检察侦查案件经得起刑事诉讼程序的检验、经得起历史的检验提供强有力的证据支撑。

### （二）优化协同性和独立性的“数智一体化”

优化协同性和独立性的“数智一体化”，是指检察机关通过数智化手段赋能检察侦查一体化机制，构建数智一体化检察侦查新格局，再以检察侦查与检察监督的“数智一体化”进一步优化检察侦查的协同性和独立性。这要求充分发挥“四大检察”的协同监督作用，对工作中发现的疑点，开展调查核实工作；既要注重主观证据的搜集，又要注重物证、电子数据、书证等客观证据的搜集，注意提升侦查手段科技含量，充分运用好大数据技术。河北检察机关高度重视数智平台建设，以检察侦查数智一体化深度优化检察侦查协同性和独立性，用数智化手段创新“一项双查”横向协同机制，聚焦专项监督活动，检察侦查自觉与监督调查协同发力，服务保障“检察护企”“检护民生”等专项活动深入开展。

## 四、检察侦查的职务性和专业性

检察侦查职务性和专业性，是指基于所辖罪名的职务性特点与其专业化方向的内在关系，检察侦查具有职务性和专业性有机统一的特点。一方面，检察侦查的职务性，是指检察侦查所辖罪名职务犯特征明显，涉案司法工作人员对抗性强，这既是检察侦查的主要难点，也是专业化建设的主攻方向；另一方面，检察侦查的专业性，是指围绕检察侦查管辖范围的职务性建设专业化队伍、拓展专业化手段、提高专业化能力、完善专业化机制，通过专业化提高检察侦查的穿透性和精准性。[①]

### （一）检察侦查所辖罪名职务犯特征

检察侦查所辖罪名职务犯特征明显，不仅涉及侵犯公民权利相关罪名，也涉及损害司法公正相关渎职罪名。具体特征如下：

1. 犯罪主体身份特殊

犯罪主体身份特殊，是司法工作人员相关职务犯罪案件与其他刑事案件的首要区别。首先，职业特殊。该类犯罪主体，包括法官、检察官、律师、法警等，在司法系统中扮演重要角色，拥有特殊的权力和社会地位，有社会影响力，对抗性强。其次，关系复杂。该类犯罪主体，社会阅历丰富，有广泛的人际关系网、社会关系网，具有较强的社会活动能力。再次，信念缺失。该类犯罪主体大多具有功利主义价值观，惯于采用“花钱消灾”对抗性手段。最后，该类犯罪主体属于高学历群体，有较强的运用专业知识对抗检察侦查的能力。对于该类犯罪主体，需要更具穿透性和精准性的检察侦查机制，以确保办案质效。

---

① 谢小剑：《刑事职能管辖错位的程序规制》，载《中国法学》2021 年第 1 期。

2. 犯罪场域相对封闭

犯罪场域相对封闭，是指检察侦查所辖罪名作案环境相对封闭、作案过程相对隐蔽、作案手法专业知识壁垒相对较高。犯罪场域相对封闭，导致该类犯罪线索收集困难。

犯罪线索收集困难，是指基于犯罪场域相对封闭性，与犯罪事实相关的线索和证据往往被掩盖于合法形式之下，检察侦查部门围绕该类犯罪收集线索困难、调查核实困难。同时，某些案件由于其他社会因素影响，被害人及其利害关系人赔偿要求被满足后，往往缺乏作证积极性，影响检察侦查正常开展。

3. 定案证据类型单一

定案证据类型单一，是指检察侦查案件与其他刑事案件相比多为结果犯，证明犯罪结果的多为客观证据，证明司法工作人员渎职行为与犯罪结果之间存在因果关系的证据类型单一，主要依靠言词证据定案。检察侦查办案人员主要通过询问证人和讯问涉案人员来获取言词证据，但相关人员可能受到外界因素胁迫，其陈述并非自愿，内容也并非客观。应对该类案件定案证据类型的单一性，检察侦查办案人员需要立足于案件整体情况，综合分析涉案人员犯罪目的、心理动机等因素判断言词证据的真实性，同时确保侦查取证规范有效。

4. 渎职徇私相伴而生

渎职徇私相伴而生，是检察侦查实务中发现的该类案件的基本特征，也是司法工作人员职务犯罪的发案规律。但是，当前检察侦查的立案管辖范围被严格限制在十四种罪名，与该类案件发案规律的徇私伴生性不适应。实务中，与司法工作人员实施相关犯罪相牵连的贪污贿赂犯罪应否一并纳入检察侦查直接立案管辖范围，涉及监检互涉案件处理原则调整，影响司法腐败惩治效率，亟待研究破解。笔者认为，对此应辩证分析。一方面，其优势主要在于检察机关具有天然的侦查便利。一是法律监督以审查存在司法工作人员职务犯罪问题的相关原案为履职内容，以调查核实相关问题线索为纠正诉讼活动违法的前置程序，此为程序便利。二是将司法工作人员两类相关职务犯罪一并纳入检察侦查直接立案管辖范围，减少移送环节、提高侦查效率，有利于将司法工作人员相关职务犯罪查深查透查全。三是实践证明了检察机关已具备对司法工作人员相关职务犯罪进行全面侦查的队伍和能力。因此，结合全文对检察侦查四个维度属性的辩证分析，笔者建议修改刑事诉讼法时可以探索确立“在监察全覆盖基础之上的涉诉讼活动职务犯罪案件检察侦查优先管辖原则”。另一方面，其弊端主要在于对检察人员相关职务犯罪侦查容易陷入“自我监督”的逻辑被动。司法工作人员包括检察人员，让检察侦查管辖检察人员职务犯罪和当前监察调查“自我监督”情形并无二致。为平衡侦查权总体配置格局，使其形成互相制约之势，可以重构检察机动侦查权内容，把职务犯罪监察调查行为纳入检察机关立案监督范畴，使监察调查和检察侦查都具有管辖权而互相制约，避免陷入“自我监督”的逻辑被动。

### （二）检察侦查专业化方向

检察侦查专业化方向，是指检察侦查聚焦当前“职务性”强而“专业性”弱的基本矛盾，通过专业化建设着力破解有价值案件线索少、侦查办案措施手段有限、侦查力量薄弱、侦查压力大、侦查手段滞后等现实瓶颈，沿着上述专业化方向进一步强化检察侦查边界明晰性、管辖牵连性、研判精准性和机制高效性。

1. 强化检察侦查管辖牵连性

强化检察侦查管辖牵连性，是指遵循司法工作人员相关职务犯罪的发案规律，科学处理检察侦查与监察调查互涉案件，及其与公安侦查互涉案件，通过优化检察侦查牵连管辖强化司法腐败惩治功能。[1] 为加快推进检察侦查现代化，提升法律监督质效，进一步优化牵连管辖，及时优化与监察机关和公安机关互涉案件处理规定，对指导侦查实践、惩治司法腐败，极具战略意义和现实意义。一方面，优化与监察机关互涉案件处理规定。基于诉讼便利原则，建议明确检察侦查可以管辖在查办司法工作人员渎职犯罪过程中发现的同一涉案人员的受贿罪，以提高侦查效率、避免程序性诉累。基于实践中司法工作人员渎职犯罪与贿赂犯罪的天然伴生性、司法工作人员渎职犯罪的内在徇私性，建议立足当前检察实践，聚焦破除发展瓶颈，及时优化检察侦查牵连管辖，将司法工作人员在诉讼活动中的贿赂犯罪（包括但不限于受贿犯罪和关联行贿犯罪）及时纳入案件管辖范围。另一方面，优化与公安机关互涉案件处理规定。《人民检察院刑事诉讼规

---

① 张泽涛：《规范“互涉”案件中监察机关与刑事司法机关管辖制度》，载《当代法学》2022年第5期。

则》第18条第2款相比《人民检察院刑事诉讼规则（试行）》增加了“在职责范围内”，即将“人民检察院可以对相关犯罪案件并案处理”修改为“人民检察院可以在职责范围内对相关犯罪案件并案处理”，这导致实践中认为只有同一司法人员实施的多个犯罪才能并案处理，不利于检察侦查在惩治司法腐败过程中查深查透。因此建议最后一句恢复到修改前状态，将最后一句表述调整为“人民检察院可以对相关犯罪案件并案处理”，强化监督深度。

2. 强化检察侦查力量专业性

强化检察侦查力量专业性，是指聚焦检察侦查管辖案件特殊性，通过加强专业化队伍建设、补充专业化侦查力量，发展检察侦查各方面、各环节、全过程的专业性力量。一方面，要加强专业化队伍建设。完善检察侦查人员跟班学习机制，选调年轻侦查员向先进单位跟班学习，全过程参与案件办理，全面提高初查、审讯、取证等各方面专业能力。另一方面，要补充专业化侦查力量。发展检察侦查技术力量，培养一批既懂刑事业务，又懂侦查技术的复合型检察侦查人才。

3. 强化侦查线索研判精准性

强化侦查线索研判精准性，是指检察侦查以提高精准性为目标完善线索综合研判机制。一是强化线索精准移送机制。加强与监委在线索管辖、工作通报等方面的沟通，建立公检监数智化信息共享平台，严格执行党内请示报告制度，主动向党委及党委政法委、人大汇报，争取政策支持。比如，邢台市院联合邢台市纪委监委制定办法，完善案件线索精准移送机制，强化监检衔接配合。二是强化线索精准排查机制。提高线索排查主动性，自觉出击收集线索，既要“外部供给”，更要“内驱动力”，高度重视“原案”的审查，加强巡回检察与侦查办案有机融合。三是强化线索精准分流机制。实行案件线索科学评估分流，加强控申部门把关，筛选真正有价值的线索，并借用其他业务部门专业知识进行科学评估，提升线索研判的精准性、可查性。

4. 强化侦查运行机制高效性

强化侦查运行机制高效性，是指通过检察侦查现代化完善高效运行机制，通过强化运行机制高效性保障检察侦查专业性。一是以机制一体化实现高效运行。精细化发展省院统筹、市院主体、县院基础、上下一体的检察侦查一体化新格局。发挥省院办案指挥中心作用，强化市院办案主体作用和县院基础作用，加大县级院自主办案力度，充分发挥考评指挥导向作用，激发侦查活力。比如，唐山市院成立了职务犯罪侦查一体化领导小组及办公室，打造立体化侦查体系。二是以资源聚集化实现高效运行。完善侦查资源聚集化机制，由省院统一调配使用全省侦查业务骨干和其他侦查资源，在全省检察机关检察侦查部门形成指挥有力、协作紧密、运转高效的运行机制。三是以手段数智化实现高效运行。适当引进在侦查实践中行之有效的新技术、新设备、新模式。

# 犯罪构成要件视角下出具证明文件重大失实罪研究

罗 鹏 赵 霞 陈偲冲*

## 一、出具证明文件重大失实罪的责任主体

刑法第229条规定了提供虚假证明文件罪和出具证明文件重大失实罪，该两个罪名的犯罪主体相同，均为承担资产评估、验资、验证、会计、审计、法律服务、保荐、安全评价、环境影响评价、环境监测等职责的中介组织的人员。亦即该两个罪名的犯罪主体均为具有特殊职责的单位和具有一定身份的人员，包括中介组织和中介组织的人员。

针对“中介组织”“人员”。根据全国人大常委会法制工作委员会刑法室主编的《中华人民共和国刑法释义》第229条中对承担上述职责的“中介组织”进行了释义，“中介组织”，是指依法承担相关中介服务职责的资产评估、验资、验证、会计、审计、法律服务、保荐、安全评价、环境影响评价、环境监测机构等。① 对于刑法明确列举的中介组织在犯罪主体认定上无可争议，但对于刑法没有明确列举的“等”外中介组织，如“工程项目咨询公司”“工程项目审计公司”等列举外的组织是否应当认定为与刑法明确列举的中介组织具有同质性，是否属于出具证明文件重大失实罪的犯罪主体，存在较大争议。

---

* 罗鹏，贵州省安顺市西秀区人民检察院第一检察部主任，一级检察官；赵霞，贵州省安顺市西秀区人民检察院第一检察部四级检察官；陈偲冲，贵州省安顺市西秀区人民检察院第一检察部五级检察官助理。

① 王爱立：《中华人民共和国刑法释义》，法律出版社2021年版，第487页。

基于刑法条文不能穷举现实生活中所有中介组织的客观实际，结合刑法解释学原理，既然刑法条文中有“等”字表述，则表示该法条允许对具有相关资质的具有中介性质，且出具的证明性文件与资产评估、验资、验证、会计、审计、法律服务、保荐、安全评价、环境影响评价、环境监测等证明文件具有性质相当（同质性）的法律证明作用的中介机构，予以评价为该罪状中的“中介组织”，尤其对于没有专业资质的机构和不具备专业资质的机构中的人员，违反法律法规，在机构或者人员均不具备或者机构具备而人员不具备或者机构不具备而人员具备等情形下，所出具的具有证明性质的文件可能造成的社会危害性，较具有符合专业资质的机构和人员出具的审核报告或者审计报告所造成的危害性明显要严重得多，基于上述释义及刑事犯罪入罪时需考虑的“举轻以明重”原则，亦可认定为出具证明文件重大失实罪的主体要件。

## 二、出具证明文件重大失实罪的主观要件

根据刑法第 229 条关于出具证明文件重大失实罪的罪状描述，出具证明文件重大失实罪在主观要件上，必须出于过失，即应当预见自己严重不负责任的行为，可能造成证明文件重大失实，并且产生严重后果，却因疏忽大意没有预见或者虽有预见但却轻信能够避免，因而造成证明文件的重大失实并发生严重后果。刑法理论和司法实践中，对于出具证明文件重大失实罪的主观要件上属于过失，不存在争议，即出具证明文件重大失实罪属于过失犯罪。过失行为多种多样，鉴于过失犯需要产生实质危害后果才能纳入刑法评价范畴。即行为人因疏忽大意没有预见或者虽有预见但却轻信能够避免，因而造成证明文件的重大失实并发生严重后果，才能对该行为进行刑法上的否定性评价。如因业务不精、缺乏经验等原因导致出具证明文件过程中不应计而计重复计算、应计未计数据失真、结论失实，造成严重后果；或者管理不善、挂名出具证明文件、审而不签、签而不审等不规范行为，导致证明文件形式合规，实质内容失实，造成严重后果；等等。

## 三、出具证明文件重大失实罪的犯罪客体

犯罪客体是我国刑法保护的，被犯罪行为所侵害的对象或社会关系。[①]根据传统刑法四要件理论，出具证明文件重大失实罪所侵害的客体是国家对相关市场的管理秩序。具体而言，本罪的犯罪对象是具有出具证明文件的“中介组织”所出具的“中介证明”。“中介证明”对于国家、社会、公众及市场经营主体在开展或者从事社会性、经济性等事务中，系极为重要的决策依据，是国家对社会、公众及市场经营主体在从事社会性、经济性等事务过程中有效防范市场“无秩序状态”的重要评价支撑。国家为有效管控相关市场，确保相关市场的良性发展，要求“中介证明”的内容要具有“五性”，即科学性、合法性、真实性、准确性、可靠性。不具有“五性”的“中介证明”容易导致相关市场行为出现混乱无序的状态，容易导致行为主体因“中介证明”内容的失实产生损失或者作出错误决策，进而引发大量的矛盾纠纷。

## 四、出具证明文件重大失实罪的客观要件

出具的证明文件有重大失实罪在客观构成要件上要求出具的证明文件与现实客观实际情况有重大失实，造成严重后果。鉴于刑法理论及司法实践对于出具证明文件重大失实罪研究和探讨的缺少，致使在具体操作层面对于该罪状表述中重要语句不易理解和把握，而对罪状表述的正确理解和准确把握是精准定性的前提。

### （一）如何理解“出具”

刑法理论界和司法实践中，对于出具证明文件重大失实罪中的“出具”如何理解和判断，“出具”的表现形式有哪些未见提及和论述。根据《现代汉语词典》，“出具”的解释是“开出、写出（证明、证件等）”。“出”，出示、拿出的意思。“具”，具有的意思。“出具文件”就是“出示

① 高铭暄、马克昌、赵秉志主编：《刑法学》（第八版），北京大学出版社 2017 年版，第 53 页。

本人所具有的文件”的意思，强调文件主体和来源的专属性。在刑法语境下，对于出具证明文件重大失实罪中“出具”的解释，法律法规及司法判决中没有具体明确。结合刑法第229条规定的出具证明文件的犯罪主体的中介组织属性，以及具有证明价值的证明性文件从无到有再到定型的实质过程，刑法语境和刑法意义下“出具证明文件有重大失实”中“出具”应当具有编制、制作、提供等涵义。

鉴于“中介证明”具有行业性和专业性，对于“出具”的判断，可综合以下几方面全面考量和判断。一是注意判断中介组织编制、制作、提供了证明文件的一系列过程的行业规范性；二是“中介证明”在编制、制作程序上具有终局性；三是“中介证明”在流转交接过程顺畅没有停顿；四是“中介证明”内容所涉行为当事人均予以认可。上述一系列行为过程体现了“出具”证明文件所要求的文件主体、文件来源的专属性以及出具过程的完整性和流转过程的顺畅性，可作为评价刑法意义上“出具”行为的重要操作参考。

### （二）如何理解“证明文件”

刑法理论及司法实践对于“证明文件”概念研究较少关注。通过归纳刑法第229条明确列举的中介组织的职责分工和功能作用等法律特征，可总结出上述中介组织所出具的“中介证明”，均具有法律意义上的证明效用，并且均系相应中介组织出具的确定性、结论性的文件。故出具证明文件重大失实罪中“证明文件”在刑罚意义上通常具有以下特征：由中介组织出具、具有证明效用、属于确定性、结论性文件。基于刑事犯罪的实质社会危害性原则，对于刑法明确列举的中介组织和“等”外与刑法明确列举的中介组织具有同质性的中介组织出具的具有争议的报告性质的形式上的“证明文件”，要从实质上对形式上的证明文件进行考量，如在建设工程领域中，在通常情况下，对于建设项目结算审核报告的编制、制作出具过程中，存在“边制作边协商边更改最后确定”的“客观情况”，即在建设项目结算审核报告的编制、制作出具是经当事人双方反复磋商最后达成一致性意见，以书面报告的形式对双方反复博弈的结果进行确定，并且按照行业规范，先由委托结算方签名或者加盖印章确认，然后由委托方移交给相对方签名或者加盖印章确认，最后由中介组织签名及加盖印章，三方均确认后，证明文件的出具和流转才能从形式转化成实质证明文件。如果出具过程及流转程序没有充分体现当事人的参与权、知情权，即使在民事上具有一定的证据效能，但不宜轻易认定为刑法意义上的证明文件。

### （三）如何理解“严重不负责任”

根据刑法理论通说和司法实践，严重不负责任是构成出具证明文件重大失实罪的前提。如果工作认真负责，完全是受蒙蔽无法发现或者确因水平、能力的限制而没有发现，则不能以本罪论处。严重不负责任，既可以表现为该为而根本不为，也可以表现为马马虎虎草率应付，不认真而为。即严重不负责任的入罪标准，应当根据行为人违反相关工作准则的行为对出具证明文件结果的影响作用大小进行判断。如果中介机构和人员受蒙蔽无法发现或确因水平、能力的限制而没有发现的，则不能以本罪论处。即中介机构和人员“应尽责而未尽责”行为导致出具的证明文件内容失实，则符合出具证明文件重大失实罪的罪状表述。失实，主要指证明文件内容虚假，重大失实，则是指证明文件内容与证明对象的实际情况有重大出入，包括全部失实失真和重要内容失实，即证明文件内容与实际情况完全不符或者重要内容如项目结算金额、施工范围等重要建设项目内容的失实失真等。

### （四）如何理解“造成严重后果”

根据刑法理论，所谓“严重后果”，主要是指给国家、公司、企业、公众或者他人造成重大经济损失，造成恶劣社会影响，造成市场秩序、社会秩序严重混乱，等等。根据出具证明文件重大失实罪的立案标准，给国家、公众或者其他投资者造成直接经济损失数额在100万元以上，或者造成严重后果，应当予以追诉。对于入罪数额的认定需特别关注三种情况。

一是行业规范的影响。在专业领域行业规范，如工程建设领域，存在结算审核金额与实际工程价值之间有增减幅度，即根据建设工程结算相关行业规范或者行业惯例，允许结算审核金额与实际工程价值之间存在一定增幅或者减损幅度，虽然增幅或者减损幅度没有统一的尺度或者标准，但允许结算审核金额与实际工程价值之间存在一定增幅或者减损幅度，基于刑法的谦抑性，行业规范在一定程度上是出罪的理由，行业规范存在的空间和必要性是为了防止刑法随意启动和滥用。

二是因果关系的介入。如有的中介组织出具证明文件后，介入了法院审理并对证明文件内容进行确定，负有支付义务的当事人没有根据证明文件直接支付价款，而是基于法院判决所确定承担法律意义上的支付义务，因法院的民事判决对于证明文件所涉当事人而言，属于不可预料不可抗力的介入因素，中断了中介组织出具证明文件的行为和证明文件所涉当事人的直接损失之间的关联性。

三是直接经济损失的认定。出具证明文件重大失实罪立案追诉标准中"直接经济损失"有不同理解，一种观点认为，只要证明文件中确定的金额与客观实际金额超过100万元以上，就是造成直接经济损失。此种观点属于形式直接经济损失论。另一种观点认为，行为人因证明文件中确定的金额直接导致损失100万元以上，才能认定为直接经济损失。该观点属于实质直接经济损失论。如行为人基于证明文件载明的金额直接履行支付义务，也正是基于证明文件载明的金额导致行为多支付100万元以上，这种情形才能认定直接经济损失。根据出具证明文件重大失实罪属于过失性犯罪，需要有实际损失结果才能入罪评价。鉴于此，需从实质社会危害性角度把握"直接经济损失"。如法院根据中介组织出具的证明文件作出了民事判决，确认了行为人所承担的支付金额中超过了100万元，对于该种情形，除应考虑介入因素以外，还应考虑是否发生实质性的支付行为，如果仅仅是一纸判决，尚未实际支付金额，根据形式直接经济损失论，则应认定为直接经济损失。根据实质直接经济损失论，判决不等于执行，数字不等于金额。由于行为人尚未实际履行支付义务，则尚未发生实质性经济损失，也就不能认定为直接经济损失。

## 五、民事判决对出具证明文件重大失实罪定性的影响

对于民事生效判决中所认定事实及证据对出具证明文件重大失实罪定性的影响存在两种不同观点。

一种观点认为，最高人民法院系中国处理民事纠纷及刑事争议最高层级及最高权威司法机构，系制定全国范围内适用的司法解释及发布全国参考适用指导案例的权威机关，对法律理解、掌握、运用及对案件事实及证据的认定极为审慎和全面客观，代表国家最高层面的终极司法态度和观点，系定分止争的最高权威司法机构，所作的民事、刑事判决具有终极权威性，案件当事人应当服从并息诉服判。既然已经是经最高人民法院判决认定的事实及证据，鉴于民事判决和刑事判决不存在法律地位及效力孰高

孰低的问题，都是最高人民法院作出的最终判决，都应当予以尊重并一体执行，且最高人民法院没有作出将该案中可能涉及刑事犯罪线索向相关部门反馈和移送。故最高人民法院作出的最终判决认定的事实及证据应作为阻却承担刑事责任的直接证据。

另一种观点认为，民事法律关系调整的主体和刑事不同，民事证据采信及民事审判程序有所不同，不能简单以民事判决认定的事实和证据作为阻却刑事责任的承担。最高人民法院判决确认的事实系基于优势证据原则予以认定的，民事案件审判程序没有刑事案件审判程序严谨，民事案件根据优势证据原则认定事实或多或少具有形式性，不一定就是准确无误的，即使是最高人民法院判决认定的事实仍然可能存在与客观事实在实质层面上不相符的情况，对此，应当按照犯罪构成要件进行规范评价。

鉴于刑法属于“二次法”或后盾法、保障法，且刑法具有谦抑性，能够用民事制裁、行政制裁等手段可以解决的社会纠纷，原则上不能动用刑事手段干预和制裁。既然是生效民事判决尤其是最高人民法院判决所认定的事实和证据，本身就说明该事实符合且属于民事法律法规调整的范围，所认定的证据具有合法性，该合法性不仅在民事上具有合法性，在刑事上仍然应当具有合法性。起因于民事法律关系的行为首先应当从民事法律法规上予以评价，而不能越过民事法律法规直接进入刑事评价范畴。最高人民法院的生效判决所认定的事实和证据采信具有既判力和权威性，如果确有错误，从符合法律程序规定层面来说，宜首先考虑通过民事抗诉启动再审程序或者自纠程序予以纠错，不宜直接通过刑事程序特别是基层司法机关的刑事程序来解决。

## 六、结语

在经济社会发展过程中，刑法意义上的中介组织在众多领域发挥了重要的参与作用，中介组织参与经济社会发展的一个重要方式就是在经济社会发展中，根据自身的专业知识、专业技术等特定职责职能，以出具证明文件的方式为相关机构或者人员提供决策或者作出相应行为的参考依据。从刑事法律的角度，对出具证明文件重大失实罪进行分解式理解的同时，需遵循实质性社会危害性判断原则，从实质上把握出具证明文件重大失实罪的构成要件，审慎和谦抑地区分罪与非罪。

# 浅析行刑反向衔接中相对不起诉案件的矛盾风险与预防

## ——以280件相对不起诉案件为例

张　国　舒红兵　李方黎*

党的二十大报告指出，要以中国式现代化实现中华民族伟大复兴，法治现代化是中国式现代化的重要组成，刑事司法现代化是法治现代化的重要环节。近年来，不起诉案件数逐步增多，如何走好不起诉案件的“最后一公里”，如何处理好不起诉案件的行刑反向衔接，成为贯彻落实轻罪有效治理的重要途径，[①] 也成为刑事司法现代化的重要板块。因此检察机关高质效办理行刑反向衔接案件，对一体促进依法行政和公正司法，实现刑事司法现代化意义重大。基于此，本文以促进E市检察院对行刑反向衔接制度规范化、均衡化的运用为目标，以2023年11月至2024年11月办理的280件相对不起诉案件为样本，归纳梳理影响行刑反向衔接中相对不起诉案件办理的变量因素，通过比较不同变量在案件办理中所占权重提出相关建议。

## 一、行刑反向衔接相对不起诉案件实证分析

2023年11月至2024年11月，E市检察院共计受理刑事检察部门移送的行刑反向衔接案件292件，其中相对不起诉案件280件，占比95.9%；

* 张国，湖北省恩施市人民检察院党组书记、检察长；舒红兵，湖北省恩施市人民检察院党组副书记、副检察长；李方黎，湖北省恩施市人民检察院第六检察部副主任。

① 王春丽、邓翡斐、沈梦昕：《“行刑”反向衔接的实践难点及对策思考》，载《上海公安学院学报》2024年第2期。

存疑不起诉案件12件，占比4.1%。由此分析，相对不起诉案件占比明显高于存疑不起诉案件，是反向衔接中的主要案件类型。

## （一）案件种类分析

E市检察院所办理的相对不起诉行刑反向衔接案件有33种刑事案由。其中，排在首位的是危险驾驶罪55件，占比19.6%；非法狩猎罪45件，占比16.1%；盗窃罪34件，占比12.1%；掩饰、隐瞒犯罪所得、犯罪所得收益罪30件，占比10.7%；交通肇事罪24件，占比8.6%（见表1）。

**表1　案件种类分析**

| 案件种类 | 案件数 | 所占比例 |
| --- | --- | --- |
| 危险驾驶罪 | 55 | 19.60% |
| 非法狩猎罪 | 45 | 16.10% |
| 盗窃罪 | 34 | 12.10% |
| 掩饰、隐瞒犯罪所得、犯罪所得收益罪 | 30 | 10.70% |
| 交通肇事罪 | 24 | 8.60% |

55件危险驾驶罪行刑反向衔接案件中，检察机关通过提出检察意见，监督公安机关作出行政处罚案件20件，占比36.4%，这反映有63.6%的案件，危险驾驶罪被不起诉人在免于承担刑事责任后，并未受到行政处罚。

在280件相对不起诉案件中，危险驾驶罪和交通肇事罪都属于违反道路交通安全法的类型，二者案件数之和共计79件，占比28.2%，案件数位居案件种类第一。根据道路交通安全法的规定，对道路交通安全违法行为的处罚种类包括警告、罚款、暂扣或者吊销机动车驾驶证、拘留。分析79件案件，发现检察机关监督公安机关作出行政处罚的争议焦点多集中在是否对被不起诉人作出吊销机动车驾驶证的处罚决定，以及对危险驾驶罪被不起诉人与交通肇事罪被不起诉人所作出的行政处罚“不刑不罚”“罚当其错”的问题。

## （二）结案情况分析

280件相对不起诉案例中，结案情况是影响行刑反向衔接案件办理较为突出的一个变量因素。从6种结案情况的类型来看，提出检察意见的案件137件，占比48.9%，排名第一；终结审查的案件85件，占比30.4%；不需要给予被不起诉人行政处罚的案件31件，占比11.1%；其他应当终结审查情形的案件14件，占比5%；已过行政处罚时效的案件11件，占比3.9%；移送异地检察机关的案件2件，占比0.7%。排名第三、第五的结案情况案件数之和共计42件，占比15%，这两种结案情况均属刑事检察部门在移送行刑反向衔接案件线索时应当剔除的情形，这反映刑事检察部门在对案件线索筛查以及与行政检察部门沟通衔接上有所欠缺（见表2）。

**表2 结案情况分析**

| 结案情况 | 案件数 | 所占比例 |
|---|---|---|
| 提出检察意见 | 137 | 48.90% |
| 终结审查 | 85 | 30.40% |
| 不需要给予被不起诉人行政处罚 | 31 | 11.10% |
| 其他应当终结审查的情形 | 14 | 5.00% |
| 已过行政处罚时效 | 11 | 3.90% |
| 移送异地检察机关 | 2 | 0.70% |

### （三）行政机关种类分析

在该137件向行政主管机关提出检察意见的案件中，向公安机关提出检察意见的案件为90件，占比最高，为65.7%，这说明公安机关在行刑反向衔接中扮演重要角色。一方面，若公安机关和检察机关在线索移送、信息共享等方面“互相配合、互相制约”，则可以推动办理高质效行刑反向衔接案件；另一方面，若公安机关对行刑反向衔接“重制约、轻配合”，则会阻碍行刑反向衔接案件办理①；向E市农业农村局提出检察意见的案件22件，占比16.1%；向E市林业局提出检察意见的案件16件，占比11.7%（见表3）。

① 李思远、万方：《不起诉案件行刑反向衔接的实践思考与完善进路》，载《南海法学》2024年第3期。

表 3 行政机关种类分析

| 行政机关名称 | 案件数 | 所占比例 |
| --- | --- | --- |
| E 市公安局 | 90 | 65.70% |
| E 市农业农村局 | 22 | 16.10% |
| E 市林业局 | 16 | 11.70% |
| E 市人力资源和社会保障局 | 5 | 3.60% |
| E 市住房和城乡建设局 | 2 | 1.50% |
| E 市自然资源和规划局 | 1 | 0.70% |
| H 省公安厅高速公路警察总队五支队恩施大队 | 1 | 0.70% |

## 二、行刑反向衔接相对不起诉案件的矛盾风险

### (一) 内外部沟通配合不够

内外部沟通配合不够的后果主要体现在行刑反向衔接工作效率不高、效果不佳。一方面，检察机关与行政机关的衔接配合不够。二者因工作理念、职能的区别，处理行刑反向衔接工作必然有所差别。根据最高人民检察院《关于推进行刑双向衔接和行政违法行为监督构建检察监督与行政执法衔接制度的意见》规定，行政检察部门作为法定的对被不起诉人是否提出行政处罚检察意见的主体，检察意见的提出是依据法律的需要、是基于法律的明确规定，审查侧重于“罚过相当”，即被不起诉人的违法行为已从刑事责任降格为行政责任，其应承当与其过错相当的行政处罚。而行政机关在修订后的行政处罚法施行后，因规定了轻微不罚、首违不罚、无错不罚、一事不二罚等原则，导致其对作出行政处罚决定较为谨慎，对检察机关作出的处罚意见回复慢、不回复，甚至不予执行。以交通肇事罪为例，根据道路交通安全法的规定，应当对交通肇事罪的被不起诉人给予吊销机动车驾驶证的行政处罚，分析 E 市检察院办理的 24 件交通肇事罪反向衔接案件发现，公安机关对 24 件案件回复均超期，均不予执行。原因是公安机关依据《道路交通事故处理程序规定》，只有法院作出有罪判决后，公安机关才能以此为依据吊销交通肇事罪违法行为人的驾驶证。在这种情况下，若检察机关不积极主动与公安机关沟通，则此类案件难以办

理，工作效率、效果将大打折扣。

另一方面，检察机关内部沟通不充分。刑检部门认为是否需要对被不起诉人作出行政处罚决定一律是行政检察部门的工作职责，因此只要属于不起诉的案件，均将案件线索移送，如此导致大量已过诉讼时效、不需要给予被不起诉人行政处罚、已作出行政处罚决定等的无效线索被移送，浪费了检察机关内部的司法资源，降低了办案效率。

### （二）行刑衔接制裁效果不佳

未正确处理好“罚当其责”与“该罚不罚”的关系，难以发挥行刑反向衔接的惩戒、教育作用。以交通肇事罪和危险驾驶罪为例，危险驾驶罪在280件相对不起诉案件中排名第一，在137件提出检察意见案件中排名第一，55件危险驾驶罪均属于醉酒后驾驶机动车的情形，这说明对醉酒类危险驾驶罪被不起诉人的行政处罚最多。道路交通安全法第91条第2款对醉酒驾驶机动车的违法行为人作出了给予吊销驾驶证且五年内不得重新取得驾驶证的规定。而24件交通肇事罪中，因公安机关依据《道路交通事故处理程序规定》第82条的规定，只有法院作出有罪判决后才能对违法行为人作出吊销驾驶证的行政处罚。如此，危险驾驶罪被不起诉人被给予吊销驾驶证的行政处罚，而造成危害后果更重的交通肇事罪被不起诉人则在免于刑事责任后亦未受到任何行政处罚，即“不刑不罚”，导致对危险驾驶人的处罚比对交通肇事人的处罚轻，破坏了法律的统一性与行刑一体化建设。[①] 同时，交通肇事被不起诉人因免于承担刑事责任且行政处罚不成比例，使其对法律的敬畏感降低，法律对其的预防功能减弱，未能“罚当其责”。

### （三）检察意见精准度不高

截至2023年4月26日十四届全国人大常委会第二次会议闭幕，中国现行有效法律共295件，其中行政法96件，占比近三分之一[②]，对被不起

① 杨昭玲：《轻罪治理中行刑反向衔接问题研究》，载《河北法律职业教育》2024年第6期。

② 中国法律体系，百度百科，http：//www. baike. baidu. com/item/中国法律体系/3376674s

诉人是否适用、适用何种行政处罚的规范范围较大，这对行政检察部门人员的法律法规专业性要求较高。检察人员不仅要有刑法、刑事诉讼法的知识储备，还需要对行政法律法规熟练掌握。以结案情况中已过行政处罚时效的情形为例，行政处罚法第36条第1款规定："违法行为在两年内未被发现的，不再给予行政处罚。"这是时效判断的依据。司法实践中，公安机关对检察机关移送的行刑反向衔接案件常以立案为时效判断的起点。公安机关立案时间是否可作为违法行为的发现时间？若以立案时间作为违法行为发现时间的起点，是否存在大量相对不起诉案件因过行政处罚时效而不再提出处罚意见？由此可见，违法行为发现时间的确定直接关乎被不起诉人该不该罚的问题。对诸如此类问题的考量是对行政检察人员专业能力的极大挑战，直接关乎其作出的行政处罚检察意见是否合法、合理，直接关系到被不起诉人"该不该罚""需不需罚"的问题，直接决定了检察意见的精准度以及行政机关对检察意见的可接受度、可执行性。

## 三、相对不起诉行刑反向衔接案件的风险预防

### （一）加强内外部沟通配合力度

为解决行刑反向衔接内外部沟通配合不够所导致的工作效率不高、效果不佳的问题，检察机关与行政机关、检察机关各职能部门之间需加强沟通配合。①

1. 强化对外沟通，建立长效机制

由于当前行刑反向衔接缺少专业性强、操作性高的具体工作指引，因此检察机关要加强与行政机关的配合协作，通过分析、梳理、归纳在实际工作中遇到的问题，与行政机关配合共同建立操作性强的行刑反向衔接工作机制。检察机关可通过主动与行政机关开展座谈会等的形式，就相对不起诉案件的证据移送、行政处罚时效、处罚方式、法律依据等方面达成共识，以会议纪要等形式统一疑难复杂行刑反向衔接案件办理标准，避免出现让被不起诉人既不承担刑事责任，也不承担行政责任，造成被不起诉人

---

① 张婷、秦雯：《行刑衔接中需加强行政违法行为监督》，载《检察日报》2023年11月1日。

“不刑不罚”的后果。比如E市检察院针对交通肇事类行刑反向衔接案件，公安机关以《道路交通事故处理程序规定》规定只有依据法院的有罪判决才可作出吊销驾驶证的处罚决定，造成交通肇事罪被不起诉人“不刑不罚”，E市检察院就该情况及时向上级院汇报，由上级院牵头与公安机关沟通，最终达成对交通肇事罪被不起诉人需要作出吊销驾驶证行政处罚的共识，消除了交通肇事罪被不起诉人“不刑不罚”的真空地带，以行政+检察实现行刑反向衔接案件的高质效办理。

2. 强化部门联动，践行一体化履职

行政检察部门要加强与刑事检察部门的协作配合。要统一思想认识。刑事检察部门要充分意识到，行刑反向衔接不只是行政检察部门的工作，而是全院性、全局性的工作，刑事检察部门在给行政检察部门移送案件线索前，对明显已过诉讼时效、承办检察官或公安机关已作出行政处罚的案件线索予以剔除，即刑事检察部门需要在移送线索前把好第一道关卡，进行初步的合法性、合理性审查后再移送线索。行政检察部门在收到线索后，需要就是否作出处罚决定、行政处罚的法律适用、证据线索移送等情况，及时与刑事检察部门沟通。

### （二）以法律统一性确保行刑衔接制裁效果

被不起诉人的再犯罪可能性与其是否受到相应的行政处罚具有相关性。行刑反向衔接作为轻罪有效治理的重要途径，并非一味追求刑罚轻缓化，[①] 需从正确处理好“罚当其责”与“该罚不罚”的关系上来考量。检察机关要严格把握可处罚性原则。笔者认为对相对不起诉反向衔接案件的办理不能偏离“罚当其责”。[②] 在相对不起诉案件中，违法行为人因犯罪情节轻微、刑事和解等被检察机关给予相对不起诉处理，其刑事责任已被降格为行政责任，而法律的功能之一是惩戒犯罪，若对被不起诉人的责任降格后仍然不予以行政处罚，则法律惩戒犯罪的功能缺失，有失法律的统一性。因此，对相对不起诉案件，即使行刑间因适用法律冲突，或是被不起

① 李冠豪、李密：《轻罪不起诉后行刑反向衔接机制的有效运行》，载《人民检察》2023年第20期。

② 冯孝科：《正确处理四对关系　严格把握行刑反向衔接案件“可处罚性”原则》，载《检察日报》2024年10月9日。

诉人已因认罪认罚、积极赔偿损失、履行社会公益服务、取得被害人谅解等情形被不起诉，检察机关仍然应该以法律为依据，以事实为准绳，对被不起诉人的违法行为给予行政处罚。以醉酒型危险驾驶罪和交通肇事罪为例，检察机关要确保所提出的处罚意见与违法行为的严重程度成正比，即造成危害后果更重的交通肇事罪被不起诉人，不能仅因检察机关与行政机关间的法律适用不同，而对造成危害后果更重的交通肇事罪被不起诉人免予吊销机动车驾驶证，要以法律的统一性确保行刑反向衔接的制裁效果，实现轻罪的有效治理，避免因罚责不相当而导致不公正的结果。

### （三）提升检察意见的质量

行政法规范围较广，这需要行政检察人员的业务素养与高质效办理行刑反向衔接案件的要求相匹配。首先，检察机关对内可通过加强行政法律法规、刑事法律法规的专业培训来提升行政检察人员的知识储备，对外可主动邀请行政机关业务骨干到检察机关开展交流研讨，比如可以向行政机关提出检察意见案件数的高低排序，选择提出检察意见案件数较多的行政机关，加强与其学习交流，弥补行政检察人员对行政处罚专业知识的欠缺，确保提出行政处罚检察意见的精准性；其次，行政检察人员对行政处罚的合法性、合理性要审慎判断。对被不起诉人该不该罚的合法性审查，要以事实为依据，以法律为准绳，比如对于在刑法上被定义为违法行为，而行政法规并无对应的处罚规定，则不能提出行政处罚检察意见。对被不起诉人需不需罚的合理性审查，要充分考虑政治效果、法律效果、社会效果的有机统一，要综合审查被不起诉人的违法情节、过错程度、处罚依据以及是否刑事和解与赔偿等情形，既不能过度处罚也不能该罚不罚。以高质量的检察意见高质效办好行刑反向衔接案件。

# 认罪认罚案件量刑建议精准化完善路径

马婉珍　李木子*

认罪认罚从宽制度在我国已得到了普遍推广，但在实现认罪认罚案件量刑建议精准化方面还存在一些问题，如控辩双方精准化量刑协商不足、法检机关对“一般应当采纳”认知存在分歧、值班律师参与不足等，一定程度上影响了认罪认罚从宽制度的实施效果。为推进认罪认罚制度的良性运行，使精准化量刑建议更加符合社会公众的认知，更好实现政治效果、法律效果和社会效果相统一，助推认罪认罚案件精准化量刑工作高质量发展，有必要从机制层面加以完善。

## 一、完善认罪认罚案件量刑建议精准化协商机制

### （一）实质保障被追诉人辩护权

对被追诉人辩护权保障不足，使得被追诉人在控辩双方权利本就悬殊较大的控辩协商中，对达成精准化量刑建议造成的影响力更为微弱，非常不利于控辩双方在实质层面量刑建议精准化的实现。因此应通过对被追诉人的权利告知程序进行完善、赋予被追诉方精准化量刑建议协商的启动权、保障被追诉人知情权、探索建立精准化量刑协商中证据开示制度等方面来切实保障被追诉人辩护权的行使，尽量缩小控辩双方之间的权利差距。

* 马婉珍，河南省南阳市内乡县人民检察院党组书记、检察长；李木子，河南工程学院教师。

### （二）完善值班律师制度

一是充实值班律师诉讼权利。应明确对被追诉人进行讯问时，值班律师应全程在场，并可以对讯问的全过程进行监督，同时也应制定相关配套措施，以保障认罪认罚自愿性、合法性的充分实现。二是改革法律援助体制。弥补值班律师提供法律服务的临时性、应急性特点，可以允许认罪认罚案件中的值班律师在满足一定条件限制后，可以转变成为被追诉人的辩护律师，允许被追诉人及其近亲属委托其担任辩护人，在庭审中为被追诉人进行辩护。此时值班律师可以完全实行跟案制，从而可以提供更加有力的、充实的、实质化的法律服务，更有利于保障被追诉人辩护权的实现，使被追诉人可以更加平等地与检察机关开展量刑协商，从而更加快速地在认罪认罚案件中对量刑建议精准化达成一致。三是提高值班律师的补贴水平。以提高值班律师的工作热情，同时也要做好对值班律师履职的监管、绩效的考核及相关监督工作，使值班律师的作用得以充分发挥。

### （三）拓宽被害人参与精准化量刑协商的空间

被害人作为认罪认罚案件中的当事人，应赋予其参与控辩双方精准化量刑建议协商的权利。应根据被追诉人与被害人和解协议、调解协议是否达成，被害人方损失是否赔偿到位，被害人方谅解与否等这些量刑从宽的因素出发，构架具有层次化、差异化的量刑从宽幅度，助力精准化量刑的实现。比如区分被害人提出的赔偿请求是否合理、区分是否充分赔偿、是“能赔而不赔”还是被追诉人实际就根本无任何赔偿能力，同时结合被害人与被追诉人达成和解的诉讼阶段构建具体明确的量刑减让幅度。从而使被害人对自己选择在哪个诉讼阶段与被追诉人达成和解，被追诉人能得到多大的量刑优待，有一个相对清晰地认知，这样不仅有利于双方和解更快的达成，有利于确定被追诉人具体的量刑减让幅度，也更容易得到被害人的认可。此外，应保证认罪认罚案件中的被害人对精准化量刑建议的知情权。认罪认罚案件属于公诉案件，被害人享有请求检察院提起抗诉的权利和自行提起申诉的权利。如果被害人对控辩双方达成的精准化量刑建议不知情，或者仅部分知情，很可能会造成被害人不服一审判决，从而引发抗诉或申诉，增加案件的审理时长。

## 二、调和法院和检察院的权力冲突

在我国司法实践中，在一些认罪认罚的典型案例中，法检两部门在量刑建议采纳、抗诉等方面摩擦较多，因此调和法检两部门在认罪认罚案件中关于精准化量刑建议的权力冲突，有利于法检统一认识，减少双方分歧，助力我国认罪认罚制度的发展完善，以及量刑建议精准化的实现。

### （一）建立量刑建议和量刑裁判的良性互动

首先，对检察机关来说，检察官应保持不断学习，及时更新知识体系，提高做出精准化量刑建议的能力，认真行使量刑建议权，减少“明显不当”量刑建议的出现，提高精准化量刑建议的准确性。同时，行使检察权时要保持一定的谦抑性，对以审判为中心要保持必要的尊重。[①] 其次，如果检察机关提出的精准化量刑建议没有达到明显不当，仅仅属于“一般不当”或“基本适当”的量刑建议，法院也应给予最大限度的尊重，并对精准化量刑建议予以采纳。在此情形下，法院通过量刑裁判做出的判决，可以尽量减少不必要的上诉或抗诉的发生，从而达到提高诉讼效率的目的。如果法院在庭审中发现量刑建议与案件应当判处的刑罚存在较大差距，法院应通知检察院并要求检察机关在一定的期限内对量刑建议予以调整；如果经调整后，法院依然认为对被追诉人不能罚当其罪的话，法院应依法判决，此时检察机关也应对法院做出的判决表示尊重。最后，当检察机关因法院未采纳而提出抗诉时，进而引发二审程序时，对二审法院来说也不宜对被追诉人直接改判相比于一审更重的刑罚。

### （二）对“一般应当采纳”作出解释

我国刑事诉讼法第 201 条第 1 款“一般应当采纳”的规定，在一定程度上使得检察机关提出的精准化量刑建议具有了强制约束力，对法院依法独立行使裁判权造成了一定的消极影响；同时也在一定程度上强化了检察院与法院之间关于诉、审的配合，降低了被追诉人及其辩护人通过依法行使辩护权对法院量刑裁判的影响。可以说在对诉讼效率的价值追求的指引

① 龙宗智：《于金平交通肇事案法理重述》，载《中国法律评论》2020 年第 3 期。

下，侦、捕、诉、判一体化格局已形成。[①] 因此有必要对“一般应当采纳”做出解释，对属于“一般不当”或“基本适当”又不属于“明显不当”精准化量刑建议的采纳与否做出明确规定，以便法检统一认识，有利于法检双方在司法实践中准确应用。

首先，应明确肯定法院享有最终的量刑裁判权，法官应在对认罪认罚案件进行实质审查的基础之上，对精准化量刑建议的合理性、合法性进行判断，并最终依法做出裁判。同时，也要明确检察机关应对精准化量刑建议进行充分的说理论证，并需要在认罪认罚具结书上体现，保证认罪认罚实质层面的自愿性。

其次，应明确法院“一般应当采纳”前提是基于精准化量刑建议的合理性和合法性，检察机关提起抗诉的理由不是因为法院对精准化量刑建议的未采纳，而应该是法院判决中的量刑确有错误。此外，法院的判决书中也要体现出对检察机关的精准化量刑建议是否进行了采纳，并对相关原因和依据进行说理、论证。

最后，明确对于“一般不当”或“基本适当”而不属于“明显不当”量刑建议，应明确属于法院自由裁量权的范围，应交由法院自行判断，控辩双方应对法院的判决保持尊重。具体做法如下：在检察机关提出精准化量刑建议后，在对案件进行实质审查的基础之上，法院可以对比、衡量两者之间的差距。如果两者之间差距不大，并且当检察机关提出的精准化量刑建议对被追诉人来说相对更加轻缓时，法院应当对检察机关的量刑建议予以采纳，并依法做出判决，以表示对控辩双方合意的尊重；如果两者差距不大，但检察机关提出的精准化量刑建议更重，对被追诉人更不利，法院不宜采纳，应依法做出判决；如果两者差距很大，法院也不应采纳，应依法判决。

### （三）共同制定精准化量刑指导性文件

首先，共同制定精准化量刑指导性文件可以减少法检两机关之间对于量刑问题的分歧，统一认识。对检察机关来说，共同制定精准化量刑指导性文件不仅可以为本机关工作人员精准化量刑建议提供参考标准，也可以

---

① 孙长永：《认罪认罚从宽制度实施中的五个矛盾及其化解》，载《政治与法律》2021 年第 1 期。

在一定程度上规范检察官量刑建议权的行使。对被追诉人来说，也有利于被追诉人对精准化量刑建议的依据有明确的认识，提高被追诉人认可度。对法院来说，共同制定的精准化量刑指导性文件，有利于法院对精准化量刑建议进行快而准的判断，进而缩短案件审理时长，提高法院的审判效率。2014 年、2017 年及 2021 年都出台过针对 23 类常见犯罪的量刑指导意见，为法检两部门量刑工作的顺利开展提供了法律依据和具体的参考标准。2020 年发布的《关于规范量刑程序若干问题的规定》，虽然规定了量刑的程序，但对认罪认罚案件量刑建议精准化来说，一些重要问题仍需进一步细化。同时对于认罪认罚制度来说，所有刑事案件都可以适用，并没有罪名和可能判处刑罚的限制。因此法检两部门可以结合司法实践中认罪认罚案件办案情况，对量刑指导意见涵盖的罪名进一步扩展，制定出更加适合司法实践现状的、更方便司法实践参考的量刑指导性文件。此外，各地司法机关也应结合当地的社会状况等实际情况对量刑标准进一步细化，以提高检察机关量刑建议的精准度。

其次，要实现认罪认罚案件量刑建议精准化，离不开对案件涉及的量刑情节的准确把握。自首、坦白属于法定量刑情节，认罪认罚制度与坦白从宽关系密切。[①] 根据“2019 年指导意见”的规定，认罪认罚与自首、坦白不能重复评价。2021 年最高人民检察院印发《人民检察院办理认罪认罚案件开展量刑建议工作的指导意见》的通知，该通知第 14 条对认罪认罚的从宽幅度以及与法定量刑情节竞合时如何从宽进行了规定，但较为笼统，对司法实践中针对个案具体如何减让没有详细规定。此外，目前学术界对如何处理认罪认罚与法定认罪情节的关系认知不一。因此可以通过共同制定精准化量刑指导性文件理顺量刑情节，对当自首、坦白与认罪认罚的从轻情节竞合时如何精准量刑做出指导。在现行法律规定仍较为粗放的前提下，对认罪认罚案件中如何处理法定量刑情节的关系指引有限，仍有进一步细化的空间。

最后，共同制定精准化量刑指导性文件，不仅有助于在全国各地的司法机关之间形成统一的量刑意见，也有助于缓解我国各地精准化量刑建议提出率和采纳率不均衡的问题。

---

① 陈卫东：《认罪认罚从宽制度的理论问题再探讨》，载《环球法律评价》2020 年第 2 期。

## 三、完善认罪认罚案件量刑建议精准化监督制约机制

认罪认罚案件量刑建议精准化监督制约机制的完善，离不开法检两部门自身监督机制的完善。因此，对检察机关来说，应加强对精准化量刑建议内部的监督，从自身做起，把好量刑建议精准化的第一道关口；对于法院来说，要充分发挥庭审的作用，加强对精准化量刑建议的实质审查，守好公正司法最后一道防线。

### （一）完善检察机关内部监督机制

完善检察机关在认罪认罚案件量刑建议精准化实现过程中的内部监督机制，具体可以从以下几个方面做起：

第一，检察官要加强自我监督。当集合于检察官一人的权利过大时，检察官自我监督风险也在加大，因此检察官要做自我监督的第一责任人，切实提高自身风险防控意识。检察官应在自身职权范围内依法提出精准化量刑建议，并充分告知被追诉人精准化量刑建议的法律依据，保证认罪认罚的自愿性。检察官应对辩护人或者值班律师意见听取情况进行记录，并对采纳或者不予采纳的原因进行详细的说明并记录在案，以防备查。第二，对认罪认罚案件精准化量刑建议的全过程进行独立监督，不受检察官个人的影响，办案不干涉监督，可以随时对案件进行审查监督，预防司法风险，同时在遭遇司法腐败的时候也可以及时进行化解。第三，定期对认罪认罚案件不起诉进行监督，防止认罪认罚起诉裁量权滥用。可以邀请人大代表、辩护律师代表参加案件公开听证，确保不起诉裁量权的规范行使。第四，定期对因精准化量刑建议未采纳而引起的抗诉进行监督，防止滥用抗诉权，确保被追诉人上诉权能够得到切实行使。第五，加强上下级检察机关之间对精准化量刑建议的有效监督。上级检察机关可以定期对量刑建议精准化的整体运行情况进行汇总、分析，并在检察机关内部进行通报。上级检察机关在行使监督权的过程中，如果发现违法行为，也应及时提出监督纠正意见。如果发现提出的精准化量刑建议确有错误的，可以依法指令下级检察机关及时对量刑建议进行修改，在法院已经做出一审判决后也可以及时提起抗诉。此外，还可以通过对有关精准化量刑建议的典型案例进行专业指导、专项检查，对量刑错误的案件进行责任倒查等方式，

加强对上下级检察机关之间的监督。

### （二）加强法院对认罪认罚案件量刑建议精准化的实质审查

认罪认罚案件的审判理应遵守刑法和刑事诉讼法的基本原则，因此法院应在坚守罪责刑相适应和证据裁判原则的前提下，结合案件的犯罪事实、量刑情节和法律规定对案件精准化量刑建议的合法性和适当性进行实质审查，保证量刑公正。在我国，法官赋有查明真相的义务，定罪、量刑是人民法院的法定审判职责，案件涉及犯罪事实、证据、指控的罪名及精准化量刑建议等，都需要法院在庭审中依法进行审查，最后依法作出裁判。因此，确定刑量刑建议也好，幅度刑量刑建议也罢，只要认罪认罚案件不存在事实不清，证据不足，指控的罪名不准确，精准化量刑建议不适当、不合法等情形，法院就应当采纳；如果精准化量刑建议属于明显不当的情形，法院有权力也有责任不予采纳，并依法做出裁判。

在认罪认罚案件程序简化的情况下，法院可以充分发挥庭前会议的审查功能，在庭前会议中展示与案件犯罪事实和量刑有关的证据，不再调查控辩双方都认可的定罪事实和证据，对控辩双方关于精准化量刑的意见和分歧进行明确，并归纳分析。此外，还应着重审查被追诉人涉嫌的犯罪事实真实与否，程序是否合法，精准化量刑建议是否明显不当，是否罚当其罪。也有学者提出，应当考虑将认罪认罚案件庭审调整为“以量刑审理为主，以认罪审查为辅”的结构。[①] 此外，即便被告人当庭表示同意量刑建议，法官仍要对案件进行实质审查，在法院认为检察机关应调整量刑建议时，不能采取私下沟通的方式来进行，应在庭审中向检察官提出建议。出庭的检察官可根据需要，提出休庭、延期审理等建议，根据《人民检察院办理认罪认罚案件监督管理办法》第 7 条等有关规定，报请检察长（分管副检察长）决定，或者提请检委会研究决定。

## 四、完善认罪认罚案件精准化量刑建议的救济机制

在认罪认罚案件中，被追诉人如果想要得到一个自己满意的精准化量

---

① 陈实：《论认罪认罚案件量刑从宽的刑事一体化实现》，载《法学家》2021 年第 5 期。

刑建议，离不开自身权利的行使，但在权利行使的过程中，如果在权利受到损害时缺乏相应的救济机制，也不利于被追诉人权利的真正实现。具体来说，应从以下几个方面对被追诉人的权利救济机制进行完善。

### （一）切实保障被追诉人上诉权

我国刑事诉讼法明确规定了对于被告人的上诉权，不得以任何借口予以剥夺，因此认罪认罚案件中被追诉人享有的上诉权同样受到保护。根据刑事诉讼法第 228 条的规定，检察机关提出抗诉的前提是一审判决、裁定确有错误。提起上诉是被追诉人的基本诉讼权利，根据“行使权利者不受惩罚”的诉讼原理，假如因被告人上诉，二审法院就加重被追诉人的刑罚，这无异是对被告人上诉权行使的压制。同时如果被追诉人一提起上诉，检察机关就以抗诉压制的话，实际上也属于对被告人行使上诉权的变相惩罚。[①] 因此，不能简单地将认罪认罚案件中被追诉人的上诉视为对认罪认罚的反悔，检察机关应依法理性对待，而不是选择技术性抗诉，抗诉的必要性一定是基于纠正一审的错误判决。

此外，上诉制度的功能不仅是对被追诉人的救济，同时还具有监督功能。如果被追诉人不服一审判决选择上诉，进而引发二审，二审法院应对一审判决进行全面审查，不受上诉或抗诉范围的限制。同时二审法院应遵循谦抑原则，不应简单地将被追诉人的上诉看成对认罪认罚的不再适用，从而将案件发回重审或者直接改判更重的刑罚。因此切实保障被追诉人上诉权，不仅有利于强化被告人的精准化量刑协商的主体地位，也为上级法院的监督审查提供了机会，更有利于推动认罪认罚从宽制度的发展完善，更有利于精准化量刑建议的达成。

### （二）充分保障被追诉人反悔权

被追诉人在认罪认罚案件中理应享有选择反悔的权利。在被追诉人认罪认罚后，如果对控辩双方达成精准化量刑建议涉及的指控事实、罪名及量刑建议等提出异议，被追诉人要求对认罪认罚申请撤回对认罪认罚具结书进行撤销，一旦被追诉人选择反悔，检察机关和法院也一般应表示尊

---

① 梁健、鲁日芳：《认罪法案件被告人上诉权问题研究》，载《法律适用》2020 年第 2 期。

重，并终止认罪认罚的适用。《关于适用认罪认罚从宽制度的指导意见》第51条至53条的对被追诉人的反悔权进行了较为全面的规定，但这些规定对被告人反悔权的保障依然不足。此外，2021年印发的《人民检察院办理认罪认罚案件开展量刑建议工作的指导意见》第30条规定，检察机关不得随意撤销认罪认罚具结书，不得随意变更量刑建议，同时也对不得加重被追诉人刑罚，但追诉人认罪认罚后又反悔的情形不包括在内。因此应对认罪认罚案件中被追诉人反悔权的实现提供保障，具体做法如下：

首先，对于认罪认罚具结书的效力，可参考民法中格式条款的效力规定。检察机关作为精准量刑的强势方、提出方，原则上不得对控辩双方签署的认罪认罚具结书的内容随意更改、撤销。但是因案件出现新证据等原因确实需要调整量刑建议的，如果变更后的精准化量刑建议对被追诉人更有利的，检察机关应对被追诉人进行告知后，予以变更。当检察机关应将精准化量刑建议更改为更加轻缓的量刑建议而没有变更时，被追诉人可以随时行使反悔权，以保障自己免受更重刑罚。如果变更后的精准化量刑建议对被追诉人更加不利时，需要报请检察长或检委会讨论决定，公诉人不得直接变更。作为精准化量刑协商中本就相对弱势的一方，不应对被追诉人签署认罪认罚具结书后仍然享有的撤销权予以限制，要切实保护其反悔权。在庭审中，无论是对认罪认罚申请还是被追诉人签署的认罪认罚具结书，被追诉人随时都可以选择撤回；同时如果被追诉人行使反悔权，其签署的认罪认罚具结书应当失效，被追诉人为得到量刑从宽优待而做出的承诺、有罪供述等，均不得作为对被追诉人不利的证据，但被追诉人自愿明确表示愿意承认的除外。域外司法实践中也有相关经验，例如法国的刑事法律就规定，一旦控辩双方协商交易失败，被告人的口供归于无效。[①] 同时，认罪认罚案件中的被追诉人如果是因为有正当理由而选择反悔，检察院和法院也应当予以尊重。最后，如果被追诉人选择反悔，对于被追诉人通过认罪认罚获得的精准化量刑优惠，司法机关可以予以撤销，但不能恶意地对被追诉人提出更重的量刑处罚。

---

① 施鹏鹏：《警察刑事交易制度研究——法国模式及中国化改造》，载《法学杂志》2017年第2期。

# 民间借贷与民间委托理财的界定

赵 静 牛建华*

## 一、基本案情

张某与刘某系单位同事和邻居，二人均欲将自有资金向外出借投资获取高息回报。张某原想将自有资金投入其妹妹所在的房地产公司（给付月息1.8分），后了解到刘某投资的某房地产开发公司给付的利息更高（给付月息2.3分），就将其自有资金30万元于2011年6月转给刘某以刘某名义投入该公司以获取高息回报。双方之间未签订任何书面协议，未约定报酬。之后刘某每月收到房产公司支付的利息后，就将张某应得的利息转账给张某。张某之后将获得的利息凑够整数后再次转给刘某，刘某将张某转来的资金再次投入房产公司作为张某的本金，房产公司根据增加的本金支付相应利息。截至2015年4月26日，张某共向刘某转款85万元。刘某于当日向张某出具收据，载明“兹收到张某交来现金850000元，按月付息”。

2015年10月，该房产公司因涉嫌非法吸收公众存款被查处。因投资款无法从房产公司追回，张某向刘某追要投资款。

后张某向法院提起诉讼，主张双方之间系民间借贷关系，要求刘某归还借款及利息。刘某辩称，双方之间不是民间借贷关系，而是无偿的委托理财关系，其帮助理财过程中并无过错，投资有风险，张某投资无法收回的风险应当由其本人承担。

---

* 赵静，河南省焦作市解放区人民检察院综合业务部副主任，三级检察官；牛建华，河南省焦作市解放区人民检察院第四检察部主任，一级检察官。

## 二、意见分歧

本案属于熟人之间的经济纠纷，双方之间并未签订任何协议，未约定双方之间的法律关系。双方之间的法律关系如何界定需要根据双方之间的行为表示予以确定。关于双方之间存在何种法律关系，存在分歧。

第一种意见认为，张某与刘某之间系民间借贷关系，理由如下：

一是民间委托理财严格来讲并非法律概念，而是委托关系的一种，委托关系的前提是受托人以委托人的的名义处理问题。本案中刘某是以自己的名义将张某的资金投入到房产公司，张某与房产公司之间不存在任何法律关系。二是委托理财是指委托人和受托人约定，将其资金、证券等金融性资产委托给受托人，由受托人在一定期限内管理、投资于证券、期货等金融市场并按期支付委托人一定比例收益的资产管理活动所产生的合同关系。本案中双方之间未签订委托理财协议，且刘某不具备从事证券和期货的资质。三是从本案事实来看，刘某向张某出具欠条。虽然刘某出具的是欠条而不是借条，但从张某将钱款转账给刘某，刘某每月按时转账支付利息来看，双方之间更符合民间借贷关系。

第二种意见认为，张某与刘某之间系民间委托理财，即委托法律关系，理由如下：

一是民间借贷系借款合同的一种，民间借贷关系的成立需要双方之间存在借贷的合意。本案中，双方当事人之间并未签订书面借款合同，也没有证据证明存在口头的关于借贷数额、利息、期限及还款方式等的合意约定。

二是根据民法典第925条的规定来看，受托人以自己的名义，在委托人的授权范围内与第三人订立的合同，第三人在订立合同时知道受托人与委托人之间的代理关系的，该合同直接约束委托人和第三人；但是，有确切证据证明该合同只约束受托人和第三人的除外。具体来说，如果第三人在订立合同时知道受托人与委托人之间的代理关系，那么该合同直接约束委托人和第三人。然而，如果第三人不知道受托人与委托人之间的代理关系，受托人因第三人的原因对委托人不履行义务时，受托人应当向委托人披露第三人，委托人可以行使受托人对第三人的权利；反之，如果受托人因委托人的原因对第三人不履行义务，受托人应当向第三人披露委托人，第三人可以选择受托人或者委托人作为相对人主张其权利。委托关系中受托人也可以以自己的名义处理委托事物。本案中张某将自己的资金转给刘某，刘某以自己的名义投入房产公司，张某并未提出反对意见，也未明确要求需要以张某名义投资。

三是委托关系分为有偿委托和无偿委托。本案中张某欲将资金向外投资获取高息，在获知刘某投资的房产公司支付的利息更高时决定将自己的资金转给刘某让其帮忙出借投入房产公司，显然双方之间更符合委托关系。因双方未约定报酬，且刘某每月将房产公司支付张某的利息如数全额转给张某，双方之间系无偿的委托理财关系。

四是从双方之间资金往来明细看，刘某每月将房产公司支付张某的利息如数全额转给张某，张某不定时将收到的利息凑够整数后再次转给刘某，让刘某继续投入房产公司以便获得更多的利息回报。张某凑整数继续转账投入的行为显然更符合继续追加理财投资的行为。双方之间若是民间借贷关系，张某在未收回前期借款的情况下不断继续出借资金，不符合生活常识。

## 三、意见评析

针对上述争议问题，笔者同意第二种意见，理由如下：

### （一）民间借贷与委托理财的区分

民间借贷是指自然人、法人、其他组织之间及其相互之间进行的资金融通行为。民间借贷法律关系的成立要件主要存在以下几点：一是需要出借人与借款人就借款的时间、数额、是否存在利息及利率的计算、归还的时间与方式等达成合意；二是出借人将借款如数交付给借款人。

委托理财是指委托人和受托人约定，将其资金、证券等金融性资产委托给受托人，由受托人在一定期限内管理、投资于证券、期货等金融市场并按期支付委托人一定比例收益的资产管理活动所产生的合同关系。司法实践中，委托人的资金并不局限于投资到证券、期货等金融市场，还包括出借投资与公司企业获取高息回报。

对于民间委托理财与民间借贷的区分问题，可从以下三个方面进行判断：

一是合意本意。民间借贷出借人出借款项，意在追求固定本息，出借人对于借款人使用资金额外产生的收益没有预期；而民间委托理财合同的委托人对于受托人管理资金投资所产生的全部收益均有预期，主要包括三种模式：全部收益按比例分配、固定收益加超额部分按比例分配、委托人取得全部收益而受托人取得约定比例的管理费。

二是资金用途。民间借贷作为实践合同，在借款交付时生效。当借款人取得借款资金后，在借款期限内对资金具有完全的控制权利，可以自行决定资金的用途与流向，出借人没有监督和干涉的权利；而民间委托理财合同的投资资金仅能用于双方约定的理财行为，受托人不能超越投资管理行为而任意使用，委托人对于资金的用途和流向具有监督的权利。此外，民间委托理财合同的委托人可依据合同约定提前支取部分本金，而民间借贷一般对此不作约定。

三是盈亏分配与分担。民间借贷的本质是当事人之间资金融通的行为，取本得息是出借人借贷的根本目的，因此除借款人违约外，民间借贷不涉及亏损的问题。而民间委托理财因投资所具有的风险属性，在投资过程中同时存在盈利和亏损两种可能，因此民间委托理财合同往往对于盈利分配与亏损分担作出约定。如在民间委托理财合同中涉及保底条款，从民商法的基本规则和金融市场稳定的角度考虑，一般应认定保底条款无效，而法律关系的判断则还须结合资金是否实际用于投资项目、委托人有无实际参与理财活动、委托人对资金有无控制权利等进行综合判断。

### （二）民间委托理财实例分析

从委托人对资金用途以及收益挂钩两个方面的主观意愿进行区分。民间委托理财关系中，委托人积极、主动地希望投资人将委托资产投资于金融市场等，且委托人所获收益亦来源于投资回报，委托人对“收益挂钩于投资后果”是积极、明知且认可的。外在表现上，委托人往往会定期或不定期发出投资指令、关注投资情况，要求受托人说明投资策略或进行调仓。而在民间借贷关系中，出借人只负责出借资金，至于借款人如何使用资金，或是否用于投资，并不是出借人所关心的。出借人所收取的利息是否来源于投资回报亦不是其所关心的。也就是说，出借对投资情况也是“漠不关心”。至于投资账户由谁开立，笔者认为只是交易过程不同，不应该作为交易本质的认定依据。

结合本案来看，首先，张某与刘某之间并未签订书面借款合同，也没有证据证明存在口头的关于借贷数额、利息、期限及还款方式等的借贷合意约定，民间借贷出借人出借款项，意在追求固定本息，出借人对于借款人使用资金额外产生的收益没有预期；而民间委托理财合同的委托人对于受托人管理资金投资所产生的全部收益均有预期，本案双方没有借贷关系的书面或口头合同，也没有借贷合意，所以不符合民间借贷关系的成立要件。其次，张某欲将资金向外投资获取高息，在获知刘某投资的房产公司支付的利息更高时决定将自己的资金转给刘某让其帮忙出借投入房产公司，但并未要求以张某的名义投资开户，刘某为便于管理以自己名义投入房产公司，张某并未提出异议，显然双方之间更符合委托关系。因双方未约定报酬，且刘某每月将房产公司支付张某的利息如数全额转给张某，双方之间系无偿的民间委托理财关系。最后，从张某投资收益的来源看，张某的收益主要来源于其资金投入到房产公司获取的高息回报，而不是因刘某借款支付的利息。而且张某为了追求更高的投资回报，不断地将获得的投资利息回报凑够整数后再次转给刘某让其投入房产公司，显然张某对“投资收益挂钩于投资后果”是积极、明知且认可的。

综合以上分析，笔者认为双方之间应当为民间委托理财的无偿委托关系，而不是民间借贷关系。

# 涉交通安全统筹机动车交通事故责任纠纷案件法律适用探析

沈佳奇*

## 一、基本案情

2021 年4 月，杨某阳驾驶电瓶车与贾某弟驾驶挂靠在蒙城某汽车运输公司（以下简称运输公司）的重型半挂牵引车发生碰撞，造成杨某阳当场死亡、车辆损坏的交通事故。肇事车辆在某保险公司投保有交强险，在某汽车服务有限公司（以下称为统筹公司）投有“机动车辆安全统筹单”①，限额为 100 万元。法院认为肇事车辆购买的“机动车辆安全统筹单”属于机动车商业保险，并根据保险法相关规定，判决统筹公司在商业保险范围内承担理赔责任 410629 元。

判决生效后，法院依申请对统筹公司执行立案，并于2022 年6 月以服务公司无财产可执行，终结本次执行程序。

* 沈佳奇，浙江省湖州市安吉县人民检察院第四检察部主任、三级检察官。

① 机动车辆安全统筹，也称交通安全统筹，是指交通运输企业对营运车辆，按照标准收取相应的交通安全统筹费用，并为其提供安全统筹服务。此类服务中由统筹公司与被统筹人签订交通安全统筹合同，在该合同中，由被统筹人向统筹公司针对被统筹人所有的车辆交纳统筹费，已缴纳交通安全统筹费的车辆，在遭遇交通事故、自然灾害、乘客意外伤害等造成损失时，可自统筹公司处获得相应的经济赔偿，经济赔偿从交通安全统筹费中支出。

## 二、分歧意见

本案判决生效后，因后续执行不到位，当事人向检察机关申请民事生效裁判监督，在检察监督环节，办案组对案件事实没有争议，但对案件涉及“交通安全统筹”的性质及法律适用问题产生分歧。主要存在以下三种意见：

第一种：认定交通安全统筹属于或可参照商业保险，可以适用保险法、民法典第1213条及相关司法解释中关于商业保险赔偿规定，突破合同相对性，引入统筹公司作为侵权案件的被告并予以裁判。如浙江省杭州市临平区人民法院办理的胡某某等机动车交通事故责任纠纷案[①]，将事故车辆在统筹公司购买的交通安全统筹认定为机动车第三者责任险。再如浙江省杭州市上城区人民法院办理的汪某某等机动车交通事故责任纠纷案[②]，认为机动车第三者责任安全统筹的性质类似于第三者责任商业保险。上述案件，审理法院均判决统筹公司在统筹限额内一力承担交强险不足部分的赔偿责任，驳回原告对于侵权人、挂靠公司承担赔偿责任的诉讼请求。

第二种：认定交通安全统筹不属于商业保险，不能适用保险法、民法典第1213条及相关司法解释中关于商业保险赔偿规定。交通安全统筹签订双方形成一般合同关系，基于合同相对性，被侵权人无法直接向统筹公司请求赔偿。如浙江省金华市中级人民法院办理的汤某某等机动车交通事故责任纠纷再审案，再审审理认为原审法院在没有证据证明统筹公司具有从事保险业务资质的情况下，认定交通安全统筹为机动车第三者责任险，并适用《最高人民法院关于审理道路交通事故损害赔偿案件适用法律若干问题的解释》第16条作出判决，属于认定事实不清，适用法律不当。再如浙江省湖州市中级人民法院办理的褚某某等机动车交通事故责任纠纷再审案[③]，再审认为案涉统筹公司并非保险公司，其与肇事方之间形成的并非保险合同关系，其也并非案涉交通事故的肇事方，故对褚某某等人诉请要求统筹公司在商业第三者险范围内承担赔偿责任不予支持，并认为肇事

---

① （2021）浙0110民初8865号。

② （2021）浙0104民初4619号。

③ （2021）浙05民再15号。

方若实际承担相应赔偿责任，可依据交通安全统筹的约定另行通过诉讼等方式要求统筹公司承担相应责任。

第三种：认定交通安全统筹不属于商业保险，但统筹公司是否属于适格被告不应一刀切的否定，而应根据统筹公司的意思表示及统筹合同的条款内容进行个案认定。例如统筹合同多载明“统筹公司对被统筹人给第三者造成的损害可直接向该第三者赔偿”或如统筹公司在应诉中表示同意补偿受损方的合理损失，则可认定统筹人被告适格。

## 三、评析意见

本案系涉“交通安全统筹”机动车交通事故责任纠纷案件的法律适用问题，明确上述问题，重点需要解决交通安全统筹合同性质、效力、统筹公司是否可以作为本案适格被告及承担何种形式责任等方面的问题。在具体处理上，笔者同意第三种处理意见。具体理由如下：

### （一）交通安全统筹合同不属于保险合同，从法律性质上其属于一般的射幸合同、无名合同

首先，从经营主体上看，我国保险法第2条规定，本法所称保险，是指投保人根据合同约定，向保险人支付保险费，保险人对于合同约定的可能发生的事故因其发生所造成的财产损失承担赔偿保险金责任，或者当被保险人死亡、伤残、疾病或者达到合同约定的年龄、期限等条件时承担给付保险金责任的商业保险行为。第6条规定，保险业务由依照本法设立的保险公司以及法律、行政法规规定的其他保险组织经营，其他单位和个人不得经营保险业务。第10条规定，保险合同是投保人与保险人约定保险权利义务关系的协议。而案涉交通安全统筹合同的经营主体（统筹公司）并非是国务院保险监督管理机构批准设立的保险公司，也并不具备经营相关保险业务的资质，故其所经营的交通安全统筹也不属于保险。

其次，从司法实践来看，最高人民法院在（2023）最高法民辖24号案件中的裁判观点表明，即便交通安全统筹具有保险合同性质，但因经营主体开展此项业务，未经相关主管部门审批，仍应按照一般合同纠纷评判。

最后，从行业认知来看，近几年，中国保险行业协会及各地也纷纷发

布风险提示函，提醒广大车主，交通安全统筹不是保险。此外，若简单理解交通安全统筹与保险合同具有相同法律效果，会架空保险法的适用，对保险市场经营秩序造成冲击。

### （二）案涉交通安全统筹合同依法认定为有效

虽然如前文所述，统筹公司并非保险公司，其从事的业务亦非保险业务，但是这并不意味着统筹公司不能从事其所登记的经营范围内的事项，也不能据此认为统筹公司与被统筹人之间签订的交通安全统筹合同无效。

我国民法典第464条第1款规定："合同是民事主体之间设立、变更、终止民事法律关系的协议。"第465条第1款规定："依法成立的合同，受法律保护。"合同是典型的法律行为，而依照民法典总则编民事法律行为效力的规定，只有无行为能力人订立的合同、虚假意思表示订立的合同、恶意串通损害他人利益的合同、违反法律法规强制性规定的合同以及违背公序良俗的合同才是无效的。涉及本案交通安全统筹合同效力认定问题，重点需要考量合同是否突破互助性质，经营合同行为属于变相经营保险合同。如果构成变相保险合同的"交通统筹合同"，则违反保险法关于保险专营原则的强制性规定，且可能会误导被统筹人直接以此类合同替代商业险甚至交强险，导致被统筹人的利益受损，冲击保险行业市场秩序。此类合同应属无效合同。在具体判断上，可以重点考量统筹公司是否存在以下行为：

（1）统筹公司是否曾缔约或违规使用保险术语，将其经营的统筹业务产品与保险产品进行对比和挂钩，混淆保险产品与其统筹业务产品的区别；

（2）统筹公司是否曾以"保险创新"等名义进行虚假、误导宣传；

（3）统筹公司是否曾向社会公众承诺赔偿给付责任，或诱导社会公众产生获取高额保障的刚性赔付预期，公开宣称足额赔付和提取准备金；

（4）统筹公司是否宣称统筹计划及资金管理受到政府/保监会监管等。若存在前两项行为，则属于明示的保险行为，存在后两项行为，则属于默示的保险行为，"刚性赔付承诺""政府监管"等属于保险合同特性。此时，统筹公司行为已突破了互助的性质，该保险合同应属无效。

本案中，案涉交通安全统筹合同条款中已明确说明该服务合同是具有显著行业互助性质的民事射幸合同，不适用《中华人民共和国保险法》及相关司法解释的规定，并不符合任何一种关于法律行为无效的情形，因合同签订双方意思表示均系真实，合同应当合法有效。

**（三）统筹公司是否可以作为本案适格被告及需要承担何种形式责任，需根据统筹公司的意思表示及统筹合同的条款内容进行个案认定**

我国诉讼法和实体法规定，在保护私权、保障程序权利的前提下，应当尽可能地为当事人提供一次性解决纠纷的机制。在明确统筹合同有效、保障各方诉讼权利的前提下，将交通事故的侵权赔偿纠纷与交通安全统筹的合同纠纷在同一案件中处理，不仅利于事实认定的同一性，也能够为了减少当事人诉累，及时有效地保护被侵权人权益。但上述结论在适用法律规定时，根据具体情形的不同，可采用以下司法裁判路径：

1. 安全统筹合同效力及于受害人，可适用利他合同规则

若交通安全统筹协议是车主与统筹公司基于受害人（第三人）的利益所订立的合同，则该合同实为一种利他合同。利他合同突破了合同的相对性，其合同效力及于第三人，第三人有权依据该合同行使相应的权利。根据民法典第 522 条第 2 款“法律规定或者当事人约定第三人可以直接请求债务人向其履行债务，第三人未在合理期限内明确拒绝，债务人未向第三人履行债务或者履行债务不符合约定的，第三人可以请求债务人承担违约责任；”受害人有权依据交通安全统筹合同所规定的额度向统筹公司主张损害赔偿。

2. 安全统筹合同效力仅及于合同双方，可适用债权转让或债务加入规则

（1）债权转让之司法裁判路径。根据民法典第 545 条第 1 款“债权人可以将债权的全部或者部分转让给第三人”，车主一旦告知受害人可以直接向统筹公司主张赔偿，则表明车主欲将此次对统筹公司的风险分担请求权转让给受害人，受害人可依据民法典第 546 条第 1 款“债权人转让债权，未通知债务人的，该转让对债务人不发生效力”。通过起诉或其他方式通知债务人即统筹公司，并有权依据交通安全统筹合同所规定的额度向统筹公司主张损害赔偿。

（2）债务加入之司法裁判路径。根据民法典第 552 条“第三人与债务人约定加入债务并通知债权人，或者第三人向债权人表示愿意加入债务，债权人未在合理期限内明确拒绝的，债权人可以请求第三人在其愿意承担

的债务范围内和债务人承担连带债务。”债务加入协议包括两种情况，其一是债务人与第三人订立；其二是第三人与债权人订立。同时，该债发生的时间，既可以是现在，也可以是将来。由此可推知，统筹合同可被认定是债务人（车主）与第三人（统筹公司）为将来的债务所订立的债务加入协议。当交通事故发生时，车主（债务人）只要通知受害人，受害人就可依据民法典第552条请求统筹公司在协议约定的额度内与车主承担连带赔偿责任。

本案中，案涉“交通安全统筹”条款约定，“被统筹人给第三者造成损害，被统筹人对第三者应负的赔偿责任确定的，根据被统筹人的请求，统筹人应当直接向该第三者赔偿。被统筹人怠于请求的，第三者无权就其应获赔偿部分直接向统筹人请求赔偿”，所以该合同文本的表述仅能视为“第三人代债权人履行”，而非“真正第三人利益合同”。此时，第三人仅是债权人的辅助人，帮助债权人接受债务人的履行，合同债权也并不发生转移，在债务人不履行债务时，债务人应向债权人承担债务不履行的责任，第三人无权请求债务人履行或请求债务人承担不履行的责任。而车主均未有债权转让或债务加入的意思表示，此时根据合同相对性原则，只能由被统筹人先行在侵权案件中完成对第三人即受害人的赔偿，再行根据统筹合同的约定向统筹公司行使债权。

# 《检察调研与指导》征稿启事

《检察调研与指导》创刊于2014年，是最高人民检察院法律政策研究室和中国检察出版社共同主办的公开发行的唯一综合性连续出版物。

《检察调研与指导》以指导开展检察理论研究工作以及检察业务调研工作为宗旨，立足于新时代检察理论与实践研究，努力打造为广大检察干警了解最高检重要工作部署、学习交流办案经验，发表调研成果并参评“全国检察机关调研骨干人才”的重要平台，具有很强的实践性、指导性、权威性。

全国检察长会议强调，法律监督理念现代化是检察工作现代化的先导。《检察调研与指导》服务检察，面向基层，内设特稿、专题研讨、调研聚焦、实务研究、案例剖析等栏目，与时俱进深化法律监督理念创新。特稿，围绕新时代检察工作新发展，刊发最高人民检察院领导对检察工作的重要讲话及理论文章，尤其是法律政策研究工作的展望与部署；专题研讨，每辑确定一个重点专题，集中刊发与法律政策研究室当年工作重点相关的研究成果、实务探讨等文章；调研聚焦，围绕当下检察理论与实践，刊发法律分析准确、透彻，逻辑性和说理性较强的理论调研文章；实务研究，围绕“在办案中监督，在监督中办案”，刊发创新开展“四大检察”业务工作的经验做法、实务研究成果等文章；案例剖析，刊载的文章体例固定，内容为地方检察院办理的具有影响力、可供其他院借鉴的典型案例及分析。

此外，为丰富检察机关的文化生活，展示检察人员的业务素能和精神风貌，《检察调研与指导》封二刊发全国检察机关工作人员拍摄的以一年四季风景为主题的摄影作品，要求作品为原创，符合社会主义核心价值观要求，弘扬主旋律，传递正能量，JPEG格式，建议横版，高清原图，可作必要的后期处理，但不得通过技术合成等方式改变作品原貌，并附注作品名称，拍摄者姓名、单位职务及联系方式。

欢迎各级检察院及检察官投稿。

《检察调研与指导》编辑部

2024年10月

# 《检察调研与指导》征订单

《检察调研与指导》是由最高人民检察院法律政策研究室和中国检察出版社共同编辑出版的连续出版物。《检察调研与指导》服务检察，面向基层，内设特稿、专题研讨、调研聚焦、实务研究、案例剖析等栏目，对广大检察干警了解检察工作重要部署、学习交流办案和调研经验、提高调研能力和水平，具有很强的促进和指导作用。

为进一步扩大《检察调研与指导》连续出版物的影响力，《检察调研与指导》2025 年面向全国公开发行，请各级检察机关积极订阅。

《检察调研与指导》全年共 4 辑，每辑定价 60 元，全年定价 240 元（免邮寄费）。可通过中国检察出版社官网进行网上征订（www.zgjccbs.com）。中国检察出版社将以网上征订平台上确认的信息作为发书的依据，请尽量使用网上征订平台，如无法网上订阅，请填写附件回执（复印有效），并传真至出版社。

中国检察出版社

2024 年 10 月

# 2025 年《检察调研与指导》订阅回执单

（汇款必传）

<table>
<tr><td>订购单位名称</td><td colspan="2"></td><td>收书人</td><td colspan="2"></td></tr>
<tr><td>地　址</td><td colspan="2"></td><td>电话（手机）</td><td colspan="2"></td></tr>
<tr><td colspan="3">单位统一信用代码</td><td colspan="3"></td></tr>
<tr><td colspan="3">电子发票接收邮箱</td><td colspan="3"></td></tr>
<tr><td colspan="3">名　称</td><td>定　价</td><td>订　数</td><td>金　额</td></tr>
<tr><td colspan="3">2025 年《检察调研与指导》</td><td>240.00</td><td></td><td></td></tr>
<tr><td colspan="2">合计金额（大写）</td><td colspan="4">万　　仟　　佰　　拾　　元整</td></tr>
<tr><td colspan="6">备注：款到后三个工作日，发票发送至您的邮箱！</td></tr>
</table>

## 订购方式说明

**第一种：网站订购（www.zgjccbs.com）（不用发传真、款到开票）**
1. 网站下单，直接在线支付（微信、支付宝）
2. 网站下单，银行汇款需备注订单编号后 6 位数字
网站订购负责人　张惠 010-86423745、18101137669　技术咨询 010-86423763

**第二种：微信订购（仅支持微信在线支付）**

1. 使用微信扫描右侧二维码可直接在线订购
2. 了解最新书讯请关注“中国检察出版社”微信公众号

**第三种：传真订购**
书款汇至出版社账号后，请传真订书回执单至 010-68659465

**中国检察出版社账户信息**
**户　名：**中国检察出版社有限公司　　**开户行：**建设银行北京西山枫林支行
**账　号：**11050164860000000056　　**行　号：**105100050751

**中国检察出版社联系人：**
盛　丹 010-86423727　18101137660（微信同号）传真 010-68659465
（北京、天津、山西、陕西、河北、黑龙江、吉林、辽宁、内蒙古、青海、山东）
董艳芬 010-86423726　18101137661（微信同号）传真 010-68659465
（河南、浙江、江苏、安徽、上海、福建、甘肃、江西、新疆、西藏）
薛建娜 010-86423728　18101137662（微信同号）传真 010-68659465
（广东、广西、海南、重庆、四川、云南、贵州、湖北、湖南、宁夏）